普通高等学校"十四五"规划数字营销创新创业人才培养新形态精品教材

市场营销理论与应用

主　编　◎王　艳　程艳霞
副主编　◎胡小玲　石　慧
参　编　◎李　琼　陈俊颖　王紫穗
　　　　　马玉梅　胡宝强

http://press.hust.edu.cn
中国·武汉

内 容 提 要

本书较全面、系统地阐述了现代营销的基本理论和方法，并结合案例分析、微阅读、知识链接、小思考来说明理论与方法的应用。同时，吸收了国内外市场营销研究领域的新成果和新经验，内容强调实战性、时代性、本土化，以培养学生的市场营销实践能力为目的。全书共分为三篇，包括认知篇、分析篇、决策篇，主要介绍了营销思维、营销环境、营销战略、市场调研、消费者行为、市场细分与定位、4Ps 营销组合策略、整合传播与管理、新媒体营销，共十一章，展现了新时代背景下市场营销的新使命、新任务、新机遇。

本书在撰写上力图兼顾不同层次的读者，既可作为高等院校相关专业的教科书，也可作为企业管理等方面在职人员的专业培训教材。

图书在版编目（CIP）数据

市场营销理论与应用/王艳，程艳霞主编．—武汉：华中科技大学出版社，2023.7
ISBN 978-7-5680-9575-4

Ⅰ．①市… Ⅱ．①王… ②程… Ⅲ．①市场营销学-教材 Ⅳ．① F713.50

中国国家版本馆 CIP 数据核字（2023）第 123552 号

市场营销理论与应用　　　　　　　　　　　　　　　　　　　　王　艳　程艳霞　主编
Shichang Yingxiao Lilun yu Yingyong

策划编辑：周晓方　陈培斌　宋　焱
责任编辑：黄　军
封面设计：廖亚萍
版式设计：赵慧萍
责任校对：张汇娟
责任监印：周治超
出版发行：华中科技大学出版社（中国·武汉）　　电话：（027）81321913
　　　　　武汉市东湖新技术开发区华工科技园　　邮编：430223
录　　排：华中科技大学出版社美编室
印　　刷：武汉市籍缘印刷厂
开　　本：787mm×1092mm　1/16
印　　张：17.5
字　　数：381 千字
版　　次：2023 年 7 月第 1 版第 1 次印刷
定　　价：59.90 元

本书若有印装质量问题，请向出版社营销中心调换
全国免费服务热线：400-6679-118　　竭诚为您服务
版权所有　侵权必究

普通高等学校"十四五"规划数字营销创新创业人才培养新形态精品教材

出版指导委员会

主任委员

田志龙（教育部高等学校工商管理类专业教学指导委员会副主任委员、华中科技大学教授）

委　员

（以姓氏拼音为序）

陈章旺（教育部高等学校工商管理类专业教学指导委员会委员、福州大学教授）

戴　鑫（华中科技大学教授）

高　核（教育部高等学校工商管理类专业教学指导委员会委员、云南大学教授）

葛　京（教育部高等学校工商管理类专业教学指导委员会委员、西安交通大学教授）

李崇光（华中农业大学教授）

刘明菲（武汉理工大学教授）

隋广军（教育部高等学校工商管理类专业教学指导委员会委员、广东外语外贸大学教授）

孙芳城（教育部高等学校工商管理类专业教学指导委员会委员、重庆工商大学教授）

唐宁玉（教育部高等学校工商管理类专业教学指导委员会委员、上海交通大学教授）

王　红（湖北经济学院教授）

虞晓芬（教育部高等学校工商管理类专业教学指导委员会委员、浙江工业大学教授）

普通高等学校"十四五"规划数字营销创新创业人才培养新形态精品教材

编写委员会

总主编

李　林（武昌首义学院）

委　员

（以姓氏拼音为序）

蔡世刚（三峡大学科技学院）	祁　峰（武汉设计工程学院）
陈　鹏（湖北科技学院）	孙　伟（武汉科技大学）
程艳霞（武汉理工大学）	汪晓斌（汉口学院）
杜金涛（武汉工商学院）	王　艳（武汉华夏理工学院）
杜民帅（西南财经大学天府学院）	王一涵（云南经济管理学院）
杜　鹏（中南财经政法大学）	阎文峰（广州城市理工学院）
冯小亮（广东财经大学）	项群娟（南宁学院）
龚　峰（湖北大学知行学院）	肖　鹏（安徽大学）
郭功星（汕头大学）	徐　刚（湖北商贸学院）
侯俊东（中国地质大学·武汉）	叶　敏（湖北经济学院）
胡柳波（武汉东湖学院）	袁秋菊（汉口学院）
李亚林（宿迁学院）	詹羲洲（三峡大学科技学院）
李祖兰（武汉学院）	张晓燕（云南经济管理学院）
刘汉霞（武汉纺织大学外经贸学院）	赵建彬（东华理工大学）
潘　文（武汉恒诺市场研究有限公司）	郑鸣皋（汉口学院）
彭　哨（昆明城市学院）	周　明（湖北大学）

作者简介

王 艳

女,武汉华夏理工学院商学院副院长、教授、硕士生导师,兼任商学院教工第四支部书记。主讲市场营销学、市场调查与分析、大数据导论、数据分析与可视化等课程,主要研究方向为战略管理、商务数据分析等。近年来,主持湖北省教育厅项目6项、校级教学科研项目9项、企业合作项目6项;作为主要成员参与国家和省部级课题6项;先后主持完成中石化武汉销售分公司、浙江水晶光电集团、骆驼集团襄阳蓄电池有限公司、东风商用车公司发动机厂、东风神宇、东风轻型发动机公司等大中型企业的管理咨询与培训项目。主编《创新创业基础(慕课版)》《现代营销理论与实务》等教材多部,在国内外学术期刊上发表论文20多篇。

程艳霞

女,武汉理工大学管理学院教授、博士生导师,现任武汉华夏理工学院学术委员会主任委员、通识教育委员会常务副主任、商学院院长,国家自然科学基金同行评议专家,教育部博士后基金评审专家,国家及湖北省科技思想库专家,多家上市公司、大型企业的独立董事和管理顾问。主要研究方向为战略管理、互联网营销、集团管控。主持科研项目60余项,其中国家社会科学基金、教育部规划课题、省部级重点课题16项,政府及企业的管理咨询项目49项。出版《企业改革的误区与预警》《市场营销学》《管理沟通》等著作与教材10部。独撰或以第一作者的身份累计发表学术论文80余篇,其中在高水平期刊发表论文40余篇,10余篇论文进入SSCI、EI源刊等检索。曾获湖北省教育系统先进女职工奖、树人奖,中国市场营销学会优秀论文一等奖。

总序
General Prologue

党的二十大报告指出："教育是国之大计、党之大计。培养什么人、怎样培养人、为谁培养人是教育的根本问题。育人的根本在于立德。全面贯彻党的教育方针，落实立德树人根本任务，培养德智体美劳全面发展的社会主义建设者和接班人"，"加强教材建设和管理"，用社会主义核心价值观铸魂育人，完善思想政治工作体系，推进大中小学思想政治教育一体化建设，"加快发展数字经济，促进数字经济和实体经济深度融合，打造具有国际竞争力的数字产业集群。"

应用型本科高校是服务地方经济和社会发展，以培养面向生产、经营、管理一线的高素质应用型人才为主要目标的新型本科高校。截至2022年底，全国应用型本科高校数目占本科高校总数的52%以上，已成为我国本科教育的重要组成部分。提高应用型本科高校的教育质量，是提高我国本科教育整体发展水平、建设高质量高等教育体系的重要一环。深化应用型本科教育改革，要充分发挥课程教学在人才培养中的作用，而适应时代特点和经济发展要求的高质量教材建设是开展课程教学的重要支撑。

2022年10月，在湖北省市场营销学会、华中科技大学出版社及各应用型兄弟高校的大力支持下，由武昌首义学院牵头、省内外十余所应用型本科高校参与的普通高等学校"十四五"规划数字营销创新创业人才培养新形态精品教材编写工作正式启动。呈现在读者面前的第一批教材由《数字经济概论》《数字营销》《商务数据分析》《网络营销与策划：基础、策略、训练》《数字化客户关系管理》《市场营销理论与应用》等六本教材组成。教材第一主编均由教学经验丰富、教研教改成果突出的具有高级职称的教师担任。教材力求满足学生爱读和易懂的需要，理论深度适中，兼顾内容全面，结构合理，为学生系统地学习后续专业课程奠定较为扎实的基础。教材编写的主要特点如下：

（1）结合数字经济、数字营销、网络营销、商务数据分析等最新发展动态，引入了较多的新案例，以凸显教材的实际指导性；

（2）嵌入了较多的知识链接、微阅读、小案例，鼓励并支持学生开展自主性学习，勤思考、多讨论，以拓展学生的知识视野；

（3）全书的章后习题统一按照单选、多选、判断、简答、论述及案例分析的形式编写，以便与学生的知识巩固训练无缝对接；

（4）提供了教学大纲、教学日历、教学课件、课程思政方案、习题参考答案、模拟试卷、策划实例等丰富的教学资料，便于读者开展学习。

这套丛书的出版得到了"湖北省一流本科专业建设点""湖北高校省级教学团队""湖北高校优秀基层教学组织"等质量工程项目的支持。我们希望本套丛书的出版能够为市场营销、电子商务、数字经济等专业的相关课程教学提供具有数字经济时代性的参考资料，能够启发应用型本科高校本科生对专业前沿知识的学习和对现实具体问题的思考，提高学生运用理论知识解决现实问题的能力，进而将学生培养成为具有一定学术素养、掌握一定前沿理论的高素质应用型人才。

在编写本套丛书的过程中，我们虽力求完善，但难免存在不足，恳请广大同行和读者批评指正。

丛书编委会
2023 年 4 月

前 言

随着"构建以国内大循环为主体、国内国际双循环相互促进的新发展格局"这一进程的不断加快，中国企业肩负的社会责任越发重要。数字经济、自由贸易网络、社交媒体、数字营销的影响力与日俱增，数据分析、商务数据挖掘、人工智能的广泛应用颠覆了许多行业，并为新的商业模式构建了一条新的路径。为了回应这些变化，本书以党的二十大精神为引领，着重从新媒体、新零售、数字营销的角度出发，坚持正确的政治方向和价值导向，体现党的理论创新成果特别是习近平新时代中国特色社会主义思想，展现中华优秀传统文化中的营销思想。

本书共分为三篇，包括认知篇、分析篇、决策篇，主要介绍了营销思维、营销环境、营销战略、市场调研、消费者行为、市场细分与定位、4Ps营销组合策略、整合传播与管理、新媒体营销，共十一章，展现了新时代背景下市场营销的新使命、新任务、新机遇。

本书定位于应用型教材，在系统性基础上，强调实战性、时代性、本土化三大特色。

（1）实战性。本书的部分案例素材由咨询公司高管提供，很有现实针对性。这些案例都是发生在读者身边的故事，对读者有较强的吸引力。案例结构明晰，行文活泼，有很强的可读性。其中既有成功的，也有失败的；既有大型企业，也有小微企业。读者可以综合运用市场营销学知识分析其中的成败得失，从中探求市场营销的真谛，打开成功之门。

（2）时代性。本书编写的案例大多是近几年发生的"营销故事"，比如"数字生态圈""互联网思维""大数据""人工智能"等，使本书的理论内容能够与时俱进，体现了教材的"前沿性"。

（3）本土化。本书编写的几乎所有案例都来自中国企业，并将习近平总书记关于守正创新、稳中求进、文化自信、责任担当、产业报国、民族品牌、企业家精神等重要论述，以案例分析、微阅读、知识链接、小思考等形式，贴切、恰当地融入教材，充分展现在党的创新理论指导下中国企业成功营销的经验和案例。

为方便读者学习和教师授课，本书准备了教学大纲、课件、模拟试卷与课后习题答案，正文中穿插有以知识链接形式呈现的各种案例，索取方式参见书末的二维码资源使用说明。

本书在撰写上力图兼顾不同层次的读者，既可作为高等院校相关专业的教科书，也可作为企业管理等方面在职人员的专业培训教材。

本书由王艳（武汉华夏理工学院）、程艳霞（武汉华夏理工学院）任主编，负责全书的结构设计、总纂、统稿和定稿；胡小玲（南宁学院）、石慧（武昌首义学院）任副主编，负责本书编写中的沟通协调以及编校工作；李琼（武汉华夏理工学院）、陈俊颖（武汉华夏理工学院）、王紫穗（武汉华夏理工学院）、马玉梅（南宁学院）、胡宝强（广东金融学院肇庆校区）任参编。具体分工如下：王艳编写第一章，程艳霞编写第七章，胡小玲编写第二章，石慧编写第四章，李琼编写第三章，陈俊颖编写第五、九章，王紫穗编写第十、十一章，马玉梅编写第六章，胡宝强编写第八章。

在本书的编写过程中，我们吸收了相关教材及论著的研究成果，引用并编写了企业咨询工作中所遇到的真实项目案例。在此，谨向市场营销学界的师友、同人、各位作者以及上海安矍坤管理咨询有限公司的陆宇华总经理表示衷心的感谢！

本书得到了武汉华夏理工学院、武昌首义学院、武汉学院、汉口学院的各位领导和教师的指导与帮助，同时得到了华中科技大学出版社给予的大力支持，在此一并表示感谢！

限于我们的水平，书中难免有不妥或疏漏之处，敬请广大读者批评指正。

编　者

2023 年 4 月

目 录

第一章　营销思维 ·· 001
 第一节　营销的核心概念 ································· 003
 第二节　市场营销过程与管理 ···························· 008
 第三节　顾客让渡价值 ··································· 013

第二章　营销环境分析 ·· 023
 第一节　宏观环境分析 ··································· 025
 第二节　中观环境分析 ··································· 030
 第三节　微观环境分析 ··································· 033

第三章　营销战略 ·· 043
 第一节　企业战略 ·· 045
 第二节　营销战略制定 ··································· 047
 第三节　战略评估工具 ··································· 056

第四章　市场调研 ·· 064
 第一节　市场调研概述 ··································· 066
 第二节　市场调研方法与工具 ···························· 070
 第三节　市场调研报告的撰写 ···························· 078

第五章　消费者购买行为分析 ···································· 088
 第一节　市场特征分析 ··································· 090
 第二节　消费者购买行为模式与类型 ····················· 094
 第三节　消费者购买决策过程与影响因素 ················ 098

第六章　市场细分与目标市场选择 ……………………………………………… 111
第一节　市场细分的层次与模式 ………………………………………… 113
第二节　目标市场选择 …………………………………………………… 121
第三节　市场定位 ………………………………………………………… 126

第七章　产品策略 …………………………………………………………………… 135
第一节　产品与产品组合 ………………………………………………… 137
第二节　产品生命周期 …………………………………………………… 144
第三节　新产品开发 ……………………………………………………… 149

第八章　价格策略 …………………………………………………………………… 160
第一节　定价的目标与影响因素 ………………………………………… 162
第二节　定价方法 ………………………………………………………… 168
第三节　定价策略 ………………………………………………………… 176

第九章　分销渠道策略 ……………………………………………………………… 186
第一节　分销渠道概述 …………………………………………………… 188
第二节　中间商 …………………………………………………………… 195
第三节　分销渠道的设计与管理 ………………………………………… 201

第十章　整合传播与管理 …………………………………………………………… 216
第一节　整合传播 ………………………………………………………… 218
第二节　大众传播 ………………………………………………………… 223
第三节　数字传播 ………………………………………………………… 227
第四节　人员传播 ………………………………………………………… 230

第十一章　新媒体营销 ……………………………………………………………… 238
第一节　内容营销 ………………………………………………………… 240
第二节　社群营销 ………………………………………………………… 245
第三节　短视频营销 ……………………………………………………… 251
第四节　直播营销 ………………………………………………………… 254

参考文献 ……………………………………………………………………………… 265

第一章
Chapter 1

营销思维

主要知识结构图

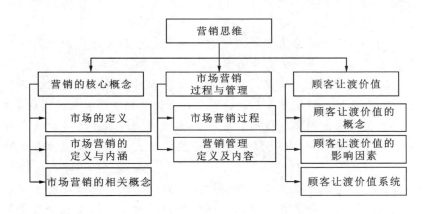

教学目标

- 帮助学生认识市场的定义与构成要素,了解市场营销的定义、内涵及相关概念。
- 帮助学生理解市场营销过程与营销管理的相关内容。
- 帮助学生掌握顾客让渡价值的影响因素以及顾客让渡价值系统。
- 教育引导学生转变以"利润最大化"为最终目的的传统营销思维,塑造"以社会福祉为根本的利益相关者共赢"的新时代营销价值理念,增强社会责任感。

> 开篇案例

新冠疫情期间飞鹤乳业数字生态圈的构建

新冠疫情期间,飞鹤乳业把数字化手段拓展到线下业务。这是飞鹤数字化转型的重点——导入数字生态圈,通过构建信息化中心的数据中台,解决数据内部流通问题,并打通上下游合作伙伴之间的数据壁垒,构造能够相互赋能的数字生态圈,与合作伙伴一起成长,共同发展。

飞鹤的许多线下经销商原来只是一个个传统的实体店,不具备即时管理库存与线上销售的技术和能力。飞鹤构建数字生态圈的愿景是给这些实体店数字化赋能,将它们变成线上商场,同时结合线下服务,开辟出更加多样化、差异化的价值创造渠道。飞鹤手上有超千万名会员,需要经销商、零售商和一线市场营销人员一起合作才能服务好他们。其关键是把经销商当作飞鹤价值链不可分割的组成部分,并增加经销商的价值。

增加经销商的价值主要通过两种途径:增加经销商的意愿支付价格或者降低其成本。线下经销商最为担心的是龙头企业将其数据拿走后不与其合作,对此,飞鹤的解决之道是,消费者线上下单,但交易还是在线下的店里。飞鹤继续跟线下经销商分享利润,而且还带动其销售,降低经销商的成本。

如何增加经销商的价值是数字化战略的关键所在,而龙头企业中台数据的赋能能力成为该战略执行的关键所在。如何打造赋能能力?飞鹤的办法有两条。

第一,创新思维模式。在疫情封控期间,线下完全没有生意,这时就很需要飞鹤在线上开展营销活动,而一般的连锁店自己没有营销策划能力与数据营销能力,从而凸显了飞鹤数据中心的营销赋能作用。整个飞鹤组织营销活动的能力非常强大,起到了品牌带头宣传作用,并将大型营销活动的影响传导到经销商与连锁店处,在生态圈之间营造彼此的信任、互动,更好地实现优势互补。飞鹤保持与经销商的利润分成,鼓励他们在由于疫情不能开门的情况下继续销售、服务会员。销售人员愿意把客户信息填入数据中心,因为数据中心可以为他们赋能,提供更多的营销机会。可见,飞鹤将疫情危机变成了一个转变销售人员思维、加速数字化转型的机会。

第二,数字营销模式。这次疫情加速了飞鹤数字营销模式的转变。疫情之前,许多奶粉消费者没有网上购物的习惯。这次疫情改变了消费者的原有购物习惯,飞鹤顺应消费者的新变化,快速实施数字营销计划。飞鹤在这次疫情中,加强了在营销策划、销售队伍建设、经销商建设等各方面的数字化赋能作用。据统计，飞鹤产品配送率在疫情中仍达 98%，2020 年第一季度收入增速不低于 30%，这两个数据展示了飞鹤数字化赋能的威力。

资料来源：孙黎、石维磊，"飞鹤：共生共赢的数字化转型"，哈佛商业评论，2020 年 6 月。

第一节　营销的核心概念

一、市场的定义

市场起源于古时人类对于在固定时段或地点进行交易的场所的称呼，当城市成长并且繁荣起来后，住在城市邻近区域的农夫、工匠、技工们就会开始互相交易并且对城市的经济产生贡献。最好的交易方式就是在城市中有一个集中的地方，让人们在此提供货物以及买卖服务，方便人们寻找货物及接洽生意。当一个城市的市场变得庞大而且更开放时，城市的经济活力也相对会增长起来。

今天的市场是商品经济运行的载体或现实表现，有三层含义：

一是商品交换场所和领域；

二是所有卖方和买方构成的商品交换关系的总和；

三是某种商品的现实购买者和潜在购买者所组成的群体。

劳动分工使人们各自的产品互相成为商品，互相成为等价物，使人们互相成为市场。社会分工越细，商品经济越发达，市场的范围和容量就越扩大。

总的来说，市场包含三个主要因素，即有某种需要的人、为满足这种需要的购买能力和购买欲望，用公式来表示就是：

$$市场 = 人口 + 购买力 + 购买欲望$$

即市场由一切有特定需求或欲望并且愿意和可能从事交换来使需求和欲望得到满足的潜在顾客所组成。

市场是商品交换顺利进行的条件，是商品流通领域一切商品交换活动的总和。市场体系是由各类专业市场，如商品服务市场、金融市场、劳务市场、技术市场、信息市场、房地产市场、文化市场、旅游市场等组成的完整体系。同时，在市场体系中的各专业市场均有其特殊功能，它们互相依存、相互制约，共同作用于社会经济。

随着市场经济的发展，各类市场都在发展。那么，哪一类市场同我们的生活联系最紧密呢？在现实生活中，我们可以直接感受到，商品服务市场与我们的关系最为密切。商品服务市场遍及我们生活的每一个角落，我们常见的大、小商场，各种各样的理发店、家具店、农贸市场、宾馆、饭店等，这些都属于商品服务市场。

随着社会交往的网络虚拟化，市场不一定是真实的场所和地点，当今许多买卖都是通过计算机网络来实现的，中国最大的电子商务网站淘宝网就是提供交易的虚拟市场。淘宝网是亚洲第一大网络零售商圈，致力于创造全球首选网络零售商圈，由阿里巴巴集团于 2003 年 5 月 10 日投资创办。淘宝网目前的业务跨越 C2C（消费者间）、B2C（商家对个人）两大部分。每年的 11 月 11 日即"双 11"，又被称为光棍节。从 2009 年开始，每年的 11 月 11 日，以天猫、京东为代表的大型电子商务网站一般会利用这一天来进行一些大规模的打折促销活动，以提高销售额度。该活动已经成为中国互联网最大规模的商业活动。

二、市场营销的定义与内涵

西方市场营销学者从不同角度及发展的观点对市场营销下了不同的定义。有些学者从宏观角度对市场营销下定义。

菲利普·科特勒指出："市场营销是与市场有关的人类活动。市场营销意味着和市场打交道，为了满足人类需要和欲望，去实现潜在的交换。"

美国市场营销协会认为：市场营销是创造、沟通与传送价值给顾客，及经营顾客关系以便让组织与其利益关系人受益的一种组织功能与程序。

另外，有些学者从微观角度给市场营销下定义。

麦卡锡认为：市场营销是企业经营活动的职责，它将产品及劳务从生产者直接引向消费者或使用者以便满足顾客需求及实现公司利润，同时也是一种社会经济活动过程，其目的在于满足社会或人类需要，实现社会目标。这一定义虽比美国市场营销协会的定义前进了一步，指出了满足顾客需求及实现企业赢利成为公司的经营目标，但这两种定义都说明，市场营销活动是在产品生产活动结束时开始的，中间经过一系列经营销售活动，当商品转到用户手中就结束了，因而把企业营销活动仅局限于流通领域的狭窄范围，而不是视为企业整个经营销售的全过程，即包括市场营销调研、产品开发、定价、分销广告、宣传报道、销售促进、人员推销、售后服务等。

格隆罗斯给的定义强调了营销的目的：营销是在一种利益之上下，通过相互交换和承诺，建立、维持、巩固与消费者及其他参与者的关系，实现各方的目的。

我国台湾地区的江亘松在《你的行销行不行》中强调营销的变动性，利用营销的英文"Marketing"给出了下面的定义："什么是营销？就字面上来说，'营销'的英文是'Marketing'，若把'Marketing'这个字拆成'Market'（市场）与'ing'（英文的现在进行时表示方法）这两个部分，那营销可以用'市场的现在进行时'来表达产品、价格、促销、渠道的变动性导致的供需双方的微妙关系。"

综合以上观点，市场营销是个人或者群体通过创造和交换产品和价值，从而使个人或群体满足需要、需求和欲望的社会和管理过程，如图 1-1 所示。

它包含两种含义，一种是动词理解，指企业的具体活动或行为，这时称之为市场营销或市场经营；另一种是名词理解，指研究企业的市场营销活动或行为的学科，称之为市场营销学、营销学或市学等。

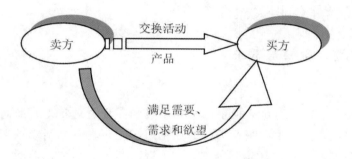

图 1-1 市场营销的定义示意图

市场营销的内涵包括：
（1）营销活动的起点是买方的需要、需求和欲望；
（2）交换是营销活动的核心；
（3）买卖双方交换的不仅包括产品和劳务，还可以包括思想、服务、创意、空间。

小思考

旅行社和游客之间的谈判

吴先生和朋友于 4 月参加了上海某旅行社组织的普吉岛 5 日休闲游。由于旅行社的不合理安排和飞机故障晚点，全团 20 多人在新加坡机场滞留了近 10 个小时，在这期间，旅行社也没有提供饮食和休息场所，游客们只能在机场里瞎逛，又冷又饿。而接下来的普吉岛 5 日游也因时间紧张，原定的景点浏览都被压缩在 2 天内，多处景点未游，游客如走马观花一样结束了游览。全团游客觉得整个旅游行程与自己所支付的高额费用不相符，因此与带队导游交涉，要求旅行社给予每人 1 500 元的赔偿，否则就拒绝返程。旅行社派出一名副经理与旅游团成员进行沟通，但双方的分歧却一时难以弥合，谈判陷入了僵局。

根据班上同学的数量，可以将大家分成两个类别，分别扮演旅行社副经理（1 名）和旅游团代表（3 名）。

规则一：选择扮演旅行社副经理的同学认真思考自己的谈判思路，并将其写在纸上；

规则二：选择扮演旅游团代表的团队成员认真思考自己的谈判思路，并将其写在纸上；

规则三：讨论 10 分钟后，选择两组成员实际演示谈判过程，老师从同学们的演示效果分析同学们对市场营销概念的理解。

想一想：如果你是这位副经理，你将如何处理？

三、市场营销的相关概念

（一）需要、欲望与需求

1. 需要

需要（need）是指人们对某种东西感到缺失的一种心理状态，即尚未满足的最基本要求。它是促使人们产生购买行为的原始动机，是市场营销活动的源泉。人类的需要是丰富而复杂的，主要包括生存需要，如食品、服装、房屋、温暖、药品、安全等等；社会需要，如归属感、影响力、情感、社交等等；个人需要，如知识、自尊、自我实现等等。这些需要不是由企业营销活动创造出来的，而是客观存在于人类本身的生理组织和社会地位状况之中。

2. 欲望

欲望（want, desire）是指人们想要得到某种东西来满足需要的愿望。与需要不同是，欲望具有明确的指向性和选择性，如饿思食、渴思饮、寒思衣。欲望对消费者个体而言，具有特性。个人的需要因其所处的社会经济文化环境和性格等不同而异，这种有差异的需要就是欲望。

欲望和需要是有差别的。例如，人们买牙膏，从表面上看是对牙膏的欲望，但实质是洁齿、防龋止血的需要。如果某一生产者生产出一种新牌牙膏，售价更低，洁齿、防龋止血的功能更强，消费者将产生对新牌牙膏的欲望，但实际需要仍然相同。生产者常常只是关注消费者表现出来的对产品的欲望，而忽略了掩盖在欲望下面的实质性需要。

1-1 创造客户价值，寻找未被满足的客户需求

3. 需求

需求（demand）是以购买能力为基础的欲望。小轿车作为一种便捷的交通工具，几乎人人都需要。但对没有购买能力的人来说，小轿车的需要只是一种欲望，只有具有足够支付能力的人才构成需求。在市场经济条件下，人类需求表现为市场需求。

因此，并非所有的人类需要都能转化为需求，也并非所有的人类欲望都能得到实现，购买能力是问题的关键。人类欲望无限，而购买能力有限。

（二）产品

人们通常理解的产品是指具有某种特定物质形状和用途的物品，是看得见、摸得着的东西，这是一种狭义的定义。广义的产品是指人们通过购买而获得的能够满足某种需求和欲望的物品的总和，它既包括具有物质形态的产品实体，又包括非物质形态的利益，这就是"产品的整体概念"。简单来说，产品是指能够提供给市场、被人们使用和消费、并能满足人们某种需求的任何东西，包括有形的物品，无形的服务、组织、观念或它们的组合。

> **小案例1-1**
>
> **王老吉"百家姓版"火出圈**
>
> 2022年1月4日,"王老吉新出了百家姓版本""王老吉姓氏图腾罐"等话题冲上微博热搜。王老吉通过一罐一姓一图腾的形式来唤醒消费者根植于内心深处的姓氏文化,激发他们对产品的兴趣和关注。而礼盒包装上印有的"家家大吉,新春吉祥"话语,更是贴合了消费者在春节祈求好运的诉求,在唤起消费者情感共鸣的同时,也赋予了品牌极高的辨识度与记忆度。除此之外,王老吉还在"李老吉、陈老吉、赵老吉"等115个姓氏图腾产品上接受更多姓氏定制,满足消费者个性化的表达需求。
>
> 资料来源:"2022年度营销案例红榜Top30",销售与市场网,2022年11月18日。

(三)交换与交易

交换是营销的核心概念,也是营销产生的前提,是指从他人处取得所需之物,而以自己的某种东西作为回报的行为。交易(transactions)就是买卖双方对某一样产品或商业信息进行磋商谈判的一单生意。交易是指双方以货币为媒介的价值的交换,物物交换不算在内。

(四)价值和满意

价值是顾客拥有和使用某种产品所获利益与获得这种产品所需成本之间的差价。顾客常常根据产品和服务对其提供的价值感知做出购买决策,而顾客的满意度取决于产品的感知使用效果。

顾客满意是指一个人通过对一个产品的可感知效果(或结果)与他的期望值相比较后,所形成的愉悦或失望的感觉状态。当商品的实际消费效果达到顾客的预期时,就导致满意,否则,就会导致顾客不满意。顾客满意是一种期望(或者说预期)与可感知效果相比较后的结果,它是一种顾客心理反应,而不是一种行为。

顾客将会经历三种主要的满意水平状态中的一种:如果绩效不及期望,顾客会不满意;如果绩效与期望水平相称,顾客会满意;如果绩效超过了期望,顾客会十分满意。顾客是如何形成期望的呢?期望的形成基于买方以往的购买经验、朋友和同事的影响、营销者和竞争者的信息与承诺等。如果一个营销者使顾客的期望过高,假如公司失言,就极易使购买者失望。但是,如果公司把期望定得过低,虽然它能使买方感到满意,却难以吸引大量的购买者。

第二节 市场营销过程与管理

一、市场营销过程

市场营销过程，是企业为完成企业任务和实现企业目标而发现、分析、选择和利用市场机会的管理过程。市场营销过程包括如下步骤：① 市场营销环境分析；② 寻找市场机会；③ 市场细分与目标市场选择；④ 市场定位；⑤ 制定市场营销组合策略；⑥ 组织、执行与控制市场营销计划。如图 1-2 所示。

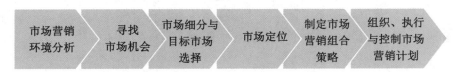

图 1-2　市场营销过程示意图

（一）市场营销环境分析

市场营销环境也称市场经营环境，是指处在营销管理职能外部影响市场营销活动的所有不可控制因素的总和。企业营销活动与其经营环境密不可分。根据企业对环境因素的可控度，企业营销环境可分为宏观环境、中观环境和微观环境。宏观环境由人口环境、经济环境、自然环境、技术环境、政治环境、文化环境六个因素组成。中观环境是指企业涉入行业状态、所处地域条件及相关业务关系等外在要素的集合，主要包括行业环境、地域环境、业务环境。微观环境因素包括企业、供应者、营销中介、顾客、竞争者和公众。

（二）寻找市场机会

市场机会，是指对企业经营富有吸引力的领域，能给企业营销活动带来良好机遇与赢利的可能性。市场机会来源于营销环境的变化，表现为市场上尚未满足或尚未完全满足的需求。从不同的角度去考察分析，就可能会发现不同的市场机会。

市场机会是客观存在的，关键在于企业经营者是否善于寻找和发现。发现机会是利用机会的前提。寻找市场机会的方法和途径多种多样，市场机会往往在市场营销环境变化的条件下出现。企业可以建立适当的营销信息系统，采取适当的措施，经常监控和预测企业营销环境的变化，从中寻找有利于企业发展的市场机会。

市场机会不能等同于企业机会。对某一具体企业而言，并非所有的市场机会都是可以利用的。企业在寻找到市场机会后，必须对所发现的市场机会进行选择和评价，然后才能做出决策，加以利用。

在现代市场经济条件下，某种市场机会能否成为某企业的机会，不仅要看利用这种市场机会是否与该企业的任务和目标相一致，而且取决于该企业是否具备利用这种市场机会的条件，取决于该企业是否在利用这种市场机会上比其潜在的竞争者有更大的优势，因而能享有更大的差别利益。

企业在利用市场机会时应注意以下几点。

1. 抢先

市场机会的均等性和时效性决定了企业在利用机会的过程中必须抢先一步，争取主动。谁能抢先，谁就赢得了时间和空间，就赢得了主动，赢得了胜利。而后来者要利用同一市场机会，往往要付出几倍乃至几十倍的努力。

2. 创新

市场机会的均等性决定了企业利用机会的均等，自己觉察到的这些机会别人也能觉察到。这就要求企业在利用市场机会时一定要大胆创新，通过创新制造差别，形成竞争优势。

3. 应变

市场机会的时效性和不确定性决定了企业不可能一劳永逸地利用同一市场机会。当企业和竞争者先后利用了同一市场机会之后，这一市场机会就有可能转变成环境威胁。因此，企业在利用市场机会之初，就必须主动考虑应变对策，并不断地设法寻求和利用新的市场机会。

（三）市场细分与目标市场选择

市场细分是指营销者通过市场调研，依据消费者的需要和欲望、购买行为和购买习惯等方面的差异，把某一产品的市场整体划分为若干消费者群的市场分类过程。每一个消费者群就是一个细分市场，每一个细分市场都是具有类似需求倾向的消费者构成的群体。企业在划分好细分市场之后，可以进入既定市场中的一个或多个细分市场。目标市场选择是指估计每个细分市场的吸引力程度，并选择进入一个或多个细分市场。

（四）市场定位

市场定位是指企业根据所选定目标市场的竞争状况和自身条件，确定企业和产品在目标市场上的特色、形象和位置的过程，可以从以下三个方面去理解。

第一，市场定位就是根据所选定目标市场上的竞争者产品所处的位置和企业自身条件，从各方面为企业和产品创造一定的特色，塑造并树立一定的市场形象，以求在目标顾客心目中形成一种特殊的偏爱。这种特色和形象可以通过产品实体方面体现出来，如形状、构造、成分等；也可以从消费者心理上反映出来，如舒服、典雅、豪华、朴素、时髦等；或者由两个方面共同作用而表现出来，如价廉、优质、服务周到、技术先进等。

第二，市场定位实际上是在已有市场细分和目标市场选择的基础上深一层次的细分和选择，即从产品特征出发对目标市场进行进一步细分，进而在按消费者需求确定的目标市场内再选择企业的目标市场。

第三，市场定位主要指本企业产品在目标市场的地位，研究的是以怎样的姿态进入目标市场，所以又叫产品定位。同时，定位就是要设法建立一种竞争优势，所以，市场定位又叫竞争定位。

（五）制定市场营销组合策略

市场营销组合（marketing mix）是企业市场营销战略的一个重要组成部分，是指将企业可控的基本营销措施组成一个整体性活动。这一概念是由美国哈佛大学教授尼尔·鲍顿于1964年最早采用的。它是制定企业营销战略的基础，做好市场营销组合工作可以保证企业从整体上满足消费者的需求。此外，它也是企业对付竞争者强有力的手段，是合理分配企业营销预算费用的依据。

市场营销组合是指企业针对目标市场的需要，综合考虑环境、能力、竞争状况，对自己可控的各种营销因素（产品、价格、分销、促销等）进行优化组合和综合运用，使之协调配合、扬长避短，以取得更好的经济效益和社会效益。在20世纪50年代初，根据需求中心论的营销观念，麦卡锡教授把企业开展营销活动的可控因素归纳为四类，即产品（product）、价格（price）、销售渠道（place）和促销（promotion），因此，提出了市场营销的4P组合。到80年代，随着大市场营销观念的传播，人们又提出，应把政治力量（political power）和公共关系（public relation）也作为企业开展营销活动的可控因素加以运用，为企业创造良好的国际市场营销环境，因此，就形成了市场营销的6P组合。到90年代，又有人认为，包括产品、价格、销售渠道、促销、政治力量和公共关系的6P组合是战术性组合，企业要有效地开展营销活动，既要有为人们（people）服务的正确的指导思想，又要有正确的战略性营销组合的指导，包括市场调研（probing）、市场细分（partitioning）、市场择优（prioritizing）、市场定位（positioning）等，从而形成了市场营销的11P组合。

20世纪90年代，美国市场学家罗伯特·劳特伯恩提出了以"4C"为主要内容的作为企业营销策略的市场营销组合即"4C"理论，主要内容包括：针对产品策略，提出应更关注顾客（customers）的需求与欲望；针对价格策略，提出应重点考虑顾客为得到某项商品或服务所愿意付出的代价（cost）；强调促销过程应是一个与顾客保持双向沟通（communication）并且考虑到顾客便利性（convenience）的过程。

（六）组织、执行与控制市场营销计划

组织、执行与控制市场营销计划是市场营销管理过程的一个重要步骤。市场营销计划需要借助一定的组织系统来实施，需要执行部门将企业资源投入到市场营销活动中去，需要控制系统考察计划执行情况，诊断产生问题的原因，进而采取改正措施，或改善执行过程，或调整计划本身使之更切合实际。因此，在现代市场经济条件下，企业必须高度重视市场营销计划的组织、执行与控制。

1-2　白象凭啥走红？

二、营销管理定义及内容

营销管理的本质是需求管理，即为实现组织目标而设计的各种分析、计划、实施和控制活动，以便建立和维持与目标顾客的互惠交换关系。市场营销管理是一个过程，包括分析、规划、执行和控制，其管理的对象包含理念、产品和服务。市场营销管理的基础是交换，目的是满足各方需要。

市场营销的出发点是通过交换满足需求。也就是说，市场营销是企业通过交换满足自身需求的过程。企业存在的价值，在于企业提供的产品能满足别人的需求，双方愿意交换，如此而已。所以需求是营销的基础，交换是满足需求的手段，两者缺一不可。在营销中，企业制定营销政策，要充分考虑营销政策推行的各个方面，其中主要是企业、消费者、经销商、终端、销售队伍这五个方面。营销管理要满足企业的需求、满足消费者的需求、满足经销商的需求、满足终端的需求、满足销售队伍的需求，在不断满足需求的过程中使企业得到发展。

（一）满足企业的需求

企业追求可持续发展。企业可以短期不赢利，去扩张，去追求发展，但最终目的是赢利。所有的人员、资金、管理等都是企业实现可持续发展的手段。按照营销理论，企业要坚持"4C"原则，以消费者为中心，但实际上"以消费者为中心"是企业思考问题的方式，企业要按照自己的利益来行动。在市场发展的不同阶段，企业有不同的需求。

在市场萌芽期，企业开发了创新产品。这时，企业面临两个问题：一是要迅速完成资金的原始积累，二是要迅速打开市场。此时企业可能采取急功近利的操作手法，怎么来钱，就怎么来，怎么出销量就怎么来。可能采取的政策是高提成、高返利、做大户等。

在市场成长期，企业飞速发展，出现了类似的竞争对手。因此企业要用比对手快的速度，扩大市场份额，占领市场制高点。可能采取的措施是开发多品种、完善渠道规划、激励经销商等。

在市场成熟期，企业需要延续产品的生命周期，要追求稳定的现金流量，同时还要开发其他产品。这时，企业要不断推出花样翻新的促销政策。

在市场衰退期，企业要尽快回收投资、变现。

从上面简单的生命周期描述中，可以看到，在不同时段，企业有不同需求，满足企业需求是第一位的。营销管理是对企业需求的管理，以满足企业的需求为根本。所以作为营销决策者首先要考虑："我的老板要求我做什么？公司现在需要我做什么？股东需要我做什么？"然后在具体落实企业需求的过程中，考虑消费者、经销商、终端、销售队伍的需求。

（二）满足消费者的需求

在中国，市场经济发展的时间尚不算太长，故消费者是不

1-3 预制菜能否解决蔬菜滞销难题？

成熟的，容易被企业误导，策划人搞得概念满天飞，如各种特色的主题餐厅仅能风光三五年。真实的、理性的消费者需求是什么呢？消费者对好的产品质量有需求，消费者对合理的价格有需求，消费者对良好的售后服务有需求。消费者的需求多种多样，但对企业来说，核心产品是最重要、最长久的。如果企业仅仅只能满足短期利益，忽略消费者需求，消费者会选择离开。

（三）满足经销商的需求

经销商的需求是经常变动的，但归根结底是三个方面。

第一，经销商需要销量。如果产品是畅销产品，不愁卖，这个时候经销商只需要销量。因为畅销产品可以起到"引流"作用，使经销商从其他货中赢利。

第二，经销商需要利润率。如果产品是新产品，这时经销商期望比较高的毛利。新产品可以"走得慢"，但是很赚钱，这样经销商也满意。

第三，经销商需要稳定的下家。如果货物实在紧俏，零售店非有不可，你给经销商货，经销商就可以用这个产品建立渠道，维护自己渠道的忠诚。当然，如果你可以帮助他做管理，包括管理渠道、管理终端，这样也满足了经销商的需求。

所以企业在制定营销政策时要知道经销商的需求是什么，弄清楚经销商是要长远发展，还是要短期赢利。企业制定政策时，要考虑到经销商的发展，而不是仅仅从企业自身出发，也不是仅仅从消费者角度出发。毕竟在有些行业，经销商是不可或缺的。经销商也有不同的发展阶段。他在创业阶段需要指点，需要支持；当网络已经形成、管理基本规范时，经销商最需要的就是利润。不同发展阶段，他的需求是不同的。因此企业要针对经销商的实际需要不断制定出符合经销商需求的销售政策、产品政策、促销政策。

（四）满足终端的需求

很多企业强调"终端为王"，终端也确实成了王。某些特殊地位的"超级终端"索取进场费、陈列费、店庆费等，有些中小终端，如超市，动不动就倒闭。做终端的风险和成本都很大，企业到底做不做终端，怎么做终端，成了老板两难的选择。按照目前的渠道发展趋势，关键是怎么做终端。

终端的需求越来越多，尤其是连锁商家。如国美等连锁家电企业导致创维这样的彩电巨头都要采取"第三条道路"；手机行业的连锁巨头也很"可怕"，上百家连锁店迫使厂家对他们出台倾斜政策。终端和经销商同为渠道的组成部分，如果让厂家做出选择，宁肯选择终端，而不是选择经销商。做终端的办法，很多企业不一样，宝洁公司的市场人员就只做终端的维护和支持，而不管窜货、不管价格。在宝洁眼中，终端比经销商更重要，毕竟是终端的三尺柜台决定了厂家的最终成败。

（五）满足销售队伍的需求

销售队伍是最容易被忽略的，因为是"自己人"，所以先满足"外人"的利益。表面上看，销售队伍不是很重要，但一个销售代表的"背叛"可能导致企业在一个地区业务的失控。任何营销政策，最终都要靠销售队伍来贯彻，销售代表执行力度的大小，可能比政策本身的好坏更重要。营销竞争是靠团队的,所有的经销商、终端、消费者的需求,都要通过销售队伍来满足。他们的需求有哪些呢?无外乎生存和发展,销售队伍对合理的待遇有需求,对培训机会有需求,对发展空间有需求。因此企业要在不同阶段,发掘销售队伍的需求,尽量来满足他们。

在上面说的五个需求中,企业需求是根本,是营销管理的出发点。其中消费者的需求、经销商的需求、终端的需求是串联的,一个环节没满足,就会使营销政策的执行出现偏差。作为营销管理者,要善于分析这五个方面,善于平衡这五个方面的资源投入,从而取得营销的最佳效果。

第三节 顾客让渡价值

一、顾客让渡价值的概念

"顾客让渡价值"是由菲利普·科特勒在《营销管理》一书中提出来的,是指企业转移的、顾客感受得到的实际价值。它一般表现为顾客总价值(total customer value)与顾客总成本(total customer cost)之间的差额。顾客总价值是指顾客购买某一产品所期望获得的一组利益,它包括产品价值、服务价值、人员价值和形象价值等。顾客总成本是指顾客为购买某一产品所耗费的时间、精神、体力以及所支付的货币资金等,包括货币成本、时间成本、精神成本和体力成本等方面。顾客让渡价值的组成如图1-3所示。

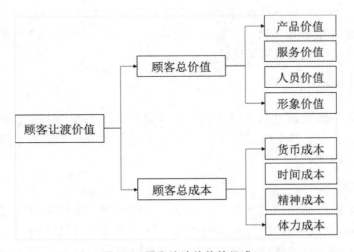

图1-3 顾客让渡价值的组成

由于顾客在购买产品时,总希望把有关成本包括货币、时间、精神和体力等降到最低限度,同时希望从中获得更多的实际利益,以使自己的需要得到最大限度的满足,因此,顾客在选购产品时,往往从价值与成本两个方面进行比较分析,从中选择出价值最高、成本最低,即顾客让渡价值最大的产品作为优先选购的对象。

> **微阅读**
>
> **海底捞的顾客价值**
>
> 海底捞从 8 000 元起家,如今拥有 60 多家店,年营业额十几个亿,仅北京的单店平均每天接待客户 2 000 人左右。客户去吃火锅,等一两个小时是很正常的事情。客户等餐的时候,海底捞提供免费水果、免费茶水、免费美甲、免费上网、免费玩牌、免费手机充电、免费电动车充电、免费擦鞋、免费上厕所。厕所里有很多免费的服务,比如刷牙、补妆。客户吃饭时送头发皮筋、套袖、围裙、手机套、热毛巾。价钱公道,分量足,还能点半份菜,没吃没动的还可以退。当然,不管海底捞服务多么好,如果客户觉得比较贵,客户的总成本高了,这个客户感受到的价值就少了,所以价格公道是基础和前提。
>
> 资料来源:二二师姐,简书,2018 年 9 月 10 日。

二、顾客让渡价值的影响因素

企业为了在竞争中战胜对手,吸引更多的潜在顾客,就必须向顾客提供比竞争对手具有更多顾客让渡价值的产品,这样才能使自己的产品为消费者所注意,进而购买本企业的产品。为此,企业可从两个方面改进自己的工作:一是通过改进产品、服务、人员与形象,提高顾客总价值;二是通过降低生产与销售成本,减少顾客购买产品的时间、精神与体力的耗费,从而降低顾客总成本。

(一)顾客总价值

使顾客获得更大让渡价值的途径之一是改进产品、服务、人员与形象,从而提高产品或服务的总价值。其中每一项价值因素的变化都将对总价值产生影响,进而决定了企业生产经营的绩效。

1. 产品价值

产品价值是由产品的质量、功能、规格、式样等因素所产生的价值。产品价值是顾客需求的核心内容之一,产品价值的高低也是顾客选择商品或服务所考虑的首要因素。那么如何才能提高产品价值呢?要提高产品价值,就必须把产品创新放在企业经营工作的首位。企业在进行产品创新、创造产品价值的过程中应注意如下两点。

(1)产品创新的目的是更好地满足市场需求,进而使企业获得更多的利润。因此,检验某些产品价值的唯一标准就是市场,即要求新产品能深受市场上顾客的欢迎,能为企业带来满意的经济效益,只有这样,才能说明该产品的创新是有价值的。

(2) 产品价值的实现是服从于产品整体概念的。现代营销学认为，产品包含三个层次的内容：核心产品（主要利益）、形式产品（包装、品牌、花色、式样）和附加产品（保证、安装、送货、维修）。与此相对应，产品的价值也包含三个层次：内在价值，即核心产品的价值；外在价值，即形式产品的价值；附加价值，即附加产品的价值。现代的产品价值观念要求企业在经营中全面考虑产品的三层价值，既要抓好第一层次的价值，同时也不能忽视第二、三两个层次的价值，做到以核心价值为重点，三层价值一起抓。

2. 服务价值

服务价值是指企业向顾客提供满意的服务所产生的价值。从服务竞争的基本形式看，可以将服务区分为追加服务与核心服务两大类。追加服务是伴随产品实体的购买而发生的服务，其特点表现为服务仅仅是生产经营的追加要素。从追加服务的特点不难看出，虽然服务已被视为价值创造的一个重要内容，但它的出现和作用却是被动的，是技术和产品的附加物。显然，在高度发达的市场竞争中，服务价值不能以这种被动的竞争形式为其核心。核心服务是消费者所要购买的对象，服务本身为购买者提供了其所寻求的效用，核心服务则把服务内在的价值作为主要展示对象。

3. 人员价值

人员价值是指企业员工的经营思想、知识水平、业务能力、工作效率与质量、经营作风以及应变能力等所产生的价值。只有企业所有部门和员工协调一致地成功设计和实施卓越的竞争性的价值让渡系统，营销部门才会变得卓有成效。因此，企业的全体员工是否就经营观念、质量意识、行为取向等方面形成共同信念和准则，是否具有良好的文化素质、市场及专业知识，以及能否在共同的价值观念基础上建立崇高的目标，决定着企业营销工作的成败。作为规范企业内部员工一切行为的最终准则，人员价值决定着企业为顾客提供的产品与服务的质量，从而决定着顾客购买的总价值的大小。由此可见，人员价值对企业进而对顾客的影响作用是巨大的。

4. 形象价值

形象价值是指企业及其产品在社会公众中形成的总体形象所产生的价值。形象价值是企业各种内在要素质量的反映。任何一种内在要素的质量不佳都会使企业的整体形象遭受损害，进而影响社会公众对企业的评价，因而塑造企业形象价值是一项综合性的系统工程，涉及的内容非常广泛。显然，形象价值与产品价值、服务价值、人员价值密切相关，在很大程度上是上述三方面价值综合作用的反映和结果。所以形象价值是企业知名度的竞争，是产品附加值的组成部分，是高标准服务的竞争，说到底是企业"含金量"和形象力的竞争，它使企业营销从感性认知走向理性化的轨道。

（二）顾客总成本

要实现最大程度的顾客让渡价值，仅仅创造价值是远远不够的，与此同时，还应该设法降低顾客购买的总成本。顾客总成本不仅包括货币成本，而且还包括时间成本、精力和精神成本等非货币成本。通常情况下，顾客购买商品首先要考虑货币成本的高低，因而货币成本是构成顾客总成本的主要和基本因素。除此之外，顾客在购买商品时所耗费的时间、精力和精神也将成为其购买决策的重要影响因素。因此，企业要想创造最大的让渡价值，使顾客能充分满意，就必须解决如何帮助顾客降低非货币成本的问题。

1. 时间成本

时间成本是顾客为得到所期望的商品或服务而必须处于等待状态的时期和代价。顾客满意和让渡价值是时间成本的减函数，在顾客总价值和其他成本一定的情况下，时间成本越低，顾客购买的总成本越小，从而顾客让渡价值越大，反之越小。因此，为降低顾客购买的时间成本，企业经营者对于提供商品或服务要有强烈的责任感和事前的准备，在经营网点的广泛度和密集度等方面均需做出周密的安排。同时，要努力提高工作效率，在保证商品服务质量的前提下，尽可能减少顾客为购买商品或服务所花费的时间支出，从而降低顾客购买成本，为顾客创造最大的让渡价值，增强企业产品的市场竞争力。

2. 精力和精神成本

精力和精神成本是指顾客购买商品时，在精力、精神方面的耗费与支出。在顾客总价值与其他成本一定的情况下，精力和精神成本越小，顾客为购买商品所支出的总成本越低，从而让渡价值越大。因此，企业如何采取有力的营销措施，在企业经营的各个方面和各个环节为顾客提供便利，使顾客以最小的成本耗费取得最大的实际价值，是每个企业都需要深入探究的问题。

三、顾客让渡价值系统

建立顾客让渡价值系统的实质是设计出一套满足顾客让渡价值最大化的营销机制。

（一）利用企业价值链实现网络竞争优势

企业通过顾客让渡价值最大化来体现其竞争优势，竞争优势来自一个企业在设计、生产、销售、发送和辅助其产品过程中所进行的互不相同但又相互关联的活动。这些活动的每一项都有助于企业提高顾客让渡价值，实现竞争优势。哈佛大学的迈克尔·波特教授把这一系列活动称之为价值链。竞争者价值链之间的差异是企业竞争优势的一个关键来源。

企业的价值链是一个由相互依存的活动组成的系统。企业的价值链不仅在其内部是互相联系的，而且和其供应商和销售渠道的价值链密切相关。因此，供应商和销售渠道的活动影响着企业的成本和效益，也影响着企业实现顾客让渡价值最大化。

由于社会分工越来越细化，产业间的协调与联系也随之越来越重要。竞争的加剧使企业单独作战很难体现竞争优势，所以，企业必须与其供应商及销售渠道建立起密切的价值链关系，从而实现网络竞争优势。企业利用价值链之间的纵向联系，加强其与供应商及销售渠道的合作，有利于提高顾客整体价值，降低顾客购买成本，实现顾客让渡价值最大化。因此，利用价值链实现网络竞争优势是建立企业顾客让渡价值系统的一个重要内容。

（二）施行核心业务流程管理

根据价值链的原理，企业内部各部门应协调一致，追求公司整体利益最大化。但是在现实生活中，企业业务部门往往把部门利益放在第一位，而不是首先考虑公司和顾客利益的最大化。为了解决这个矛盾，需要施行核心业务流程管理。

一般来说，企业的核心业务流程有以下几种形式：

一是新产品的实现流程，它包括发现、研究以及成功制造新产品的所有活动，这些活动必须快速、高质量，而且要达到预定成本目标；

二是存货管理流程，它包括开发和管理合理储运地点的活动，以使原材料、半成品和成品能实现充分供给，而不至于因为库存过大或库存不足而造成成本上升；

三是订货回款流程，它包括接受订货、核准销售、按时送货以及收取货款等活动；

四是顾客服务流程，它包括顾客在公司内很顺利地找到适当的当事人，以得到迅速、满意的服务和回答以及解决问题的活动。

上述四种核心业务流程对于企业实现内部协调、提高顾客让渡价值具有重要作用。其中，新产品的实现流程可以根据顾客的需求及时生产出高质量的产品，从而提高企业的产品价值；存货管理流程可以最大限度地降低企业的生产成本和储运成本，从而降低顾客购买时的货币成本；订货回款流程和顾客服务流程可以及时准确地发送货物、收取货款、为顾客提供满意的服务，从而提高企业的服务价值，降低顾客采购成本，实现顾客让渡价值最大化。

（三）施行跨部门全面质量营销

企业提高顾客让渡价值、建立顾客让渡价值系统的工作不可能由企业的营销部门单独完成，这需要企业的市场营销部门与企业的其他部门协调一致，在企业内部施行跨部门全面质量营销。

第一，质量一定是能被顾客所理解的。质量工作开始于顾客的需求，结束于顾客的理解。因此，质量改进只有建立在顾客理解的基础之上才是有意义的。也就是说，制造商必须将顾客的声音贯彻到整个设计、工程、制造和配送过程之中。

第二，质量必须反映在公司的每一个活动之中，而不仅仅反映在产品中，质量要求全员的共同参与。成功的公司是那些消除了部门间壁垒的公司，他们的员工像团队一样协同工作，不仅仅在提高产品的质量，而且在提高广告、服务、产品说明、配送、售后支持等活动的质量。

第三，质量要求有高质量的合作伙伴，即要实现价值链之间的纵向联系。

第四，质量是要能不断改进的，而且质量的改进有时要求量上的飞跃，即制定数量改进的目标。小的改进常可以通过努力工作来实现，但大的改进要求有崭新的措施和方法，需要更灵巧的工作。

第五，质量并不花费更多的成本。也就是说，质量可以通过认识到"第一次就把事情做好"而得到切实的改进，当企业第一次就把事情做正确时，很多成本就被节约了。

第六，质量是必要但也许还是不够的，高质量可能并不能赢得竞争优势，尤其是当竞争者也或多或少提高了相当程度的质量的时候。

（四）重视内部的服务管理

随着市场竞争的日益激烈，企业的优势已不再局限于产品或服务本身，与产品和服务紧密相关的企业内在服务的质量已受到了越来越多的重视。这是因为，从企业利润产生的全过程看，企业获利能力的强弱主要是由顾客的忠诚度决定的。调查发现，忠诚顾客每增加50%，所产生的利润增幅可达25%~85%。显然，忠诚顾客的多少在很大程度上决定了市场份额的质量。而忠诚顾客的塑造却依赖于企业为顾客实现让渡价值的大小，企业员工是让渡价值的实现者，他们的工作效率和工作水平又是由企业内部服务管理的质量决定的。如果一个企业能够加强内部管理，更好地为自己的员工服务，就可以实现员工满意，员工满意可以创造出更大的顾客让渡价值，从而实现顾客满意和顾客忠诚，最终使企业获得利润。

本章小结

党的二十大报告提出，推动国有资本和国有企业做强做优做大，提升企业核心竞争力。这为未来五年乃至更长时期的国有企业改革和发展指明了方向。而要提升企业核心竞争力，营销思维不可或缺。营销思维是指站在营销人员的角度、从营销视角出发，运用营销理论、知识分析问题并提出有效的解决方案的思维模式。本章通过"新冠疫情期间飞鹤乳业数字生态圈的构建"的案例阐述了营销思维中的数字化营销的转型。本章较为详细地介绍了市场的定义与构成要素，市场营销的定义、内涵及相关概念，对市场营销过程、营销管理、顾客让渡价值做了较为全面的说明。

习 题

一、单选题

1. 以下说法错误的是（ ）。
   A. 市场是产品交换场所和领域
   B. 市场是所有卖方和买方构成的商品交换关系的总和
   C. 市场是某种商品现实购买者和潜在购买者所组成的群体
   D. 市场一定是真实的场所和地点

2. 营销的核心是（ ）。
   A. 交换   B. 产品
   C. 需求   D. 利益

3. （　　）是促使人们产生购买行为的原始动机，是市场营销活动的源泉。
A. 需要
B. 需求
C. 诉求
D. 欲望

4. 以下说法正确的是（　　）。
A. 需求是人们对某种东西感到缺失的一种心理状态
B. 需要是以购买能力为基础的欲望
C. 欲望是人们想要得到某种东西来满足需要的愿望
D. 生产者常常只关注消费者表现出来的对产品的欲望，而忽略了欲望下面的实质性需要

5. 营销管理的本质是（　　）。
A. 交换
B. 需求管理
C. 创造需要
D. 满足需求

6. 以下说法错误的是（　　）。
A. 所有的人员、资金、管理等都是企业实现可持续发展的手段
B. 在市场萌芽期，企业面临两个问题，即完成资金的原始积累和迅速打开市场
C. 在不同时段，企业需求都是相同的，满足企业赢利的需求是第一位的
D. 消费者的需求多种多样，但对企业来说，核心产品是最重要、最长久的

7. 以下说法错误的是（　　）。
A. 顾客让渡价值是指顾客总价值与顾客总成本之间的差额
B. 顾客总价值是指顾客购买某一产品所期望获得的一组利益，它包括产品价值、服务价值、人员价值和货币价值等
C. 顾客总成本是指顾客为购买某一产品所耗费的时间、精神、体力以及所支付的货币资金等
D. 由于顾客在购买产品时，总希望把有关成本包括货币、时间、精神和体力等降到最低限度，同时希望从中获得更多的实际利益

8. （　　）是顾客需求的核心内容之一，其高低也是顾客选择商品或服务所考虑的首要因素。
A. 顾客总价值
B. 顾客总成本
C. 产品价值
D. 商品价值

9. （　　）与产品价值、服务价值、人员价值密切相关，在很大程度上是上述三方面价值综合作用的反映和结果
A. 顾客总价值
B. 顾客总成本
C. 企业知名度
D. 形象价值

10. 下列关于忠诚顾客的说法错误的是（　　）。
A. 企业获利能力的强弱主要是由顾客的忠诚度决定的
B. 调查发现，忠诚顾客每增加 50％，所产生的利润增幅可达 65％～85％
C. 忠诚顾客的多少在很大程度上决定了市场份额的质量
D. 忠诚顾客的塑造依赖于企业为顾客实现让渡价值的大小

二、多选题

1. 期望的形成主要是基于（　　）。
   A. 购买经验　　　　　　　　　　B. 亲朋好友的影响
   C. 营销者和竞争者的信息　　　　D. 营销者和竞争者的承诺
   E. 预期的效果
2. 市场包含的要素包括（　　）。
   A. 人口　　　　　　　　　　　　B. 商品
   C. 渠道　　　　　　　　　　　　D. 购买力
   E. 购买欲望
3. 市场营销环境包括（　　）。
   A. 宏观环境　　　　　　　　　　B. 中观环境
   C. 微观环境　　　　　　　　　　D. 经营环境
   E. 企业环境
4. 下列说法错误的是（　　）。
   A. 市场机会能给企业营销活动带来良好机遇与赢利的可能性
   B. 市场营销过程，是企业为完成企业任务和实现企业目标而发现、分析、选择和利用市场机会的管理过程
   C. 价值是顾客拥有和使用某种产品所需成本与所获利益之间的差价
   D. 交换是指双方以货币为媒介的价值的交换
   E. 市场营销是个人或者群体通过创造和交换产品和价值，从而使个人或群体满足需要、需求和欲望的社会和管理过程
5. 营销管理要满足（　　）的需求。
   A. 消费者　　　　　　　　　　　B. 竞争者
   C. 经销商　　　　　　　　　　　D. 终端
   E. 销售队伍

三、判断题

1. 营销管理的本质是交换。　　　　　　　　　　　　　　　　　　　　（　　）
2. 市场营销的出发点是通过交换满足需求。　　　　　　　　　　　　　（　　）
3. 需求是与生俱来的，营销者无法创造需求。　　　　　　　　　　　　（　　）
4. 企业可以短期不赢利，去扩张，去追求发展，但最终目的是赢利。　　（　　）
5. 畅销产品可以起到"引流"作用，使经销商从其他货中赢利，这满足了经销商需要的利润率。　　　　　　　　　　　　　　　　　　　　　　　　　（　　）

四、简答题

1. 如何理解市场营销学中"市场"的含义？
2. 市场营销在企业的具体工作内容中包括哪些方面？
3. 简述需要、欲望和需求的区别与联系。

4. 简述市场营销管理过程的几个步骤。
5. 在市场营销管理中如何体现企业竞争优势？

五、论述题

作为一名消费者，请结合具体的购物经历，分析你所购买的产品如何体现顾客让渡价值。

六、案例分析

三星堆——国宝 IP 的爆款制造机

作为中国最神秘的远古文明，三星堆天然就自带魅力基因。随着遗址的再次启动挖掘，这个头顶国宝光环的 IP 也凭借着一系列文创产品掀起了一波波热潮，成为继故宫、敦煌等文创品牌之后又一热门的爆款制造机。未来三星堆的发展路径将是文化和品牌的双轮驱动。

1-4 《三星堆文物版》我怎么这么好看（视频）

1. 特色文创，助力品牌快速出圈

打造品牌就是创造一个超级符号，然后通过这个符号把品牌根植在文化上。对于三星堆来说，数千年的深厚历史底蕴让其拥有了强大的文化母体，为品牌的"原力觉醒"奠定了坚实基础，只需找对营销秘钥，就能轻松解锁流量密码。比如最近这几年，"一切皆可盲盒"成为众多品牌的营销法宝，各类公仔、机票、衣服、文具等盲盒产品不胜枚举。为了赶上这趟顺风车，三星堆也一口气推出了祈福神官系列、川蜀小堆系列、考古挖土系列、摇滚乐队系列等多款主题盲盒。

与其他盲盒产品不同的是，为了让用户更好地享受沉浸式体验，三星堆的盲盒不仅附赠了一些真土和考古用的铲子、锤子等器具，还以抽奖和零部件拼接的方式寻找隐藏款。这不仅增强了趣味性和互动性，也给予了消费者不同以往的盲盒体验。

除了特色盲盒之外，三星堆的文创产品还覆盖了"衣食住行"各个方面。土味青铜面具雪糕、三星伴月霁蓝鎏银茶具、跑鞋、书签、冰箱贴、饰品、月饼……这些产品以生动新鲜的形式去呈现 IP 的文化内涵，很好地打破了传统文化在用户心中的冰冷形象。

不仅如此，三星堆还非常懂得直戳年轻消费者的猎奇心理，例如，国庆期间刚刚推出的两款巧克力和棒棒糖就解锁了全新玩法。消费者在吃巧克力之前，可以先用金箔纸给铜像戴面具，体验"文物修复"的乐趣；棒棒糖则别出心裁地设计了语音播放按钮，消费者可以边吃边探秘古蜀知识。

可以说，三星堆的特色文创产品，不仅成功塑造了品牌形象价值，也让产品有了自传播的生命力，利用社交属性助力品牌快速出圈。

2. IP跨界，联动营销 1＋1＞2

一个超级IP要想带动话题流量，除了自身的营销价值之外，与其他品牌进行跨界联名也是维持热度的好方式。因此，自从三星堆遗址再次变成焦点话题以来，这个4 000多岁的网红就开始在跨界的道路上一路狂奔，我们在众多实体产品、热门游戏、小说音乐中都能看到它的身影。

例如，在2021年的博物馆纪念日，三星堆就联名咖啡品牌Seesaw推出了"出土套餐"，产品设计既承接了古老基因，又充满现代萌感；7月份，三星堆与Insbaha联名推出了系列彩妆，汲取文物造型和纹饰图腾融于潮酷彩妆之中；除此之外，三星堆还与吉利汽车联名推出了"时空·星盒"，以"科技致敬文明"；更与工商银行、王者荣耀、淘宝造物节、国家宝藏等联手，打造了众多备受追捧的联名产品……

一次次的跨界，让这些原本庄严肃穆的文物走出了博物馆，与年轻消费者建立起了情感链接，有效实现了IP赋能，这些文物即使跨越千年，依旧熠熠生辉。与此同时，三星堆也用自己的历史积淀，在一波又一波的网红浪潮中，树立了硬核口碑，为传统文化的推广普及贡献出了力量。

在新文创时代，文化产业担负着打造中国文化符号与国家文化软实力的重任，这也需要各大品牌从传统文化获得灵感，在全球化背景和当下的语境中找到依附。只有掌握文化传承的意义，加上不断变革的创新，才是商业化经久不衰的资本。三星堆IP的爆红，也为众多品牌提供了一个制造流行的共通公式——让陌生的事物变熟悉，让熟悉的事物变有趣。

思考：
1. 三星堆系列文创产品为什么能成为"国宝IP"？
2. 三星堆系列文创产品吸引年轻消费者的"卖点"是什么？
3. 近年来，故宫博物院、三星堆等网红文化IP何以能够快速传播？

第二章
Chapter 2

营销环境分析

主要知识结构图

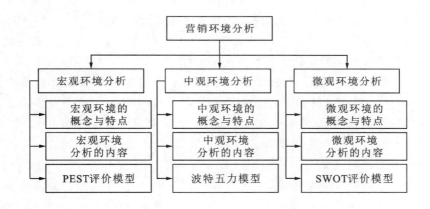

教学目标

- 帮助学生了解三类市场营销环境的概念与特点。
- 帮助学生理解宏观环境、中观环境和微观环境的内容及对企业经营效果的影响作用。
- 帮助学生掌握市场营销环境分析工具,具备针对具体企业进行市场营销环境分析的初级能力。
- 引导学生了解中国改革开放以来经济环境发生的巨大变化,帮助学生正确认识中国经济腾飞背后的战略布局。

开篇案例

产业发展,战略先行

党的十八大以来,党中央高度重视发展数字经济,将其上升为国家战略。党的十九大提出,推动互联网、大数据、人工智能和实体经济深度融合,建设数字中国、智慧社会。2022年,习近平总书记在党的二十大报告中指出:"加快发展数字经济,促进数字经济和实体经济深度融合。"

2021年国务院发布的《"十四五"数字经济发展规划》明确提出"协同推进数字产业化和产业数字化,赋能传统产业转型升级",而互联网对于发展数字经济具有重要意义,也是消费者能够感受到的国家数字经济战略布局的最直接领域。

这些年来,中国互联网发展迅速,目前拥有数据中心35座、活跃交换中心8个,云市场占比超4%,新兴技术领域取得重要进展,AR/VR/MR、人工智能等新技术在互联网产业经济中不断应用,为互联网产业模式、智能交互等领域的发展提供了良好的技术支撑。

中研网发布的《2021互联网行业发展现状及前景分析》报告指出,截至2020年底,我国5G网络用户数超过1.6亿,约占全球5G总用户数的89%;我国网民规模达9.89亿,互联网普及率达到70.4%。2020年,移动互联网接入流量消费达到1 656亿GB,比上年增长35.7%;全年移动互联网月户均流量(DOU)达10.35GB/(户·月),比上年增长32%。中国网络空间研究院发布的《中国互联网发展报告(2022)》显示,2021年,我国数字经济规模增至45.5万亿元,总量稳居世界第二。其中,工业互联网核心产业规模达10 749亿元,人工智能产业规模达4 041亿元,云计算市场规模达3 229亿元。

资料来源:中研网《2021互联网行业发展现状及前景分析》报告;中国网络空间研究院《中国互联网发展报告(2022)》。

第一节 宏观环境分析

一、宏观环境的概念与特点

（一）宏观环境的概念

市场营销环境泛指一切影响和制约企业市场营销决策和实施的内部条件和外部环境的总和，具体来说，就是企业在其中开展营销活动并受之影响和冲击的不可控行动因素与社会力量，如供应商、顾客、文化与法律环境等。企业作为国民经济的细胞，它的生存和发展与其所面临的内外环境休戚相关。内外环境是一把"双刃的剑"，一方面为企业的发展带来机遇，另一方面也为企业的发展带来风险与威胁。外部环境包括宏观环境、中观环境和微观环境。分析和研究宏观环境，能捕捉到环境变动带来的营销机会，也能避免环境变动造成的危机和威胁。

2-1 高质量发展的光明前景——当前中国经济形势述评之一

宏观环境是企业无法直接控制的因素，是指通过影响微观环境来影响企业营销能力和效率的一系列巨大的社会力量，它包括人口、经济、政治法律、科学技术、社会文化及自然生态等因素，如图2-1所示。由于这些环境因素对企业的营销活动起着间接的影响，所以又称间接营销环境。

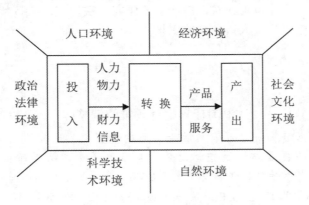

图 2-1 市场营销的宏观环境

（二）宏观环境的特点

市场营销宏观环境具备营销环境的普适性特点，即客观性、动态性、复杂性和不可控性。

1. 客观性

任何企业的市场运营活动都存在于市场的整体环境中，企业的生产经营结果受宏观环境中行业发展变化的影响较大，宏观环境的存在不以任何个体企业的意志为转移，在一定程度上是社会和经济发展的必然趋势。

2. 动态性

市场营销宏观环境的任何因素都是在不断发展变化之中的，企业在生产经营活动中需要不断关注宏观环境中的因素变化，寻找适合于自身发展的市场机会，规避由于宏观环境变化而出现的市场风险。

3. 复杂性

市场营销宏观环境虽然包含的因素较多，不同因素之间看似条块分割，但是彼此之间可能相互关联、相互作用。在这种具有复杂关联性的因素中，既蕴含着机会，也潜伏着危险，共同作用于企业的营销决策。

4. 不可控性

市场营销宏观环境中的各种要素不以企业的意志为转移，无法像企业内部环境一样可以直接作用和影响，因此企业要想很好地立足于市场的宏观环境之中，只能不断洞察环境中的市场机会，积极把握有效环境要素，促进营销决策的成功。

二、宏观环境分析的内容

（一）人口环境

人口是市场的第一要素。人口数量直接决定着市场规模和潜在容量，人口的性别、年龄、民族、婚姻状况、职业、居住分布等也对市场格局产生着深刻影响，从而影响着企业的营销活动。企业应重视对人口环境的研究，密切关注人口特性及其发展动向，及时地调整营销策略以适应人口环境的变化。

❓小思考

中国计划生育政策的调整

在经历了迅速从高生育率到低生育率的转变之后，我国人口环境面临的主要矛盾已经不再是增长过快，而是人口红利消失、临近超低生育率水平、人口老龄化、出生性别比失调等问题。2011年11月，中国各地全面实施双独二孩政策；2013年12月，中国实施单独二孩政策；2015年10月，中国共产党第十八届中央委员会第五次全体会议公报指出：坚持计划生育的基本国策，完善人口发展战略，全面实施一对夫妇可生育两个孩子政策，积极开展应对人口老龄化行动。

2021年5月11日，国务院新闻办公室就第七次全国人口普查主要数据结果举行发布会，国家统计局局长宁吉喆表示，"二孩"生育率明显提升。

想一想：我国计划生育政策的调整会给市场带来什么样的影响？

（二）经济环境

经济环境因素是指一个组织在开展活动时，所在的整个经济系统的运行情况。它既包括一个国家的人口数量及其增长趋势、国民收入、汇率、利率、通货膨胀、政府财政和税收政策等宏观经济环境，又包括企业所在地区或所需服务地区消费者的收入水平、消费偏好和储蓄情况，市场运作的规范程度，劳动力的供求状况等微观经济环境。

（三）政治法律环境

政治法律环境因素，是指一个组织所在国家的政治总体稳定性、宏观管理手段及政策的连续性、政府对组织发展及其作用所持的态度以及由此制定的相关法律文件。它一般包括政治环境和法律环境两方面内容。政治环境是国内与国际的政治环境的统称，在国内主要指党和政府的路线、方针、政策的制定和调整，在国际上主要是指双边关系和多边关系等。法律环境则包括国际和本国主管部门及各地区颁布的各项法规、法令、条例等。政治环境引导着企业营销活动的方向，法律环境保障企业经营活动的顺利进行。政治与法律相互联系，共同对企业的市场营销活动产生影响和发挥作用。

2-2 中国经济恢复"烟火气"，为世界带来浓浓暖意

> 微阅读

楼市调控政策对房地产市场的影响

自改革开放以来，房地产企业率先进行市场化转型，依托当时国家对房地产市场的激励政策，对城市土地进行使用、开发，获得有效发展。随着城镇化进程的加快，住房需求持续攀升，随之而来的房价暴涨成为很多城市的民众反映强烈的主要社会问题。为此，中国房地产政策从之前的支持发展转向抑制投机，旨在控制房价过快上涨。2010年，国务院发布通知，对于商品住房价格过高、上涨过快、供应紧张的地区，商业银行可以根据风险状况，暂停发放购买第三套及以上住房的贷款。国务院还出台了其他措施，要求对贷款购买第二套住房的家庭，贷款首付款必须在50%以上，贷款利率要在基准利率的1.1倍以上；对购买首套住房且套型建筑面积在90平方米以上的家庭，贷款首付款比例要在30%以上。自2016年下半年开始，各省、自治区、直辖市纷纷"因城施策"，所有政策的背后都是中央对民生刚性住房需求的反应，旨在实现稳地价、稳房价、稳预期的长期调控目标。从这几年房地产市场调控的情况来看，房地产价格上涨速度在逐渐放缓，从全国数据来看，2020年全国平均房价上涨仅5.9%，很难再达到前几年10%～15%的增幅。

资料来源：刘姜婷，"探究政府调控新政策对房地产市场的影响"，参考网。

（四）社会文化环境

社会文化环境是指在一种社会形态下已经形成的价值观念、宗教信仰、消费习俗、教育水平、道德规范、审美态度等的总和。任何企业都处于一定的社会文化环境中，企业营销活动必然受到所在社会文化环境的影响和制约。为此，企业应了解和分析社会文化环境，针对不同的文化环境制定不同的营销策略，组织不同的营销活动。

小案例2-1

汉服文化下的经济触动

"着一袭汉服，承千载风华"，汉服经济的崛起，不仅拉近了中国年轻人与传统文化的距离，而且成为彰显中国文化的媒介和载体，成为中国服装市场新的市场焦点。

第一，消费者超千万，市场规模达百亿。艾媒咨询发布的《2022年中国新汉服行业发展白皮书》指出，2021年，我国新汉服行业市场规模达101亿元，同比增长6.4%；消费者规模达1 021万人，同比增长14.4%。

第二，"文化自信＋文化传承"特征凸显。随着国人对中华传统文化认同感、自豪感的提升，人们更倾向于选择有国风元素的产品，愿意通过自身着装展现中华文化魅力和文化自信。而在产业发展之初，汉服就承载着服饰以外的文化传承意义。

第三，借力短视频，跨界合作提升热度。一种事物的兴起不仅需要有强大的内核，还需要有良好的宣传影响。近几年随着短视频在中国的火爆，汉服产业也随之进入快速发展的黄金时期，例如，汉服品牌十三余与王者荣耀、剑网3、国乐大师方锦龙、各大博物馆等国风IP实现跨界联名，积极拓展风格边界并获得了消费者的广泛认可。

第四，创新驱动多元发展，应用场景不断拓宽。在营销渠道上，各汉服企业积极推进线上线下融合，既把握住线上渠道庞大的流量优势，也要发挥线下渠道在产品展示、服装试穿和推广宣传方面的独特优势，持续提升消费者的购买体验。

资料来源：齐文慧，"市场规模达百亿！汉服经济如何实现从小众到破圈？"海淀文化产业。

（五）科学技术环境

科学技术环境的含义很广，它既包括生产技术（如劳动手段、工艺流程的改进、发展与完善，特别是新技术、新设备、新工艺、新材料、新能源等的生产与制造），也包括管理技术（如管理方法、计划决策方法、组织方法的改进与更新，科技产品与科技人才的供给状况，国家科技政策、科技管理体制的创新和适应性等等），还包括生活技术、服务技术等内容。

（六）自然环境

一个国家、一个地区的自然环境包括该地的自然资源、地形地貌和气候条件，这些因素都会不同程度地影响企业的营销活动，有时这种影响对企业的生存和发展起决定性的作用。企业要避免由自然环境带来的威胁，最大限度利用环境变化可能带来的市场营销机会，就应不断地分析和认识自然环境变化的趋势，根据不同的环境情况来设计、生产和销售产品。

三、PEST 评价模型

1999 年，美国学者格里·约翰逊与凯万·斯科尔斯提出了 PEST 评价模型，由于该模型主要用于分析宏观环境的重要因素，为了便于记忆，该名称由宏观环境中政治（political）、经济（economic）、社会（social）、技术（technological）四种因素的英文首字母组成。在之后的发展中，许多学者又加入了各种不同的类别，比如生态（ecological）、法律（law）等，因此又有了 PESTLE、STEEPLE 等。PEST 评价模型的具体内容如表 2-1 所示。

表 2-1　PEST 评价模型

政治（包括法律）	经济	社会	技术
·环保制度 ·税收政策 ·国际贸易章程与限制 ·合同执行法 ·消费者保护法 ·雇佣法律 ·政府组织态度 ·竞争规则 ·政治稳定性 ·安全规定	·经济增长 ·利率与货币政策 ·政府开支 ·事业政策 ·征税 ·汇率 ·通货膨胀率 ·商业周期阶段 ·消费者收入水平 ·消费者储蓄情况 ·就业程度	·收入分布 ·人口统计、增长率、年龄分布 ·劳动力与社会流动性 ·生活方式变革 ·职业与休闲态度 ·教育 ·潮流与风尚 ·健康意识、社会福利、安全感 ·生活条件	·政府开支 ·产业技术 ·新型发明与技术发展 ·技术转让率 ·技术更新速度与生命周期 ·能源利用与成本 ·信息技术变革 ·互联网变革 ·移动技术变革

（一）政治法律环境

PEST 评价模型中的 P 包括政治环境和法律环境，政治环境包括一个国家政局的稳定性以及政府的方针、政策和法令等，对企业的市场经营行为有着直接的影响；法律环境则是一个国家为了维持良好的市场秩序，对于经济体的市场化行为制定的游戏规则和奖惩制度，对于规范企业和市场行为有着直接的影响。政治法律环境中比较重要的指标包括环保制度、税收政策、国际贸易章程与限制、合同执行法、消费者保护法、雇佣法律、政府组织态度、竞争规则、政治稳定性、安全规定等。

（二）经济环境

经济环境主要包括宏观经济环境和微观经济环境两个部分。其中宏观经济环境主要是指能够反映一个国家或地区的国民经济整体发展水平和发展速度的相关内容；微观经济环境则主要是指能够反映企业所在地区或者所服务地区的民众收入水平、储蓄意识、储蓄状况、就业状况等因素的相关内容。宏观经济环境和微观经济环境共同反映出企业以及行业目前及未来的市场大小。经济环境中比较重要的指标包括经济增长、利率与货币政策、政府开支、事业政策、征税、汇率、通货膨胀率、商业周期阶段、消费者收入水平、消费者储蓄情况、就业程度等。

（三）社会文化环境

社会文化环境主要是指一个国家或地区的居民教育程度和文化水平、宗教信仰、风俗习惯、审美观点、价值观念等。社会文化环境直接反映一个国家或地区的文化消费趋向和价值认知。社会文化环境中比较重要的指标包括收入分布，人口统计、增长率、年龄分布，劳动力与社会流动性，生活方式变革，职业与休闲态度，教育，潮流与风尚，健康意识、社会福利、安全感，生活条件等。

（四）技术环境

技术环境主要是指一个国家或地区在某个领域的生产与生活技术水平，决定着该国或该地区所属行业和企业的技术实力以及未来技术发展趋势。技术环境中比较重要的指标包括政府开支、产业技术、新型发明与技术发展、技术转让率、技术更新速度与生命周期、能源利用与成本、信息技术变革、互联网变革、移动技术变革等。

第二节　中观环境分析

一、中观环境的概念与特点

企业的中观环境即产业环境或者叫作行业环境，是企业所处行业、涉入行业状态、所处地域条件及相关业务关系等外在要素的集合。企业的中观环境是联系宏观环境与微观环境的媒介。中观环境一般是企业在经营过程中不可回避的环境层面，对于企业把握行业发展动态和趋势具有较好的指引作用。

（一）引导性

任何企业的发展都离不开产业环境，产业发展的现状和趋势对于企业未来经营状态和方向具有良好的引导作用。对于朝阳性行业来说，居于其中的企业往往能够获得产业红利，但如果产业发展前景不乐观，企业的经营效果将会受到严重影响。

（二）阶段性

产业环境往往具有阶段性特征，在产业发展的不同阶段，产业内部的竞争结构、需求规模和特征都会呈现出不同的特点，因此企业中观环境的分析离不开产业生命周期阶段性特征的影响，处在产业发展不同阶段的企业需要更加清晰地认识阶段性特征给自身经营发展带来的机遇与挑战。

二、中观环境分析的内容

对于企业中观环境的分析，主要是为了让企业能够很好地掌握行业发展动态和行业市场经营的特点，因此分析的主要内容包括行业发展概貌分析以及行业竞争结构分析。

（一）行业发展概貌分析

行业发展概貌分析主要是让企业能够比较清晰地了解行业发展的基本情况以及行业整体发展趋势，对企业制定中长期发展战略和市场发展计划具有重要影响。一般来说，行业发展概貌分析主要需要企业了解行业在社会经济中的地位、近几年行业整体发展状况、行业所处发展阶段以及行业整体的产品和技术特征等。

2-3 2021年我国互联网行业增长势头强劲

（二）行业竞争结构分析

任何企业都不是孤立地在市场中运营，其他生产相同或类似产品的企业往往与自身存在明显的竞争关系，行业的整体竞争态势决定了企业在市场化运营中面临的挑战与机遇，因此需要密切关注企业所处行业的竞争状况。行业竞争压力越大，该行业吸引力越弱；行业竞争压力越小，该行业吸引力越强。20世纪80年代，迈克尔·波特提出了决定行业竞争态势的五个方面的力量，包括同行业竞争者、潜在的新参加竞争者、替代产品、顾客和供应商。

三、波特五力模型

20世纪80年代，迈克尔·波特提出了波特五力模型。他认为有五种力量决定着行业的竞争规模和程度，这五种力量决定了一个市场或细分市场的长期内在吸引力，它们分别是同行业竞争者、潜在的新参加竞争者、替代产品、顾客和供应商，如图2-2所示。

2-4 规则大变迁，直播带货新秩序若隐若现

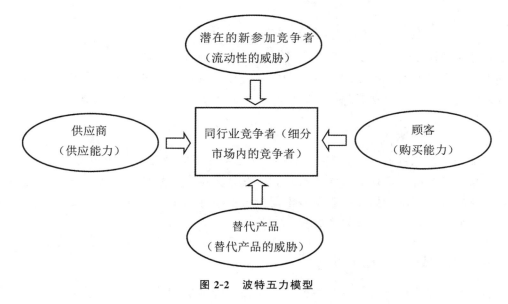

图 2-2 波特五力模型

（一）同行业竞争者

企业在市场中的运营结果往往受到竞争对手的直接影响。由于产品、价格、渠道、受众等多方面的趋同性，企业与同行业竞争者产生市场冲突或者对抗的机会非常多，在波特五力模型中，对同行业竞争者的分析主要是为了让企业自身获得相对于竞争对手的竞争优势。当行业发展缓慢、竞争者多、产品同质性高、生产能力过剩、行业进入障碍低而退出障碍高时，竞争就会比较激烈。

（二）潜在的新参加竞争者

对于一个行业来说，新进入者往往可以为行业的发展带来积极的一面，他们的加入给市场带来新的活力，也为整体行业带来新的生产资源和生产能力，对于行业的蓬勃发展具有良好的刺激作用；同时，新进入者需要与原有行业的竞争对手瓜分市场，因此也为市场增加了竞争的压力，甚至有可能颠覆该行业的生态结构。决定一个行业潜在的新参加竞争者数量的主要因素是该行业的进入障碍，包括如下因素：规模经济，即新进入者如果无法实现规模经济则很难进入；产品差异优势，新进入者要具有明显的产品市场竞争优势，否则很难在短期内站稳脚跟；现有企业对关键资源的控制，一般表现为对资金、专利技术、原材料供应、分销渠道等关键资源的积累与控制，对新进入者形成障碍；现有企业的反击程度等。

（三）替代产品

很多处于同一行业或者不同行业的产品之间在使用功能、使用场合等方面具有一定的替代关系，因此产生了市场竞争的冲突。如果替代产品在功能、价格、质量等消费者敏感性购买特征方面具有较好的优势，那么对现有产品的竞争压力就比较大，甚至会产生颠覆性的行业影响。对于行业的整体发展来看，一定的替代品威胁对于行业具有很好的鲶鱼效应，但如果替代品威胁过强，行业的市场吸引力会大大减弱。

（四）顾客

行业中来自购买者的压力往往表现为购买者的讨价还价能力，即购买者对于企业所提供的产品在质量、价格、服务等方面有更高的要求，从而使得企业的盈利能力有所降低。影响购买者议价能力的基本因素有：顾客的购买批量、对产品的依赖程度、改变厂家时的成本高低以及掌握信息的多少等。

（五）供应商

企业的市场竞争优势离不开产品的优势，然而，大量生产性企业的产品优势都受到供应商提供资源的影响，如果产业链中供应商的议价能力较强，那么将不利于企业市场竞争优势的建立。影响供应商议价能力的基本因素有：供应商在行业中的市场地位、供应商产品的特色和技术领先性、企业的供应商转换成本等。

波特认为，五力模型可以很好地诠释一个行业的竞争全貌，五种力量的集合决定了一个企业的盈利能力，五种力量的强弱在不同行业、不同时期都会发生变化。

第三节　微观环境分析

一、微观环境的概念与特点

（一）微观环境的概念

微观环境是指与企业紧密相连、直接影响企业营销能力和效率的各种力量和因素的总和，主要包括企业自身、供应商、营销中介、顾客、竞争者及社会公众。由于这些环境因素对企业的营销活动有着直接的影响，所以又称直接营销环境。

（二）微观环境的特点

市场营销微观环境在具备宏观环境的客观性、动态性、复杂性和不可控性几大特点之外，也有其独特之处。

1. **市场营销微观环境受宏观环境的影响**

宏观环境与微观环境之间不是并列关系，而是主从关系。市场营销微观环境受制于市场营销宏观环境，市场营销微观环境中的所有因素均受到市场营销宏观环境中的各种力量和因素的影响。

2. **企业受市场营销微观环境的影响更直接更迅速**

微观环境中的各种因素与企业日常生产经营活动直接相关，因此，微观环境中的各种因素对企业市场营销经营行为和效果的影响更为直接，反映的时效性也更短，几乎可以影响企业的日常性经营活动。

3. 市场营销微观环境的相关因素更多变

相对于宏观环境来说，微观环境的各种因素处在一个更为多变的动态环境中，尤其是微观环境中的顾客和竞争对手。因此需要企业对市场营销的微观环境进行常态化、持续性的审视和预判。

二、微观环境分析的内容

（一）企业

面临相同的外部环境，不同企业的营销活动所取得的效果往往并不一样，这是因为它们有着不同的内部环境要素。企业的市场营销部门由营销和销售两大职能主导，组成人员包括品牌经理、营销研究人员、市场分析人员、广告及促销专家、销售经理及销售代表等。市场营销部门负责制定现有各个产品、各个品牌及新产品、新品牌的研究开发的营销计划。

2-5 征途——华为与思科的对决，见证了中国速度与中国力量！

在内部各环境要素中，起到关键作用的主要是资源、能力及企业文化。

1. 资源

资源是指企业所拥有的各种要素，包括有形资源如设备、厂房、人员、土地和资金等，无形资源如商标、公司形象和文化等。在资源差异能够产生收益差异的假定下，企业资源基础观认为，企业之所以赢利，是因为企业内部有形资源、无形资源以及积累的知识在企业间存在差异，资源优势会产生企业竞争优势，企业拥有的具备价值性、稀缺性、知识性和不可复制性以及以低于价值的价格获取的资源，可以产生成本低或差异化高的产品，是企业获得持续竞争优势以及成功的关键因素，企业竞争力就是这些特殊的资源。

2. 能力

能力泛指企业在日常经营管理活动中满足企业生存、成长和发展的系统方法和综合过程表现水平。从企业经营的宏观方面来说，它包括企业发展战略规划能力、品牌运作及企业定位能力、资源获取能力、资源整合能力、价值链管理能力、关键核心竞争优势和能力等；从企业内部管理微观角度来看，它包括企业组织运作能力、指挥控制能力、战略分解与执行能力、综合管理能力等；从企业职能分配来看，它包括企业产品开发与设计能力、市场与客户服务能力、产品与服务提供能力、生产与品质保障能力、供应与物流管理能力、人力资源开发与利用能力、成本管控能力、品牌策划与运作能力、后勤保障支撑能力等基础能力。

3. 企业文化

企业文化是指企业的管理人员与职工共同拥有的一系列思想观念和企业的管理风貌，包括价值标准、经营哲学、管理制度、思想教育、行为准则、典礼仪式以及企业形象等。企业文化在调动企业员工的积极性，发挥员工的主动创造力，提高企业的凝聚力等方面有重要的作用。良好的企业文化状况可以促使企业员工们努力工作以取得更高的绩效，从而更好地实现企业的目标。此外，良好的企业文化环境氛围有助于增进企业全体员工对企业的好感，并可以通过员工向外辐射这种感情以美化企业的对外形象。

（二）供应商

企业作为组织的一种形式存在于社会之中，组织是一个开放的系统，与外界之间存在物质、信息的交换。交换主要表现为投入和产出。供应商是组织从外部获取投入的来源，对于一个企业来说，供应商可能是组织也可能是个人，企业从他们那里获得原材料、劳动力、信息、资金、服务等。供应商供应的数量、供应产品或服务的质量和价格、供应的及时性直接影响到企业产品和服务的质量及成本水平，因此，企业对供应商有许多要求，同时也给予稳定的供应商一定的支持。

（三）营销中介

营销中介是指帮助企业促销、销售和分销其产品给最终购买者的企业或个人，包括中间商、实体分配机构、营销服务机构和金融中介机构。这些都是市场营销不可缺少的环节，大多数企业的营销活动都必须通过它们的协助才能顺利进行。

（四）顾客

企业与供应商和中间商保持密切关系，是为了有效地向目标顾客市场提供商品和服务。顾客是那些购买企业产品或服务的个人或组织。一个组织的产品或服务只有转化为商品并且被顾客消费之后才能给企业带来效益，因此，顾客是一个企业生存的基础，并使它能继续存在。

2-6 回顾顺丰上市六年来的发展历程：冬至收苗，夏至插秧

顾客是企业服务的对象，是营销活动的出发点和归宿。顾客的获取和保留是企业利润的来源。一个企业可能要面对多种顾客，如个人和组织，批发商、零售商和最终消费者，国内和国外顾客等等。企业的顾客会因受教育水平、收入水平、生活方式、地理条件等众多方面的不同而对企业的产品和服务提出不同的要求，企业在市场营销、质量管理、产品设计、战略决策等方面必须充分关注顾客的差异。

（五）竞争者

与本企业竞争资源的其他组织就是竞争者。这些外部资源，既包括组织从外部环境中获取的投入，如资金、人才、原材料等，也包括外部环境中接受组织输出的组织和个人，比如顾客。企业在研究竞争者时，主要从现有竞争者的状况、潜在竞争者的状况和替代品的提供者三个方面进行研究。

（六）公众

公众就是对一个组织完成其目标的能力有着实际或潜在兴趣或影响的群体。公众可能有助于增强一个企业实现自己目标的能力，也可能妨碍这种能力。鉴于公众会对企业的命运产生巨大的影响，精明的企业就会采取具体的措施，去成功地处理与主要公众的关系，而不是不采取行动和等待。大多数企业都建立了公共关系部门，专门筹划与各类公众的建设性关系。公共关系部门负责收集与企业有关的公众的意见和态度，发布消息、沟通信息，以建立信誉。如果出现不利于公司的反面宣传，公共关系部门就会成为排解纠纷者。

小案例2-2

一坛酸菜引发的危机公关战

2022年，央视3·15晚会曝光了"土坑臭脚酸菜"事件，其间消费者可以赫然看到康师傅、统一等知名品牌合作商，引发了社会舆论的广泛关注。康师傅、统一、太二的应对措施分别如下。

康师傅承认湖南插旗菜业为其产品供应酸菜，并声明立即终止合作关系，启动相关产品封存及下架回收，积极配合监管部门调查。声明中还表示，本次事件是康师傅的管理失误，"辜负了消费者的信任"，除了表达歉意，也将引以为戒。

统一于15日与16日两度发出声明澄清，表示3·15晚会提及的数家酸菜商皆非统一的供货商，自2012年底与湖南插旗菜业已不再合作。目前产品内所有的酸菜自腌自用，内部对其有严格的监管体系。此外，统一已在第一时间对供给的酸菜包进行全面检测。

在央视曝光该事件的第二天，太二发表了一则官方声明，首先表示涉事企业与太二没有合作关系，其次讲明合作企业及资质认证，同时展示了太二对采购的酸菜产品进行质量管理的方式，最后呈现了太二在此次事件发生后的应对措施。整个声明言简意赅，态度正面、积极、诚恳。

3月16日，港股开盘，康师傅控股股价急速下挫。而反观太二的母公司九毛九，当日大涨21%。

资料来源："一坛酸菜引发的危机公关战，谁是赢家？"网易新闻；"'土坑酸菜'危机，康师傅和统一紧急危机公关"，华夏经纬网。

三、SWOT评价模型

（一）SWOT评价模型的基本内容

所谓SWOT分析，也称为态势分析，20世纪80年代初由美国旧金山大学的管理学教授韦里克提出。SWOT 分析就是将与研究对象密切相关的各种主要内部优势因素（strengths）、劣势因素（weaknesses），外部的机会因素（opportunities）、威胁因素（threats），通过调查罗列出来，并依照一定的次序按矩阵形式排列起来，然后运用系统分析的思想，把各种因素相互匹配起来加以分析，从中得出一系列相应的结论或对策。该模型具体需要考虑的因素如表 2-2 所示。

表 2-2　SWOT 分析应考虑的因素

	外部威胁（T）	外部机会（O）
外部环境	• 市场增长缓慢 • 竞争压力大 • 不利的政府政策 • 新的竞争者进入行业 • 替代产品销售额逐步上升 • 用户讨价还价能力增强 • 用户需要与爱好逐步转变 • 通货膨胀递增及其他	• 纵向一体化 • 市场上互补产品增长 • 能争取到新的用户群 • 有进入新市场或市场面的可能 • 有能力进入更好的企业集团 • 在同行业中竞争业绩优良 • 扩展产品线满足用户需要及其他
	内部优势（S）	内部劣势（W）
内部环境	• 产权技术 • 成本优势 • 竞争优势 • 特殊能力 • 产品创新 • 具有规模经济 • 良好的财务资源 • 高素质的管理人员 • 公认的行业领先者 • 买主的良好印象 • 适应能力强的经营战略及其他	• 战略方向不明 • 设备老化 • 竞争地位恶化 • 产品线范围狭窄 • 技术开发滞后 • 营销水平低于同行 • 管理不善 • 战略实施的历史记录不佳 • 不明原因导致的利润率下降 • 资金拮据 • 相对于竞争对手的高成本及其他

1. 机会与威胁分析

机会与威胁分析主要是审视企业所处的外部环境，通过对外部环境的梳理，得出企业面临的环境威胁以及环境机会。环境威胁主要是指外部环境中不利于企业发展的各种挑战或不利趋势，如果不加以应对很有可能威胁企业所处的竞争地位；环境机会主要是指外部环境中有利于企业获得更好发展、富有更强市场吸引力的领域，这些机会将可能使得企业拥有更好的竞争优势。

随着经济全球化的发展，企业外部环境更为复杂多变，对于企业的发展变化产生重要影响。因此，审视企业外部环境中的机会与威胁成为企业实现良好发展必须面对的一项日益重要的工作和内容。

2. 优势与劣势分析

处在相同竞争环境中的企业不一定能够获得相同的市场回报，主要原因就在于企业竞争优势的强弱。要想很好地利用外部环境中的市场机会，规避市场风险，企业需要具备相对于竞争对手更强的竞争优势。因此，审视企业内部的优劣势，对于企业在同等的外部环境中实现更好的企业目标具有非常重要的作用。

由于企业竞争优势的来源比较广泛，一般在进行优劣势分析的时候，企业需要在价值链的每个环节与竞争对手做详细的对比，寻找关键成功要素，构建适合于消费者认知的竞争优势。

（二）SWOT 评价模型的战略制定

如表 2-3 所示，SWOT 评价模型是对企业所处内外部环境进行系统展示和分析的一套比较全面的分析工具，通过对内外部环境的梳理，企业可以比较清晰地了解业务板块在外部机会、威胁以及内部优势、劣势等方面的相关情况。根据该模型的内外部环境因素的排列组合，企业有四种战略可以选择，分别是增长型战略（SO 战略）、扭转型战略（WO 战略）、多种经营战略（ST 战略）以及防御型战略（WT 战略）。增长型战略（SO 战略）即依靠内部优势，利用外部机会；扭转型战略（WO 战略）即利用外部机会，弥补自身不足；多种经营战略（ST 战略）即利用自身优势，回避外部威胁；防御型战略（WT 战略）即克服内部劣势，回避外部威胁。

表 2-3　SWOT 评价模型的战略制定

	优势	劣势
机会	增长型战略（SO 战略）	扭转型战略（WO 战略）
威胁	多种经营战略（ST 战略）	防御型战略（WT 战略）

企业在实际使用 SWOT 评价模型制定相应战略的时候，SWOT 评价模型提供的往往不是单一板块的战略布局，而是四个板块整体的战略布局，对企业所处环境和应对战略的制定往往比较系统、全面，因此在企业中应用较为广泛。

本章小结

企业作为国民经济的细胞，它的生存和发展与其所面临的内外环境休戚相关。党的二十大报告提出，要营造有利于科技型中小微企业成长的良好环境。这释放了鼓励中小微企业自主创新的明确信号，而自主创新首先需要了解企业所处的内外环境。内外环境一方面为企业的发展带来机遇，另一方面也为企业的发展带来风险与威胁。本章通过"产业发展，战略先行"的案例从宏观层面上展现出市场环境对产业以及企业发展的重要性，阐述了组成企业环境的三个层面即宏观环境、中观环境和微观环境的概念、特点和内容，并从实际应用层面对三种环境的分析评级工具即 PEST 评价模型、波特五力模型、SWOT 评价模型进行了详细说明。

习 题

一、单选题

1. 代理中间商属于市场营销环境的（　　）因素。
   A. 内部环境　　　　　　　　　　　　B. 竞争
   C. 营销渠道企业　　　　　　　　　　D. 公众环境

2. 市场营销环境中（　　）被称为是一种创造性的毁灭力量。
   A. 新技术　　　　　　　　　　　　　B. 自然资源
   C. 社会文化　　　　　　　　　　　　D. 政治法律

3. （　　）指人们对社会生活中各种事物的态度和看法。
   A. 社会习俗　　　　　　　　　　　　B. 消费心理
   C. 价值观念　　　　　　　　　　　　D. 营销道德

4. （　　）是指企业所在地邻近的居民和社区组织。
   A. 社团公众　　　　　　　　　　　　B. 社区公众
   C. 内部公众　　　　　　　　　　　　D. 政府公众

5. 协助厂商储存并把货物运送至目的地的仓储公司是（　　）。
   A. 中间商　　　　　　　　　　　　　B. 财务中介
   C. 营销服务机构　　　　　　　　　　D. 实体分配公司

6. 身边没有孩子的老年夫妻是家庭生命周期的（　　）。
   A. 空巢期　　　　　　　　　　　　　B. 满巢期
   C. 孤独期　　　　　　　　　　　　　D. 离巢期

7. 消费习俗属于（　　）因素。
   A. 人口环境　　　　　　　　　　　　B. 经济环境
   C. 文化环境　　　　　　　　　　　　D. 地理环境

8. 消费流行属于（　　）因素。
   A. 社会文化环境　　　　　　　　　　B. 人口环境
   C. 地理环境　　　　　　　　　　　　D. 顾客环境

9. 以下哪个是影响消费者需求变化的最活跃因素？（　　）
   A. 人均国民生产总值　　　　　　　　B. 个人收入
   C. 个人可支配收入　　　　　　　　　D. 个人可任意支配收入

10. 与企业紧密相连、直接影响企业营销能力的各种参与者，被称为（　　）。
    A. 营销环境　　　　　　　　　　　　B. 宏观营销环境
    C. 微观营销环境　　　　　　　　　　D. 营销组合

二、多选题

1. 下列属于市场营销微观环境的是（　　）。
   A. 辅助商　　　　　　　　　　　　　B. 政府公众
   C. 人口环境　　　　　　　　　　　　D. 消费者收入
   E. 国际市场

2. 人口环境主要包括（　　）。
A. 人口总量　　　　　　　　　　B. 人口的年龄结构
C. 地理分布　　　　　　　　　　D. 家庭组成
E. 人口性别

3. 影响消费者支出模式的因素有（　　）。
A. 经济环境　　　　　　　　　　B. 消费者收入
C. 社会文化环境　　　　　　　　D. 家庭生命周期
E. 消费者家庭所在地点

4. 以下属于宏观营销环境的因素有（　　）。
A. 公众　　　　　　　　　　　　B. 人口环境
C. 经济环境　　　　　　　　　　D. 营销渠道企业
E. 政治法律环境

5. 营销中间商包括（　　）。
A. 中间商　　　　　　　　　　　B. 物流公司
C. 营销服务机构　　　　　　　　D. 财务中介机构
E. 供应商

三、判断题
1. 企业的市场营销环境包括宏观环境和微观环境。（　　）
2. 企业可以按自身的要求和意愿随意改变市场营销环境。（　　）
3. 公众是指对企业实现其市场营销目标构成实际或潜在影响的任何团体。（　　）
4. 宏观环境是企业可控制的因素。（　　）
5. 市场由那些想买东西并且有购买力的人构成。（　　）

四、简答题
1. 简述市场营销宏观环境的内容及特点。
2. 简述市场营销中观环境的内容及特点。
3. 简述市场营销微观环境的内容及特点。
4. 简述世界人口环境发展的主要趋势。
5. 企业在进行经济环境分析时，主要考虑哪些经济因素？

五、论述题
近年来，大学生创业问题越来越受到社会的关注，因为大学生属于高级知识人群，经过多年的教育，背负着社会的种种期望。在社会经济繁荣发展的同时，大学生创业也成为大学生就业之外的新兴的现象。假如你是一名准备创业的大学生，你所针对的目标群体就是本校或兄弟学校的大学生，请分析目前已经存在的校内创业项目，结合本章的主要知识点，试讨论有哪些可行的创业项目。

六、案例分析

新能源汽车的春天

随着汽车与能源、交通、信息通信等领域的技术加速融合，新一轮科技革命和产业变革的蓬勃发展让电动化、智能化、网联化成为汽车产业的发展潮流和趋势。国内新能源车市场步入快速成长期，2021年销量和渗透率同比双双翻倍。2022年，中国新能源汽车销量达到688.7万辆，增速接近翻倍，连续8年居全球第一；同时，新能源汽车渗透率达到27.4%，提前3年实现新能源汽车渗透率25%的目标。

2-7 中国成全球最大新能源车市场（视频）

国内新能源汽车的产业发展基本可以分为三个阶段。

（1）2013—2015年，产业孕育期。该阶段在很大程度上依靠政府牵头引导，通过高补贴政策扶持产业发展。新能源车渗透率不足1%。

（2）2016—2019年，产业完善期。在该阶段，政策制定更加具有针对性，一年一修，补贴逐步退坡；更加侧重技术发展，鼓励高性能车型发展。产业链供应基本趋于成熟，年销量实现了百万辆的突破，渗透率从1%提高到4%以上。

（3）2020年起至今，产业高速成长期。在该阶段，优质爆款车型频出，市场消费需求被进一步激发，对补贴的依赖逐步弱化；国内产业链趋于成熟，出现全球龙头公司；销量和渗透率的增长步入快车道。

目前，从细分车型来看，2021年，我国纯电动汽车占比最大，产量达294.2万辆，占新能源汽车总产量的82.9%。此外，插电式混合动力汽车产量达60.1万辆，占新能源汽车总产量的17%；燃料电池汽车产量达1 777辆，占新能源汽车总产量不足0.05%。

企查查数据显示，我国现存新能源汽车相关企业56.8万家。2022年上半年，我国新增新能源汽车相关企业11.1万家，同比增加50.3%。近十年，我国新能源汽车相关企业注册量逐年增加。2012年，我国新增0.4万家新能源汽车相关企业，此后年度相关企业注册量增速集中在30%～85%，其中2015年新注册企业数量首次过万；"双碳"目标提出后，2020年全年新增新能源汽车相关企业7.4万家，同比增加85.0%；2021年更是持续大幅增加至17.0万家，同比增加128.4%。

随着新能源汽车相关企业数量的增加，市场竞争愈演愈烈。2021年，按销量统计，行业前三名参与者为比亚迪汽车、上汽通用五菱、特斯拉中国。2022年，特斯拉成绩卓越，全球共计交付电动汽车超131万辆，同比增长40%；总收入约815亿美元，同比增长51%；净利润约125.6亿美元，同比翻倍，连续3年实现盈利；车辆销售毛利率尤为出众，达28.5%。相比之下，比亚迪新能源汽车2022年全年累计销量达186.35万辆，同比增长208.64%，以超过特斯拉约55万辆的成绩，拿下全球新能源汽车销量第一桂冠。

资料来源：中商产业研究院，2022年11月25日；国盛证券，2021年12月24日。

思考：
1. 试分析国内新能源汽车市场快速成长的主要原因。
2. 2023年，各级政府将停止对新能源汽车的补贴，你认为产生的影响有哪些？

第三章 Chapter 3

营销战略

主要知识结构图

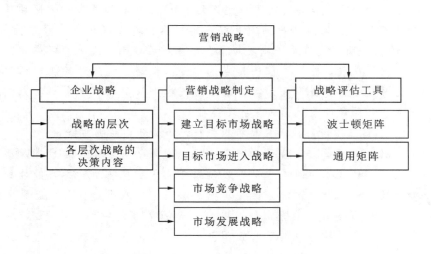

教学目标

- 帮助学生了解企业战略的内涵、层次与相关内容。
- 帮助学生理解市场营销战略过程的四个阶段以及不同阶段的营销战略内容。
- 帮助学生掌握波士顿矩阵和通用矩阵两种战略评估工具，使学生具备针对具体企业进行业务战略分析的专业能力。
- 引导学生了解中国优秀民族企业的战略布局与实施内容，帮助学生建立正确的职业发展的价值观。

开篇案例

华为全球化战略的发展

党的二十大报告提出，中国坚持经济全球化正确方向，推动贸易和投资自由化便利化，推进双边、区域和多边合作。可见，经济全球化的发展战略仍然是我国国际战略布局的重中之重，在国家这种大的战略布局下，企业需要紧跟国家战略要求，快速进行全球化战略布局，为自身赢得更多的市场发展机会。而在全球化战略布局中能够作为国人骄傲的标杆企业，当以华为为代表。

华为全球化战略的发展大致可以划分为三个阶段。

1. 第一阶段：战略式探路

华为最早走向海外，可以追溯到1994年在日内瓦参加国际通信展，那是华为第一次在国际客户面前亮相，也显露出其拓展海外市场的意图。此后，从1996年开始，在俄罗斯、越南、巴基斯坦等国家开展市场探索，并在当地设立常设机构。这个阶段的特点是小分队探路，选择对其规则相对熟悉的市场，尽量不做重资产投入，市场活动基本上采用项目机会驱动方式。这种方式带有很强的随机性，效果并不是很好。

2. 第二阶段：业务拓展组织先行，市场开拓品牌冲锋

2000年底，华为基于对自身"三分天下必有其一"的愿景以及行业的客观要求，达成了必须成为世界级领先企业才有持续运营的可能性的共识，对海外策略进行调整。华为第一次把全球划分为八个地区部，而原来的整个公司的全部市场——中国市场，成为八大地区部之一的"中国区"。组织的调整，为业务的拓展提供了基础和平台，配合市场化策略，海外市场一个一个获得突破，逐渐打开局面，奠定了华为在全球的市场格局。

在拓展海外市场的过程中，华为深刻认识到品牌对于海外市场的重要性，通过一个一个实打实的客户拓展、一场一场的技术交流会、一个一个项目的高质量交付，华为的品牌随着其市场份额提升而提升，品牌提升又进一步带动市场拓展，形成了这样一个正向反馈的良性循环过程。

3. 第三阶段：全球资源整合

完成了"走出去、走进去"之后的华为，进一步整合全球资源，将全球优质资源带向全球，逐步过渡到"带出来"的阶段。在增强自身竞争力的同时，也为当地资源全球化、实现全球资源优化配置做出了社会贡献。

资料来源：王太文，"'三分天下必有其一'，华为全球化战略给中国企业的启示"，聚焦与余光，2022年6月29日。

第一节　企业战略

一、战略的层次

战略是实现长期目标的方法。对于现代公司而言，营销战略往往是其公司战略的核心内容。公司战略界定了营销战略的基本理念、原则和行动框架。换言之，营销战略必须遵循公司战略并以公司战略为指导。同时，公司战略的落实也离不开营销战略的制定、实施与控制。因此，要理解营销战略，首先就需要了解有关公司战略的基本知识。

企业在制定战略时，不仅要确定企业整体目标以及实现目标的方法，而且要确定企业内每一层次、每一业务类别以及每一职能部门的目标及其实现方法。如图 3-1 所示，企业战略一般分为三个层次，即企业总体战略、经营（事业部）战略和职能战略。企业总体战略由企业的最高管理层制定，经营战略由企业内各事业部或经营单位制定，职能战略由各职能部门制定。

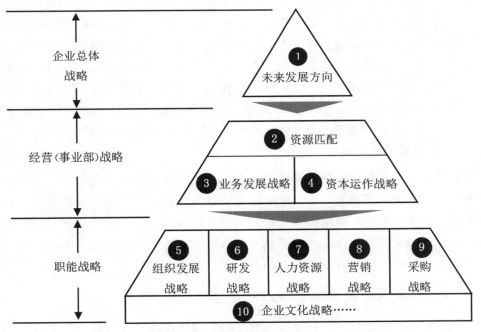

图 3-1　企业的战略层次

对企业战略进行层次划分的意义在于，既保持了企业方向和战略的统一性和整体性，使企业资源的调动最大限度地符合企业长期发展目标的要求，同时又能适应分权管理的要求，提高企业活动的灵活性，更好地适应市场。

二、各层次战略的决策内容

（一）企业总体战略主要决策的内容

企业总体战略是指为实现企业总体目标，对企业未来发展方向做出的长期性和总体性战略。它是统筹各项分战略的全局性指导纲领，是企业最高管理层指导和控制企业的一切行为的最高行动纲领。

3-1　华为战略及破局关键——华为产业链深度系列研究（视频）

1. 选择业务组合和核心业务

首先，恰当的业务组合使企业能在充分利用现有竞争优势的基础上，不断淘汰那些不具备优势和没有发展前景的业务，同时培育企业未来的业务和竞争优势。对拥有若干业务种类的企业来说，在企业战略中需要确定企业的核心业务类型，避免盲目地增加业务类型，导致企业丧失核心业务，进而丧失核心竞争力的来源。

其次，因为资源和能力的有限性，企业在确定发展新业务的同时还需要决定是否应退出某些业务领域，以及退出的方式和时机。在保留的业务类型中，还需要决定对各种业务的支持力度。

最后，还需要确定各类业务的管理重点、管理权力中心及具体的政策。

2. 进行战略业务单位及其资源分配的决策

企业应根据企业业务组合和各类业务在组合中的地位和作用，决定战略业务单位，同时确定各战略业务单位的资源分配方式和分配次序。企业总体战略对资源的分配一般只涉及各有关业务单位。核心业务关系到企业整体的生存和发展，而且占用的资源量较大，需要在企业总体战略中对资源的使用进行安排。其他业务单位对资源的具体使用一般由经营战略确定，企业总体战略只提出对资源使用效果的要求，以及评价、考核的方式和制度。业务单位之间的活动和利益的协调由企业总体战略确定。

3. 建立战略控制机制

对处于不确定性程度较高环境中的企业而言，不同的环境变化特征要求其具有不同的对环境变化的反应程度。企业的战略制定需要建立与其所处环境确定性程度要求相一致的战略控制系统，即根据预先设计（定期检查修正）的反应强度信号，对达到规定强度的环境变化做出行动上的调整或是战略上的改变，甚至对战略的根本方面以及相应的组织结构和关系进行变革。

（二）经营战略主要决策的内容

经营战略是企业面对激烈变化的环境时，在严峻挑战下为求得长期生存和不断发展而进行的总体性谋划。具体地说，经营战略是在符合和保证实现企业使命的条件下，在充分利用环境中存在的各种机会和创造新机会的基础上，确定企业同环境的关系，规定企业从事的事业范围、成长方向和竞争对策，合理地调整企业结构和分配企业的全部资源。从其制定要求看，经营战略就是用机会和威胁评价现在和未来的环境，用优势和劣势评价企业现状，进而选择和确定企业的总体、长远目标，制定和抉择实现目标的行动方案。它的决策内容包括明确业务的实现目标、业务的涵盖范围、业务的核心活动方面、基本竞争战略种类以及获得和控制价值的方式，确定业务内各项职能活动对该业务的作用，确定业务内资源的分配和平衡方式以及制定实现业务发展目标的计划等。

（三）职能战略主要决策的内容

职能战略又称职能支持战略，是按照总体战略或业务战略对企业内各方面职能活动进行的谋划。职能战略是企业或业务单元的基础性职能战略，从企业或业务运营的基本职能上为总体战略或业务战略提供支持，包括研发战略、筹供战略、生产战略、质量战略、营销战略、物流战略等。

1. 细化经营战略对各职能的具体要求

经营战略对各职能的具体要求，包括特定职能活动对实现经营战略的具体贡献、职能的优势和劣势、职能功能的"瓶颈"等。

2. 分析各职能活动与其他职能活动的关系

分析各职能活动与其他职能活动的关系包括：各职能之间是否存在可以共享的职能活动或资源；发现构成企业的核心专长、成为企业核心竞争力主要来源的重点职能和重点职能活动方面。

3. 安排职能活动的组织

安排职能活动的组织时，应对与其他职能关联程度较高的职能以及涉及业务核心专长的职能进行重点分析，决定是否需要将这些活动相对集中，给予重点扶持。

4. 明确职能活动的发展方向和资源分配

根据上面的分析，明确职能活动的发展方向和资源分配，包括确定对具体职能活动的资源分配，制定发展政策，并根据经营战略的要求调整职能活动的结构和流程。

第二节　营销战略制定

一、建立目标市场战略

制定企业的市场营销战略，首先遇到的是用什么产品进入怎样的市场的问题，主要回答顾客是谁、产品向谁推销的问题，即目标市场的选择。目标市场的选择一般有三种战略，即无差异目标市场营销战略、差异性目标市场营销战略和集中性目标市场营销战略。

（一）无差异目标市场营销战略

无差异目标市场营销战略是指企业将产品的整个市场视为一个目标市场，用单一的营销战略开拓市场，即用一种产品和一套营销方案吸引尽可能多的购买者。无差异目标市场营销战略只考虑消费者或用户在需求上的共同点，而不关心他们在需求上的差异性。可口可乐公司在20世纪60年代以前曾以单一口味的品种、统一的价格和瓶装、同一广告主题将产品推向所有顾客，就是采取的这种战略。

无差异目标市场营销的理论基础是成本的经济性。生产单一产品，可以减少生产与储运成本；无差异的广告宣传和其他促销活动可以节省促销费用；不搞市场细分，可以减少企业在市场调研、产品开发、制定各种营销组合方案等方面的营销投入。这种战略对于需求广泛、市场同质性高且能大量生产、大量销售的产品比较合适。

> 微阅读

饮料之王的品牌秘史——可口可乐

1886年，一位名叫班伯顿的药剂师发明了可口可乐配方，从投入生产到市场销售，可口可乐已经有100多年的历史，无论是在北美还是在世界各地，可口可乐都在开展这种无差异目标市场营销战略。人们在世界的任何地方都可以品尝到同样品质和口感的可口可乐，正是因为始终如一的口味，可口可乐征服了世界上156个国家和地区的消费者，人们深深记住了那个口味。然而，在成长发展中，可口可乐也曾尝试开发新的配方，结果新配方一经推出，便遭到了顾客的谴责，尤其是土生土长的美国人，很多顾客甚至去超市抢购老配方，这也让可口可乐意识到，顾客已经深深习惯了它最原始的配方和口味。

资料来源：贺晓涵，"饮料之王的品牌秘史——《可口可乐传》读书笔记"，东亚前海证券研究。

（二）差异性目标市场营销战略

差异性目标市场营销战略是将整体市场划分为若干细分市场，针对每一细分市场制定一套独立的营销方案。比如，服装生产企业针对不同性别、不同收入水平的消费者推出不同品牌、不同价格的产品，并采用不同的广告主题来宣传这些产品，就是采用的差异性目标市场营销战略。

小思考

相互竞争的两个平台在相同领域各自美丽

随着都市生活节奏的加快以及智能互联领域的快速发展,餐饮外送逐渐进入大家的生活。在互联网平台中,饿了么和美团外卖虽然经营着相同的业务,但是却能够获得属于自己的一片天地,究其原因就是差异化的目标市场营销战略。饿了么的定位是"饿了就要饿了么";美团外卖的定位则是"美团外卖,送啥都快"。两个平台不同的定位反映了目标市场不同的需求。

想一想:你认为饿了么和美团外卖分别满足的是什么需求?

差异性目标市场营销战略的优点是:小批量、多品种,生产机动灵活、针对性强,使消费者需求更好地得到满足,由此促进产品销售。另外,由于企业是在多个细分市场上经营,一定程度上可以减少经营风险;一旦企业在某几个细分市场上获得成功,有助于提高企业的形象及市场占有率。

差异性目标市场营销战略的不足之处主要体现在两个方面。一是增加营销成本。由于产品品种多,管理成本和存货成本将增加;由于企业必须针对不同的细分市场制定和执行独立的营销计划,会增加企业在市场调研、促销和渠道管理等方面的营销成本。二是可能使企业的资源配置不能有效集中,顾此失彼,甚至在企业内部出现彼此争夺资源的现象,使拳头产品难以形成优势。

3-2 小米的制胜之道:如何实施差异化战略?

(三)集中性目标市场营销战略

企业在实行差异性目标市场营销战略和无差异目标市场营销战略时,均是以整体市场作为营销目标,试图满足所有消费者在某一方面的需要。集中性目标市场营销战略则是集中力量进入一个或少数几个细分市场,实行专业化生产和销售。实行这一战略时,企业并不追求在一个大市场角逐,而是力求在一个或几个子市场占有较大份额。

集中性目标市场营销战略的指导思想是:与其四处出击收效甚微,不如突破一点取得成功。这一战略特别适合于资源、力量有限的中小企业。中小企业由于受财力、技术等方面因素制约,在整体市场可能无力与大企业抗衡,但如果集中资源优势在大企业尚未顾及或尚未建立绝对优势的某个或某几个细分市场进行竞争,成功可能性更大。

小案例3-1

水果一定是大众的吗？

一直以来，水果的目标市场都被认为是大众，不需要进行特别的区分，但是褚橙却让大家更加清楚地看到水果生来也是可以有群体区别的。2002年，75岁的褚时健保外就医回到玉溪家中，闲不住的他开始了新的创业之路——种橙子。在10年的时间内，褚时健种植了他可以做到的最好的橙子，并且命名为"褚橙"。这个命名使得褚橙生来就有了不同。2013年，褚橙营销团队瞄准了80后、90后等年轻白领消费群体，开启了新媒体营销模式，虽然褚橙的价格远远高于市面普通橙子，但褚时健背后的励志故事和精神传承赋予了褚橙独特的魅力，引发目标群体的内心共鸣，其市场销量是普通冰糖橙的2倍。

资料来源：来首良，"褚橙如何以形象产品破市场之局？"商业新知。

集中性目标市场营销战略的局限性体现在两个方面：一是市场区域相对较小，企业发展受到限制；二是潜伏着较大的经营风险，一旦目标市场突然发生变化，如消费者趣味发生转移、强大竞争对手的进入、新的更有吸引力的替代品的出现，都可能使企业因没有回旋余地而陷入困境。

三种目标市场选择战略各有利弊，企业到底应采取哪一种战略，应综合考虑多方面因素予以决定，主要包括：① 企业资源或实力；② 产品的同质性；③ 市场同质性；④ 产品所处生命周期的不同阶段；⑤ 竞争者的市场营销战略；⑥ 竞争者的数目；等等。

二、目标市场进入战略

目标市场进入战略包括联合进入战略、独立进入战略、分销战略、合资战略等。联合进入战略是指与其他企业建立联合生产、联合运营、联合销售的关系，发挥各自企业在"天时、地利、人和"等方面的优势，进入目标市场；独立进入战略是指在目标市场建立本企业的销售网络，或者通过购买其他企业的商标、产业等进入目标市场；分销战略是指企业通过代理商、经销商进入目标市场，以便快捷进入、拓展市场；合资战略是指企业与外商、港澳台商合资或兴办企业，进行补偿贸易和双边贸易，以便产品迅速进入国际市场。

三、市场竞争战略

竞争战略也称事业部战略（SBU Strategy）或者是经营单位战略，是在公司战略指导下,各个战略业务单位制定的部门战略,是公司战略之下的子战略。竞争战略主要研究的是产品和服务在市场上的竞争问题。

当一个组织从事多种业务时,有必要建立相应的经营业务单位。每一个业务单位都和其他单位相对独立,从事单一的业务或密切相关的业务组合,具有自己独特的使命和竞争对手。这样,各个经营业务单位的有机结合使组织的总体战略得到具体落实。根据美国学者波特的理论,竞争战略有三种基本经营战略模式:成本领先战略、差异化战略、集中化战略。

(一)成本领先战略

成本领先战略是指企业通过有效的途径,力争使其成本降到行业最低水平,以作为战胜竞争者的基本前提。采用这种战略的核心是争取最大的市场占有率,使单位产品成本最低,从而以较低的市场价格赢得竞争优势。实施成本领先战略有利于对竞争对手形成进入障碍,降低或缓解替代品的威胁,保持领先的竞争地位。

3-3 从战略定位角度解读名创优品的快速崛起

(二)差异化战略

差异化战略是指为了使企业的产品和竞争对手的产品有明显的区别、形成与众不同的特点而采用的战略。产品差异化体现在表现形式上,可以是产品质量的差异化、产品服务的差异化、产品创新的差异化、产品形态的差异化、产品品牌的差异化。

(三)集中化战略

集中化战略是把经营战略重点放在一个特定的目标市场上,为特定的地区或特定的购买者集团提供特殊的产品和服务。对于多元化发展的今天,集中化战略似乎受到很多企业的推崇。在美国2004年本土100强企业里,前十强企业中,有两家石油公司、两家汽车公司、一家电气公司、一家零售业公司、一家金融机构、两家科技型企业,只有美国的通用电气实行的是多元化发展,其他九家统统是集中经营。微软的比尔·盖茨曾说:你的企业只要能用一句话说明是干什么的就足够了。由此可见集中战略使用的广泛。

3-4 喜茶与《原神》上新联名饮品——赋予创意新玩法

四、市场发展战略

企业进行市场营销活动的最终目标是获得市场的发展。企业在选择和进入目标市场后,必须不断地发现新的市场机会,不断地更新业务内容,对未来的事业发展方向做出战略计划,制定其发展战略,以谋求在市场中发展壮大。一般来说,可供选择的主要发展战略有三个类型,即密集型发展战略、一体化发展战略和多元化发展战略,如表3-1所示。

表 3-1　市场发展战略

密集型发展	一体化发展	多元化发展
（1）市场渗透	（1）后向一体化	（1）同心多元化
（2）市场开发	（2）前向一体化	（2）横向多元化
（3）产品开发	（3）横向一体化	（3）综合多元化

（一）密集型发展战略

密集型发展战略是指企业在原有生产范围内充分利用在产品和市场方面的潜力，以快于过去的增长速度来求得成长与发展的战略。该种战略又称为集中型发展战略或集约型成长战略，是较为普遍采用的一种公司战略类型，相应的产品—市场发展矩阵如表 3-2 所示。

表 3-2　产品—市场发展矩阵

	现有产品	新产品
现有市场	（1）市场渗透	（3）产品开发
新市场	（2）市场开发	（4）多元化

1. 市场渗透战略

市场渗透战略是以现有产品在现有市场范围内通过更大力度的营销努力提高现有产品或服务的市场份额的战略。

实施市场渗透战略一般需要以下条件：

（1）企业的产品或服务在当前市场中还未达到饱和，即市场处于成长期，采取市场渗透战略具有潜力；

（2）现有用户对产品的使用率还可显著提高，企业可以通过营销手段进一步提高产品的市场占有率；

（3）竞争对手的市场份额呈现下降趋势，企业就可通过市场份额的增加获得收益；

（4）企业在进行产品营销时，随着营销力度的增加，其销售呈上升趋势，且二者的相关度能够保证市场渗透战略的有效性；

（5）企业通过市场渗透战略带来市场份额的增加，使企业达到销售规模的增长，且这种规模能够给企业带来显著的市场优势。

3-5　星巴克将每 9 小时在中国开一家新店，三年内突破 9 000 家

实施市场渗透战略的基本途径一般有以下四种：

（1）增加现有产品的使用人数；

（2）增加现有产品使用者的使用量；

（3）增加产品的新用途；

（4）改进现有产品的特性。

2. 市场开发战略

市场开发战略是密集型发展战略在市场范围上的扩展，是将现有产品或服务打入新市场的战略。市场开发战略比市场渗透战略具有更多的战略机遇，能够减少由于原有市场饱和而带来的风险，但不能降低由于技术的更新而使原有产品遭受淘汰的风险。

实施市场开发战略一般需要以下条件：

（1）在空间上存在着未开发或未饱和的市场区域；

（2）企业可以获得新的、可靠的、经济的、高质量的销售渠道；

（3）企业拥有扩大经营所需的资金、人力和物质资源；

（4）企业存在过剩生产能力；

（5）企业的主营业务是全球化惠及的行业。

实施市场开发战略的基本途径包括市场瓜分、市场创造、市场撤离。

3. 产品开发战略

产品开发战略是密集型发展战略在产品上的扩展。它是企业在现有市场上通过改造现有产品或服务，或开发新产品或服务而增加销售量的战略。从某种意义上讲，产品开发战略是企业成长和发展的核心，实施这一战略可以充分利用现有产品的声誉和商标，吸引对现有产品有好感的用户对新产品产生关注。这一战略的优势在于企业对现有市场有充分的了解，产品开发针对性强，容易取得成功。但是，由于企业局限于现有的市场上，也容易失去获取广大新市场的机会。

3-6　5年投入1 000亿，小米创新成果再登央视，三大黑科技领先行业

实施产品开发战略一般需要以下条件：

（1）企业拥有很高的市场信誉度，过去的产品或服务的成功，可以吸引顾客对新产品的使用；

（2）企业参与竞争的行业属于迅速发展的高新技术产业，在产品方面进行的各种改进和创新都是有价值的；

（3）企业所处的行业高速增长，必须进行产品创新以保持竞争优势；反之，如果企业所处行业增长缓慢或趋于稳定，则进行产品创新要承担较大的风险；

（4）企业在产品开发时，提供的新产品能够保持较高的性能价格比，比竞争对手更好地满足顾客的需求；

（5）企业具备很高的研究和开发能力，不断进行产品的开发创新；

（6）企业拥有完善的新产品销售系统。

实施产品开发战略的基本途径包括产品革新和产品发明。

（二）一体化发展战略

一体化发展战略是指企业充分利用自身产品（业务）在生产、技术和市场等方面的优势，沿着其产品（业务）生产经营链条的纵向或横向，通过扩大业务经营的深度和广度来扩大经营规模，提高收入和利润水平，不断发展壮大。一体化发展战略分为纵向一体化战略和横向一体化战略。

1. 纵向一体化战略

纵向一体化战略是指企业在业务链上沿着向前和向后两个可能的方向，延伸、扩展企业现有经营业务的一种发展战略，具体又包括前向一体化战略和后向一体化战略，以及作为两种战略复合的双向一体化战略。

1）前向一体化战略

前向一体化战略是指以企业初始生产或经营的产品（业务）项目为基准，生产经营范围的扩展沿其生产经营链条向前延伸，使企业的业务活动更加接近最终用户，即发展原有产品的深加工业务，提高产品的附加值后再出售，或者直接涉足最终产品的分销和零售环节。

2）后向一体化战略

后向一体化战略是指以企业初始生产或经营的产品（业务）项目为基准，生产经营范围的扩展沿其生产经营链条向后延伸，发展企业原来生产经营业务的配套供应项目，即发展企业原有业务生产经营所需的原料、配件、能源、包装和服务业务的生产经营。也就是企业现有产品生产所需要的原材料和零部件等，由外供改为自己生产。

3-7 利民股份：打造研产销产业链一体化模式，扩大农兽药行业领先优势

3）双向一体化战略

双向一体化战略是前述两种战略的复合，是指企业在初始生产或经营的产品（业务）项目的基础上，沿其生产经营链条朝前、后分别扩张业务范围。

前向与后向一体化示例图如图 3-2 所示。

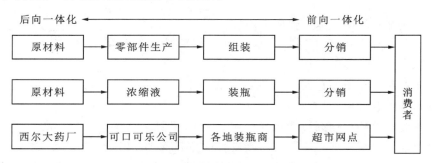

图 3-2　前向与后向一体化示例图

2. 横向一体化战略

横向一体化战略是指企业通过收购与自己有竞争关系的企业或与之联合及兼并来扩大经营规模、获得更大利润的发展战略。这种战略的目的是扩大企业自身的实力范围，增强竞争能力。横向一体化战略是企业在竞争比较激烈的情况下进行的一种战略选择。

实现横向一体化的主要途径包括联合、收购和合并。联合，即两个或两个以上相互竞争的企业在某一业务领域进行联合投资、开发或经营，共同分享盈利，共同承担风险。收购，即一个实力雄厚的企业收购另一个与自己有竞争关系的企业或其业务部门，如 2009 年吉利收购沃尔沃，2004 年联想收购 IBM 个人电脑事业部。合并，即两个实力相当并有竞争关系的企业合并成一个企业。如 2001 年，索尼和爱立信各控股 50% 成立合资公司"索爱"，分别融合了索尼在影音、产品规划及设计能力、消费电子产品营销和品牌推广方面的专长以及爱立信在移动通信技术、与运营商关系、网络设施建设等方面的专长。

（三）多元化发展战略

多元化发展战略是指企业运用多向发展的新产品与多个目标市场相结合的战略。多元化发展战略说明产品与市场都已进入新的领域，它与扩张性策略有着明显的差别。实际上，企业采取这一战略是为了把自己的经营触角伸向四面八方，以实现企业扩大经营范围、寻求更大发展的目标。许多企业由小变大都采取了这种发展战略。这种战略在一些发达国家和地区已司空见惯。

小案例3-2

国民品牌小米的多元化发展历程

小米在创立之初就立志成为利用互联网进行智能手机开发和销售的公司，由于创新性的互联网营销以及消费者的拥护，小米手机自投放到市场以来就收获了极大的关注和不俗的销量。随着小米手机市场销量的放缓，公司开始了多元化战略的征程，主要有三个阶段。

1. 第一阶段——水平多元化之路

2013年，小米先后开发了小米盒子、小米充电宝、小米路由器等，主要是手机相关的配件。这些产品在上市之初就受到消费者的青睐，取得了开门红的好成绩，这也激励小米披荆斩棘，坚持多元化之路。

2. 第二阶段——综合多元化试水阶段

小米一鼓作气于2014年向消费物联网领域进军，开始拓展智能家居业务。小米通过投资有潜力的企业，实现产品开发的协同，进一步扩充了小米产品矩阵。如今，小米生态矩阵已覆盖了手机配件、影音打印、智能家居和车载出行等领域。同年，"野心勃勃"的小米走出中国，走向世界，由印度开始开拓了多个海外市场，且都取得了傲人的成绩。

3. 第三阶段——综合多元化拓展阶段

2015年，小米开始进入多元化的第三阶段，跨入互联网服务业务，同年推出消费金融和商业保理等产品。同时，小米利用MIUI平台开展一系列广泛的互联网应用服务，创新性地让用户参与到手机操作系统的开发和改善中。2017年，小米致力于线下零售"小米之家"的门店扩张，为消费者提供更好的用户体验和服务。2018年，小米于港交所正式上市。2019年，小米被《财富》杂志纳入世界500强，这也成为有史以来榜单中最年轻的企业之一。

资料来源："多元化经营可以给企业带来什么，小米集团的多元化战略，是什么？"商财。

1. 同心多元化战略

同心多元化战略是指面对新市场、新顾客，以原有技术、特长和经验为基础增加新业务。比如，拖拉机厂生产小货车，电视机厂生产其他家用电器。由于从同一圆心逐渐向外扩展活动领域，没有脱离原来的经营主线，利于发挥已有优势，风险较小。

2. 横向多元化战略

横向多元化战略是指利用现有市场和现有顾客，采用不同技术增加新业务，这些技术与企业现有能力没有多大关系。比如，原来生产拖拉机的企业，现在准备生产农药、化肥。由于企业在技术、生产方面进入了全新的领域，风险较大。

3. 综合多元化战略

综合多元化战略是指企业以新业务进入新市场，新业务与企业现有的技术、市场及业务没有联系，这种做法风险最大。比如，汽车厂同时从事金融、房地产、旅馆等业务。企业在规划新的发展方向时，必须十分慎重。这一种策略的特点是将多项发展的新产品与多个目标市场结合起来，扩大企业的业务范围，扩张市场空间，以此求得企业的发展。

总体来说，多元化发展战略是社会经济不断发展和市场竞争日益激烈的产物。采用多元化发展战略，其优点在于可以充分利用企业的资源，适应瞬息万变的市场需求，避免、减少或分散经营风险，也就是"不把鸡蛋放在一个篮子里"，还可以多方获得利润。企业为了生存和发展，必须把多种产品和多个目标市场结合起来，在广泛的领域内进行多元化经营。但要注意适当选择多元化经营的程度，以企业的经济实力、管理能力为基础，否则，可能导致企业的力不从心，从而失去核心竞争力。

第三节　战略评估工具

一、波士顿矩阵

任何一个企业的资源总是有限的，为了实现企业目标，就需要对企业现有的战略业务单位进行分析和评价，并做出相应的资源配置决策。20世纪70年代以来，西方学者提出了一些对企业的战略业务单位加以分类和评价的方法，其中最著名的是美国波士顿咨询集团法。

3-8　波士顿咨询集团董事长：中国成功经验的世界启示是什么？（视频）

（一）波士顿矩阵的基本原理

波士顿咨询集团法的假设前提是，大部分企业都经营有两项以上的业务，这些业务的扩展、维持还是收缩，应该立足于企业全局的角度来加以确定，以便使各项业务能在现金需要和来源方面形成相互补充、相互促进的良性循环局面。根据该方法，可以列出"市场增长率—相对市场占有率矩阵"，该矩阵又称波士顿矩阵，如图3-3所示。

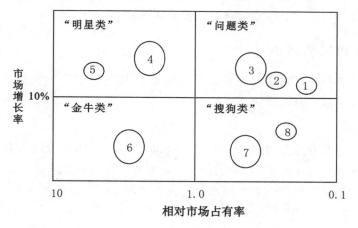

图 3-3 波士顿矩阵

矩阵图中的四个象限分别代表四类不同的业务单位或产品。矩阵图中的纵坐标表示市场增长率，即产品销售额的年增长速度，以10%（也可以设为其他临界值，视具体情况而定）为临界线分为高低两个部分；横坐标表示业务单位的市场占有率与最大竞争对手市场占有率之比，称为相对市场占有率，以1.0为分界线分高低两个部分。如果相对市场占有率为0.1，则表示该业务单位的市场份额为最大竞争对手市场份额的10%；相对市场占有率为10，则表示其市场份额为最大竞争对手市场份额的10倍。市场增长率反映产品在市场上的成长机会和发展前途；相对市场占有率则表明企业的竞争实力大小。矩阵图中的圆圈代表企业的各个业务单位，圆圈的位置表示该业务单位市场增长率和相对市场占有率的现状，圆圈的面积表示该业务单位的销售额大小。

1. "问题类"

"问题类"，又称"幼童类"，是指市场增长率高但相对市场占有率低的业务单位或产品。大多数业务单位最初处于这一象限，这一类业务单位需要较多的资金投入，以赶上最大竞争者和适应迅速增长的市场。但是它们又都充满风险，难以确定远景。企业必须慎重考虑，是继续增加投入，还是维持现状，或进行精简乃至断然淘汰。

2. "明星类"

"问题类"业务单位如果经营成功，就会成为"明星类"。该类业务单位或产品的市场增长率和相对市场占有率都较高，因其销售增长迅速，企业必须大量投入资源以支持其快速发展。待其市场增长率降低时，这类业务单位就由"现金使用者"变为"现金提供者"，即变为"金牛类"业务单位。

3. "金牛类"

"金牛类"，是指市场增长率低、相对市场占有率高的业务单位或产品。由于市场增长率降低，不再需要大量资源投入；又由于相对市场占有率较高，这些业务单位可以产生较高的收益，支援其他类业务的生存与发展。"金牛类"业务是企业的现金流来源，这类业务单位愈多，企业的实力愈强。

4. "瘦狗类"

"瘦狗类",是指市场增长率和相对市场占有率都较低的业务单位或产品。它们多处于成熟后期或衰退期,只能获取微利、保本甚至亏损。

(二)波士顿矩阵的运用

在对各业务单位或产品进行分析之后,企业应着手制定业务组合或产品计划,确定对各个业务单位或产品的投资战略。

1. 拓展战略

拓展战略,是指投入资金,以提高业务单位或产品的相对市场占有率。此战略特别适用于"明星类"及某些有发展前途的"问题类"业务单位或产品,并可以尽快使那些有发展潜力的"问题类"业务或产品转化为"明星类"业务或产品。

2. 维持战略

维持战略,是指保持原有的资金投入规模,以维持现有的市场占有率。此战略适用于"金牛类"业务单位或产品,以便为企业提供大量的现金。

3. 收割战略

收割战略,是指减少投资、减少促销费用,以求短期内获取尽可能多的利润。此战略适用于弱小的"金牛类",也适用于"问题类"和"瘦狗类"。

4. 放弃战略

放弃战略,是指清理、变卖现存产品,处理某些业务单位,使企业资源转移到那些赢利的业务单位或产品上。此战略适用于给企业造成负担而又没有发展前途的"问题类"和"瘦狗类"业务单位或产品。

图 3-3 中有 8 个业务单位或产品,其中"问题类"3 个,"明星类"2 个,"金牛类"1 个,"瘦狗类"2 个。这表明该企业的经营状况不容乐观,因为"问题类"和"瘦狗类"业务或产品偏多,"金牛类"业务少且销售额不高,企业发展后劲不足。

二、通用矩阵

20 世纪 70 年代,美国通用电气公司在波士顿矩阵的基础上开发出了 GE 矩阵即通用矩阵,如图 3-4 所示。该矩阵对于企业进行业务选择和定位具有十分重要的价值和意义。和波士顿矩阵比较类似的是,通用矩阵也是将市场吸引力和经营业务竞争地位作为评估现有业务的两个维度,只不过在衡量市场吸引力和经营业务竞争地位的时候,通用矩阵衡量的指标比波士顿矩阵更为丰富。

在通用矩阵中,衡量和评价现有业务主要有两个指标,分别是产业吸引力和竞争地位。影响产业吸引力的因素包括产业增长率、市场价格、市场规模、获利能力、市场结构、竞争结构、技术及社会政治因素等,影响经营业务竞争地位的因素包括相对市场占有率、

3-9 美国商业大亨传奇:掌控全局——美国通用电气公司(视频)

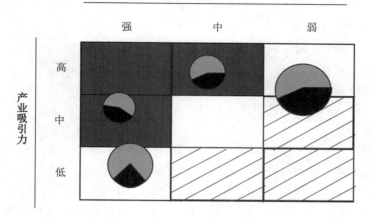

图 3-4 通用矩阵

市场增长率、买方增长率、产品差别化、生产技术、生产能力、管理水平等。两个指标将现有业务的评价类型分为三类九种，矩阵中企业现有业务的基本情况主要通过矩阵上的圆圈来表示，矩阵中圆圈面积的大小与产业规模成正比，圆圈中的扇形部分（黑色部分）表示某项业务的市场占有率。

在图 3-4 中，左上角的三个格子（灰色部分）表示最具发展前途的业务产品，企业应采取增长与发展战略；从左下角到右上角这条对角线上的三个格子（白色部分）的业务产品的总体吸引力处于中等状态，企业可适当地采取维持或有选择地发展的策略；右下角的三个格子（斜线部分）表示该业务产品的总体吸引力很低，应该采取停止、转移或撤退战略。

本章小结

党的二十大报告指出，要完善产权保护、市场准入、公平竞争、社会信用等市场经济基本制度。随着市场竞争的加剧，市场营销对于企业的发展至关重要，营销战略是引领企业逐鹿市场的重要保障，往往也是其公司战略的核心内容，是实现公司整体战略目标不可或缺的重要部分。本章通过"华为全球化战略的发展"案例展现了战略布局的阶段性和演进性以及市场意识对于公司战略目标实现的重要性，阐述了营销战略的四个阶段即目标市场战略、目标市场进入战略、市场竞争战略、市场发展战略的相关概念和主要内容，并对战略实施中的重要分析工具即波士顿矩阵和通用矩阵进行了详细说明。

习 题

一、单选题

1. 无差异目标市场营销战略主要适用的情况是（　　）。
   A. 企业实力较弱　　　　　　　　　　　　B. 市场同质性
   C. 市场竞争者多　　　　　　　　　　　　D. 消费需求复杂
2. 采用（　　）模式的企业应具有较强的资源和营销实力。
   A. 市场集中化　　　　　　　　　　　　　B. 市场专业化
   C. 产品专业化　　　　　　　　　　　　　D. 市场全面覆盖
3. 采用无差异目标市场营销战略的最大优点是（　　）。
   A. 市场占有率高　　　　　　　　　　　　B. 成本的经济性
   C. 市场适应性强　　　　　　　　　　　　D. 需求满足程度高
4. 集中性目标市场营销战略尤其适合于（　　）。
   A. 跨国公司　　　　　　　　　　　　　　B. 大型企业
   C. 中型企业　　　　　　　　　　　　　　D. 小型企业
5. 同质性较高的产品，宜采用（　　）战略。
   A. 产品专业化　　　　　　　　　　　　　B. 市场专业化
   C. 无差异营销　　　　　　　　　　　　　D. 差异性营销
6. 寻求（　　）是产品差异化战略经常使用的手段。
   A. 价格优势　　　　　　　　　　　　　　B. 良好服务
   C. 人才优势　　　　　　　　　　　　　　D. 产品特征
7. 某空调制造企业开展医疗器械产品的开发与经营，属于（　　）。
   A. 同心多元化　　　　　　　　　　　　　B. 横向多元化
   C. 综合多元化　　　　　　　　　　　　　D. 横向一体化
8. 对于经营资源有限的中小企业而言，要打入新市场适宜用（　　）。
   A. 集中性目标市场营销战略　　　　　　　B. 差异性目标市场营销战略
   C. 整合市场营销战略　　　　　　　　　　D. 无差异目标市场营销战略
9. 雅诗兰黛公司的雅诗兰黛品牌吸引年纪较大的群体；而倩碧对于家住郊区、时间紧张的中年母亲最合适；艾维达质优价高，适合于新生代。这说明雅诗兰黛公司在使用（　　）目标市场营销战略。
   A. 无差异　　　　　　　　　　　　　　　B. 差异性
   C. 集中性　　　　　　　　　　　　　　　D. 一体化
10. 市场增长率和相对市场占有率都较低的经营单位或产品属于（　　）。
    A. "问题类"　　　　　　　　　　　　　　B. "明星类"
    C. "金牛类"　　　　　　　　　　　　　　D. "瘦狗类"

二、多选题

1. 产品专业化意味着（　　）。
A. 企业只生产一种产品供应给各类顾客
B. 有助于企业形成和发展其生产和技术上的优势
C. 可有效地分散经营风险
D. 可有效发挥大型企业的实力优势
E. 进行集中营销

2. 企业采用差异性目标市场营销战略时，（　　）。
A. 一般只适合于小企业　　　　　　　B. 要进行市场细分
C. 能有效提高产品的竞争力　　　　　D. 具有最好的市场效益保证
E. 以不同的营销组合针对不同的细分市场

3. 以下属于密集型发展战略的有（　　）。
A. 市场开发　　　　　　　　　　　　B. 一体化经营
C. 多元化经营　　　　　　　　　　　D. 产品开发
E. 市场渗透

4. 目标市场战略包括（　　）。
A. 无差异目标市场营销战略　　　　　B. 差异性目标市场营销战略
C. 集中性目标市场营销战略　　　　　D. 市场细分
E. 市场竞争

5. 快速渗透策略，即企业以（　　）推出新产品。
A. 高品质　　　　　　　　　　　　　B. 高促销
C. 低促销　　　　　　　　　　　　　D. 高价格
E. 低价格

三、判断题

1. 多元化战略也称多角化或多样化发展战略，是企业尽量增加种类和品种，实行跨行业营销，以充分利用企业资源和特长，推动企业发展的战略。（　　）

2. 早期的可口可乐在世界各地都用一种口味、一种包装、一种牌号和相同的营销战略，这就是集中性目标市场营销战略。（　　）

3. 企业一业务单位呈低市场增长率、高相对市场占有率，对它最适宜的投资战略是发展战略。（　　）

4. 在波士顿矩阵中，低市场增长率和低相对市场占有率的业务单位是"瘦狗类"战略业务单位。（　　）

5. 多元化增长就是企业利用经营业务范围之外的市场机会，增加与现有产品业务有一定联系或毫无联系的新业务，实现跨行业经营的一种发展战略。（　　）

四、简答题

1. 简述企业总体战略的主要内容。
2. 简述目标市场战略的主要内容。

3. 简述市场营销战略的构成。
4. 如何理解市场营销学中"市场营销战略"的含义？
5. 市场发展战略的类型有哪些？

五、论述题

选择校内任何一家实体店进行调研，思考下店主采用的竞争战略是什么？效果怎么样？存在的问题是什么？如何改进？

六、案例分析

腾讯发展中的战略布局

1998年11月11日，马化腾和他的四位伙伴一起创立了腾讯，成立"深圳市腾讯计算机系统有限公司"，当时公司的主要业务是拓展无线网络寻呼系统。在此之前，也就是1997年，马化腾接触到了ICQ并成为它的用户，他亲身感受到了ICQ的魅力，也看到了它的局限性。1999年2月，腾讯自主开发的基于Internet的即时通信网络工具OICQ上线。2000年11月，腾讯推出QQ2000版本，OICQ正式更名为QQ。2001年，OICQ注册用户数已增至2 000万。2004年，QQ注册用户数再创高峰，突破3亿大关，腾讯也逐渐开始了围绕QQ的产品多元化扩张。

到2011年推出微信后，腾讯的战略方向有一个质变，即从产品的多元化向"连接一切"的愿景发展，将不具备领先优势的搜索、电商、O2O（线上到线下）以及小的业务砍掉，逐步明确以"社交"为连接，建设"泛娱乐+生活"的生态系统，吸引更多的合作伙伴加入，与合作伙伴共赢。

多元化的、覆盖范围广泛的业务领域，如果靠腾讯一家来做，是无论如何也做不好的。腾讯通过开放流量、开放平台，吸引各领域众多的合作伙伴共同做大产业生态。例如，在金融领域，除腾讯自营的微信支付、财付通、理财通、腾讯征信、微众银行、腾讯操盘手业务主体以外，腾讯还与中国邮政储蓄银行、陆金所、众安在线、富途证券、人人贷、好买财富、乐刷、元宝铺、Watsi等以资本为纽带结成伙伴，通过腾讯的金融平台为客户提供全方位的金融服务。腾讯吸引的这些业务伙伴，大都是每个领域的领先企业，但如果让它们自己一切从头做起，而不是借助腾讯的生态系统，也不可能快速建立起行业领先地位。

2021年4月19日，腾讯宣布再次启动战略升级，将"推动可持续社会价值创新"纳入公司核心战略，同时宣布将首期投入500亿元用于可持续社会价值创新，对包括基础科学、教育创新、乡村振兴、碳中和、FEW（食物、能源与水）、公众应急、养老科技和公益数字化等领域展开探索。

资料来源：《管理政策》，2022 年 7 月 2 日；《封面新闻》，2021 年 4 月 19 日。

思考：

1. 试分析腾讯公司在 QQ 业务板块实施的产品多元化发展战略体现在哪些方面？
2. 腾讯公司在业务发展中采用了哪些战略模式？
3. 腾讯的多元化战略版图完全是有钱任性的结果吗？请说明理由。

第四章
Chapter 4

市场调研

> 主要知识结构图

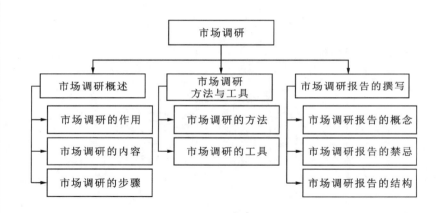

> 教学目标

• 帮助学生认识市场调研的概念以及对企业管理的作用，了解市场调研的内容与步骤。

• 帮助学生理解市场调研的各种方法，掌握市场调研的工具。

• 帮助学生掌握市场调研报告的撰写，使学生具备独立撰写市场调研报告的能力。

• 教育引导学生展开对道德规范与科学研究关系的思考和探讨，构建调研行为的准则，提升学生对客观事实、真理学术的尊重。培养学生深入实地做调研访问过程中的良好沟通技巧与职业素养。

开篇案例

唯实求真、实事求是的"寻乌精神"

1930年5月,毛泽东同志在江西省赣州市寻乌县进行了大规模的社会调查,并写下了光辉著作《寻乌调查》《反对本本主义》,提出了"没有调查,没有发言权""中国革命斗争的胜利要靠中国同志了解中国情况"等著名论断,为马克思主义中国化和我党实事求是思想路线的形成和发展奠定了理论基础。

寻乌调查虽已过去了90多年,但毛泽东同志在寻乌调查中所培育的精神从未过时。寻乌县主动对标,深入学习贯彻习近平总书记重要指示批示精神,坚持把调查研究作为做好工作的基本功,贯穿于工作谋划、决策和执行全过程,贯穿于发现和解决问题、密切党群干群关系全过程,结合"不忘初心、牢记使命"主题教育,深入开展了"寻乌再调查"系列活动,实现了县情再认识、思路再理清、民情再了解、问题再解决、作风再转变、能力再提升。近年来,寻乌县严格落实县委书记遍访贫困村、乡(镇)党委书记遍访贫困户的要求,各级书记带头与贫困群众开展"同吃、同住、同劳动"活动,建立了结对帮扶干部定期走访调研机制,先后5次组织精准扶贫"寻乌再调查",深入群众"寻计问策",形成了173份村情、13 446份户情调研报告,分行业、分领域制定了扶贫政策,高质量推进了精准扶贫、精准脱贫工作。寻乌县牢牢抓住电商发展的重大机遇,牢固树立"互联网+"思维,集成资源、政策、要素全力推动,电子商务如雨后春笋般蓬勃发展,尤其是以寻乌蜜桔、赣南脐橙为代表的特色农产品网络销量节节攀高,成为寻乌县经济增长的新亮点、新引擎。2019年4月,寻乌县以"零漏评、零错退、群众满意度99.2%"的优异成绩顺利实现脱贫摘帽。

面对脱贫摘帽后如何巩固现有成果、实现高质量发展的重大问题,寻乌县认真贯彻落实中央关于推进高质量发展的决策部署,紧扣高质量发展主题,通过充分运用蹲点调研、实地考察、走访调查、解剖麻雀等科学方法开展调查研究,认清了当前寻乌发展所面临的机遇与挑战,找准了寻乌实现高质量发展的短板所在、问题所在,提出了以绿色发展为引导,抓好构筑绿色产业、着力创新驱动、推进城乡协调、深化开放合作、落实共享发展等5项重点工作,夯实党建、制度和项目3个支撑的"153"高质量发展思路,锚定了发展新方向,努力探索出一条革命老区高质量跨越式发展的新路。寻乌荣获国家生态文明建设示范县称号,连续6年荣获江西省高质量发展(科学发展)先进县。

资料来源:"大力弘扬寻乌调查精神,奋力推动县域经济高质量发展",寻乌县人民政府网站,2022年4月15日。

第一节　市场调研概述

市场调研是指运用科学的方法系统地、客观地辨别、收集、分析和传递有关市场活动各方面的信息，为企业管理者制定有效的市场营销决策提供重要的依据。与狭义的市场调研不同，它是对市场营销活动全过程的分析和研究。市场调研是企业了解产品市场和把握顾客的重要手段，是帮助企业决策的重要工具。

一、市场调研的作用

（一）有助于管理者了解产品市场状况，发现和利用市场机会

在商品日益丰富的情况下，作为供应一方的生产者既面临产品、资金和人才的竞争，也面临技术水平和技术设备的竞争；作为需求一方的消费者，在一个日益庞大、种类繁多的商品群面前必然会有所选择。谁能赢得消费者的垂青，谁就是成功者；反之，则面临着被挤出产品市场的命运。因此，生存危机是企业必须注意的问题，然而机遇也同时存在，这就要看企业如何把握时机。

（二）有助于管理者制定正确的营销战略

在现代产品市场营销中，企业管理者如果对影响目标产品市场和营销组合的因素有充分的了解，那么管理将是主动的而不是被动的。主动的管理意味着通过调整营销组合来适应新的经济、社会和竞争环境，而被动的管理则是等到对企业有重大影响的变化出现时，才决定采取行动。市场调研在主动式管理中发挥着重要的作用，战略计划是在出色的市场调研基础上做出的，有利于企业在长期内实现利润和产品市场占有率的目标。

（三）有助于企业开发新产品，开拓新市场

任何企业的产品都不会在市场上永远畅销，企业要想生存和发展，就需要不断开发新产品，市场调研在新产品开发中发挥着重要作用。通过市场调研，企业可以了解和掌握消费者的消费趋向、新的要求、消费偏好的变化及对产品的期望等，然后设计出满足这些要求的产品，促进产品销售。

（四）有助于企业在竞争中占据有利地位

企业竞争的加剧和消费者需求的多样化，也使得企业对信息的需求不断增加。通过市场调研，满足企业多元化的信息需求，可以使企业准确地、及时地把握信息并制定相应的营销策略。市场需要创造，在企业营销活动中更需要市场调研。

> **微阅读**
>
> ### 史玉柱在公司只管一件事——市场调研
>
> 推广脑白金之前,史玉柱经常开着车,到不同的地方做市场调研。这对于脑白金的成功定位起到了关键性的作用。一开始,史玉柱想着脑白金是保健品,保健品自然是老太爷老太婆消费多。但在各地做市场调研时,他发现了不一样的答案。公园是大多数老太爷老太婆休闲的场所,史玉柱就专门跑到公园找他们聊天,跑了好几个公园,找了好几批老太爷老太婆,发现了一个问题,就是很多老年人都舍不得给自己买保健品,反倒是希望子女送给他们。这才有了将脑白金定位于礼品市场,也有了一播十几年没有变的广告语"今年过节不收礼,收礼只收脑白金"。
>
> 资料来源:节选自"史玉柱:我在我的公司只管一件事——市场调研",搜狐网,2020年7月9日。

二、市场调研的内容

对于现代管理者来说,掌握和运用市场调研的理论、方法和技能是非常必要的。市场调研作为一门独立的应用科学,有着庞大而复杂的内容体系。市场调研的内容主要涉及影响营销策略的宏观因素和微观因素,如需求、产品、价格、促销、分销、竞争、外部环境等。根据不同的调研目的,市场调研内容的侧重点也会有很大不同。总体来讲,市场调研的内容大致包括以下几个方面。

(一)市场需求调研

市场需求是企业营销的中心和出发点,企业要想在激烈的竞争中获得优势,就必须详细了解并满足目标客户的需求。因此,对市场需求的调研是市场调研的主要内容之一。市场需求调研包括:市场需求量的调研;市场需求产品品种的调研;市场需求季节性变化情况调研;现有客户需求情况调研(数量、品种)等。

(二)产品调研

不同市场对产品的需求不一样,产品在地区之间的需求也呈现差异化特征。因此,产品调研也成为市场调研中不可忽略的问题。产品调研的内容包括产品品质需求调研、产品品种需求调研、产品质量调研等。

(三）价格调研

价格会直接影响到产品的销售额和企业的收益情况，价格调研对于企业制定合理的价格策略有着至关重要的作用。价格调研的内容包括：产品市场需求、变化趋势的调研；国际产品市场走势调研；市场价格承受心理调研；主要竞争对手价格调研；国家税费政策对价格影响的调研。

（四）促销调研

促销调研主要侧重于消费者对促销活动的反应，了解消费者最容易接受和最喜爱的促销形式。其具体内容包括：调研各种促销形式是否突出了产品特征；是否起到了吸引客户、争取潜在客户的作用。

（五）分销渠道调研

分销渠道选择合理，产品的储存和运输安排恰当，对于提高销售效率、缩短运输周期和降低运输成本有着重要的作用。因此，分销渠道的调研也是产品市场调研的一项重要内容。分销渠道调研的内容主要包括：对批发商、连锁零售商的经营状况、销售能力的调研；配送中心规划的调研；物流优化组织的调研；如何降低运输成本的调研等。

（六）营销环境调研

营销环境调研的内容包括政治法律环境、经济发展环境、国际产品市场环境、产品技术环境、替代产品发展、竞争环境等。

（七）竞争对手调研

知己知彼，百战不殆。了解竞争对手的情况，才能使企业在竞争中立于不败之地。了解竞争对手的数量、企业实力、产品特性、市场占有率、营销策略、未来竞争发展方向等，将使企业在竞争中走在对手的前面。

在营销实践中，进行任何市场调研都是为了更好地了解产品市场，减少决策中的不确定因素。为实现这些目的而进行的市场调研被称为应用性市场调研。市场调研工作需要收集市场规模、竞争对手、消费者等方面的相关数据，并基于相关数据的支持提出市场决策建议。

4-1 2021—2022年今日头条人群洞察报告

三、市场调研的步骤

（一）明确市场调研的目的与主题

市场调研，首先要解决调研什么的问题。如何准确寻找与确定市场营销的基本问题，是市场调研者面临的首要任务。市场调研基本问题的界定过程也称市场诊断，其主要功能是为后期的市场研究导航，因此它是整个市场调研活动开展的关键。在这个过程中，探索性研究常常扮演着重要的角色，同时也需要市场调研人员有准确的洞察力和判断力。

（二）制定市场调研方案

市场调研的第二个阶段是对市场调研要达到的目标进行全方位和全过程的有效计划，其表现形式是制定市场调研方案。一项好的市场调研方案既能够准确地反映市场调研主题的要求，又能够指导市场调研活动的有效进行。

市场调研方案包括以下几点内容：

（1）摘要：这是整个调研方案的一个简短小结，既要简明清晰，又要提供帮助理解报告基本内容的充分信息；

（2）调研目的：说明提出该调研项目的背景，明确该研究结果可能带来的经济效益或者是对某些决策方面的具体意义；

（3）调研内容：说明调研的内容，规定所需获取的信息，列出主要的调查问答题和有关的理论假设；

（4）调研对象：明确调研对象；

（5）调研地点：明确调研的地点和范围；

（6）调研方法：用简洁的文字表达调研方法，说明所采用的研究方法的重要特征、与其他方法相比较的长处和局限性；

（7）经费预算：详细列出每一项所需的费用，认真估算每项预算和总体预算；

（8）调研时间：详细列出完成每一步骤所需的天数以及起始终止时间，计划要稍微留有余地，但也不能把时间拖得太久。

（三）收集市场信息资料

市场调研数据资料的收集应该严格按照既定市场调研方案进行，它是市场调研过程的一个重要环节，工作量大，成本高，过程复杂，所涉及的市场调研方法与手段多，在市场调研所有环节中堪称之最。因此，在整个市场调研过程中，它也是最难控制、最容易出错、最辛苦，然而却最终决定市场调研质量与结果的关键环节。

（四）整理与分析信息资料

通过资料的收集，市场调研人员已经基本上掌握了有关市场调研目标的各种资料与信息。原始资料往往并不能直接提供所需的信息，因此市场调研人员还必须对其进行必要的筛选、整理和分析。对市场信息资料整理的过程就是对大量原始的市场数据进行筛选和提炼，使其系统化和条理化的过程。

市场调研资料的分析，是指根据调研主题的要求，在资料整理的基础上，利用科学的分析方法，对调研资料进行一定的加工和处理，以便对市场现象的发展变化规律或各种现象之间的相互关系进行研究，得出市场调研的结果。

(五)撰写市场调研分析报告

市场调研分析报告的撰写,是市场调研工作的最后阶段。它也是市场调研过程中的一个非常重要的环节。一份优秀的市场调研报告不仅要清楚、简洁地阐明市场调研的结论,更重要的是提供支持这些结论的调研数据,以及这些数据资料的收集方法和分析方法。

提交了市场调研分析报告并不意味着市场调研工作的最终结束,它还面临着调研报告结果在付诸实施过程中的最后检验,这个过程称为调研结果的跟踪调研。通过对市场调研结果的跟踪调研,一方面可以进一步确认市场调研结果的正确性;另一方面也可以对调研结果的不足之处进行及时的调整。

市场调研的步骤可归纳为图 4-1。

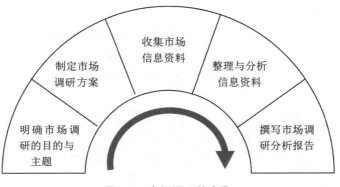

图 4-1 市场调研的步骤

第二节 市场调研方法与工具

一、市场调研的方法

常用的市场调研的方法主要有文案调查和实地调查。

(一)文案调查

文案调查方法又称二手资料收集法、间接调查法、资料分析法或室内研究法。它是利用企业内部和外部现有的各种信息、情报,对调查内容进行分析研究的一种调查方法。

1. 文案调查的特点

文案调查有以下几个特点:

第一,文案调查是收集已经加工过的文案资料,而不是对原始资料的收集;

第二，文案调查以收集文献性信息为主，既可以是印刷型文献资料，也可以是网络信息资料；

第三，文案调查所收集的资料包括动态和静态两个方面，尤其偏重于从动态角度收集各种反映调查对象变化的历史与现实资料。

2. 文案调查的功能

文案调查的功能表现在以下四个方面。

（1）文案调查可以发现问题并为实地调查提供重要参考。根据调查的实践经验，文案调查常被作为调查的首选方式。几乎所有的调查都可始于收集现有资料，只有当现有资料不能提供足够的证据时，才进行实地调查。

（2）文案调查可以为实地调查提供经验和大量背景资料。具体表现在两方面：一方面，通过文案调查，可以初步了解调查对象的性质、范围、内容和重点等，并能提供实地调查无法或难以取得的各方面的宏观资料；另一方面，文案调查所收集的资料可用来验证各种调查假设，即可通过对以往类似调查资料的研究来指导实地调查的设计，将文案调查资料与实地调查资料进行对比，鉴别和证明实地调查结果的准确性和可靠性。

（3）文案调查可用于经常性的调查。实地调查更费时费力，操作起来比较困难，而文案调查如果经调查人员精心策划，将具有较强的机动灵活性，能随时根据需要，收集、整理和分析各种调查信息。

（4）文案调查不受时空限制。从时间上看，文案调查不仅可以掌握现实资料，还可获得实地调查所无法取得的历史资料。从空间上看，文案调查既能对内部资料进行收集，还可掌握大量的有关外部环境方面的资料。尤其在地域遥远、条件各异的情况下，采用实地调查需要耗费更多的时间和经费，更加凸显了文案调查不受时空限制的优势。

3. 资料收集方式

文案调查应围绕调查目的，收集一切可以利用的现有资料。当着手正式调查时，调查人员寻找的第一类资料是提供总体概况的资料，包括基本特征、一般结构、发展趋势等。随着调研的深入，资料的选择性和详细程度会越来越细。

文案调查的资料收集一般可通过内部资料的收集、外部资料的收集和互联网资料的收集三种方式进行。

1）内部资料的收集

内部资料的收集主要是收集关于调查对象活动的各种记录，包括业务资料收集、统计资料收集、财务资料收集及其他资料收集。

（1）业务资料，包括与调查对象活动有关的各种资料，如订货单、进货单、发货单、合同文本、发票、销售记录、业务员访问报告等。通过对这些资料的了解和分析，可以掌握本企业所生产和经营的商品的供应情况，分地区、分用户的需求变化情况。

（2）统计资料，主要包括各类统计报表，企业生产、销售、库存等各种数据资料，各类统计分析资料等。企业统计资料是研究企业经营活动数量特征及规律的重要定量依据，也是企业进行预测和决策的基础。

（3）财务资料，是由企业财务部门提供的各种财务、会计核算和分析资料，包括生产成本、销售成本、各种商品价格及经营利润等。财务资料反映了企业活劳动和物化劳动的占用和消耗情况及所取得的经济效益。

（4）企业积累的其他资料，如平时剪报、各种调研报告、经验总结、顾客意见和建议、同业卷宗及有关照片和录像等。这些资料都对市场研究有着一定的参考作用。

2）外部资料的收集

对于外部资料，可从以下几个主要渠道加以收集。

（1）统计部门以及各级、各类政府主管部门公布的有关资料。国家统计局和各地方统计局都定期发布统计公报等信息，并定期出版各类统计年鉴，内容包括人口数量、国民收入、居民购买力水平等。此外，发改委、财政、工商、税务、银行等各主管部门和职能部门，也都设有各种调查机构，定期或不定期地公布有关政策、法规、价格和市场供求等信息。

（2）各种经济信息中心、专业信息咨询机构、行业协会和联合会提供的信息和有关行业情报。这些机构的信息系统资料齐全，信息灵敏度高，为了满足各类用户的需要，它们通常还提供资料的代购、咨询、检索和定向服务，是获取资料的重要来源。

（3）国内外有关的书籍、报纸、杂志所提供的文献资料，包括各种统计资料、广告资料、市场行情和预测资料等。

（4）有关生产和经营机构提供的商品目录、广告说明书、专利资料及商品价目表等。

（5）各地电台、电视台提供的有关信息。

（6）各种国际组织、学会团体、外国使馆、商会所提供的国际信息。

（7）国内外各种博览会、展销会、交易会、订货会等促销会议以及专业性、学术性经验交流会议上所发放的文件和材料。

3）互联网资料的收集

互联网是获取信息的最新工具，对任何调查而言，互联网都是最重要的信息来源。互联网的发展使信息收集变得容易，从而大大推动了调查的发展。过去，要收集所需情报需要耗费大量的时间，奔走很多地方。而现在，文案调查人员坐在计算机前便能轻松获得大量的信息。利用搜索引擎查找，打入需要查询的关键字，电脑就自动帮助找出来，可以获得包含该条文的原始文件全文。

（二）实地调查

当文案调查无法满足调研目的，收集资料不够及时、准确时，就需要适时地进行实地调查来解决问题，取得第一手的资料和情报，使调研工作有效顺利地开展。所谓实地调查，就是指为获得第一手资料的调查活动。当市场调研人员得不到足够的第二手资料时，就必须收集原始资料。

1. 实地调查的类型

实地调查的形式多种多样，最常用的有访问法、观察法和实验法。

1）访问法

访问法是指将拟调查的事项，以当面或电话或书面形式向被调查者提出询问，以获得所需资料的调查方法。它是最常用的一种实地调查方法。访问法的特点在于整个访谈过程是调查者与被调查者相互影响、相互作用的过程，也是人际沟通的过程。它包括面谈、电话访问、信函调查、会议调查和网上调查等。

2）观察法

观察法是指调查者在现场从侧面对被调查者的情况进行观察、记录，以收集市场情况的一种方法。它与访问法的不同之处在于，后者调查时让询问者感觉到"我正在接受调查"，而前者则不一定让被调查者感觉出来，只能通过调查者对被调查者的行为、态度和表现的观察来进行推测判断，从而得出问题的结果。

4-2 产品的口味测试怎么做？

3）实验法

实验法是最正式的一种调研方法。它是指在控制的条件下，对所研究的对象在一个或多个因素方面进行控制，以测定这些因素间的关系。

2. 实地调查的问题

在开展实地调查时，往往需要用抽样调查和问卷调查等技术。由于各国在经济、文化、社会、政治诸方面存在着差异，这些技术在实地调查过程中的应用往往会面临一些问题。

1）代表性问题

以抽样调查为例，一项抽样调查要取得成功，样本必须具有代表性。但是在某些调查中，样本往往缺乏代表性。在这种情况下，许多调研人员只能依靠在市场和其他公共场所抽取合适样本，以取代概率抽样技术。由于询问者之间有一定的差异，调查结果并不可靠。

2）语言问题

在国际市场上使用问卷方式进行调查时，很重要的一个问题就是语言翻译。由于翻译不当引起误解、导致调查失败的例子是很多的。例如，在刚果（金），官方语言是法语，但总人口中只有少数人能讲流利的法语。在这种情况下，开展问卷调查是极其困难的。另外，在一些不发达国家和地区，识字率很低，用文字写成的调查问卷毫无用处。

3）通讯问题

问卷的邮寄在许多不发达国家十分困难。有些国家的邮电系统效率极低，例如，在过去一段时间内，巴西的国内信函有30％根本收不到。在这样的国家，邮寄问卷的调查方法根本就行不通。另外，电话数量少也制约了实地调查。

4）文化差异问题

个别访问是取得可靠数据的重要方法之一。但在许多地区，由于文化差异的存在，采用这一方法很困难，被访者或者拒绝访问和回答问题，或者故意提供不真实的信息。

二、市场调研的工具

市场调研的工具多种多样,包括入户访问、定点拦访、深入访谈、焦点座谈、网上调查,其中最基础、最有效的就是问卷调查。

问卷调查是目前调查业中广泛采用的调查方式,即由调查机构根据调查目的设计各类调查问卷,然后采取抽样的方式(随机抽样或整群抽样)确定调查样本,通过调查员对样本的访问,完成事先设计的调查项目,最后,由统计分析得出调查结果。

调查问卷又称调查表或询问表,是以问题的形式系统地记载调查内容的一种工具。问卷可以是表格式、卡片式或簿记式。设计问卷是实地调查的关键。完美的问卷必须具备两个功能,即能将问题传达给被问的人和使被问者乐于回答。因此,问卷设计应当遵循一定的原则和程序,运用一定的技巧。

(一)问卷设计的原则

问卷设计是问卷调查的基础和关键,设计问卷应该遵循以下原则。

(1)有明确的主题。根据调查主题,从实际出发拟题,问题目的明确、重点突出,没有可有可无的问题。

(2)结构合理、逻辑性强。问题的排列应有一定的逻辑顺序,符合应答者的思维程序。一般是先易后难、先简后繁、先具体后抽象。

(3)通俗易懂。问卷应使应答者一目了然,并愿意如实回答。问卷中语气要亲切,符合应答者的理解能力和认识能力,避免使用专业术语。对敏感性问题的调查要采取一定的技巧,使问卷具有合理性和可答性,避免主观性和暗示性,以免答案失真。

(4)控制问卷的长度。回答问卷的时间最好控制在 20 分钟左右,问卷中既不浪费一个问句,也不遗漏一个问句。

(5)便于资料的校验、整理和统计。

(二)问卷设计的程序

问卷设计可通过五步完成,如图 4-2 所示。

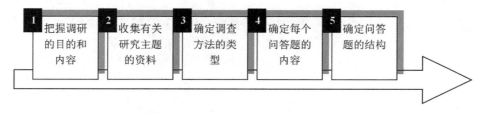

图 4-2 问卷设计程序

1. 把握调研的目的和内容

问卷设计的第一步就是要把握调研的目的和内容,这一步骤的实质其实就是规定设计问卷所需的信息。这同时也是方案设计的第一步。对于直接参与调研方案设计的研究者来说,可以跳过这一步骤,而从问卷设计的第二步骤开始。但是,对从未参与方案设计的研究者来说，着手进行问卷设计时，首要的工作就是要充分地了解本项调研的目的和内容，包括讨论调研的目的、主题和理论假设，并细读研究方案，将问题具体化、条理化和可操作化，即变成一系列可以测量的变量或指标。

2. 收集有关研究主题的资料

收集有关资料的目的主要有三个：其一是帮助研究者加深对所调查研究问题的认识；其二是为问题设计提供丰富的素材；其三是形成对目标总体的清楚概念。在收集资料时对个别调查对象进行访问，可以帮助了解受访者的经历、习惯、文化水平以及对问卷问题知识的丰富程度等。

3. 确定调查方法的类型

不同类型的调查方法对问卷设计有一定的影响。在面谈调查中，被调查者可以看到问题并与调查人员面对面地交谈，因此可以询问较长的、复杂的和各种类型的问题。在电话访谈中，被调查者可以与调查员交谈，但是看不到问卷，这就决定了只能问一些短的和比较简单的问题。邮寄问卷是被调查者独自填写的，被调查者与调研者没有直接的交流，因此问题也应简单些，并要给出详细的指导语。在计算机辅助访问（CAPI 和 CATI）中，可以实现较复杂的跳答和随机化安排问题，以减少由于顺序造成的偏差。

4. 确定每个问答题的内容

一旦确定了调查方法的类型，下一步就是确定每个问题的内容。针对每个问题，我们应反问：这个问题有必要吗？是需要几个问答题还是只需要一个就行了？

问题设置的原则是问卷中的每一个问答题都应对所需的信息有所贡献，或服务于某些特定的目的。如果从一个问答题得不到满意的使用数据，那么这个问答题就应该取消。

如果说第一个原则是确定某个问答题的必要性，那么第二个原则就是必须肯定这个问题对所获取信息而言的充分性。有时候，为了明确地获取所需的信息，需要同时询问几个问题。

> 小案例4-1

关于商品等选择方面的"为什么"问题

大多数关于商品等选择方面的"为什么"问题都涉及三方面的内容："不好看，但舒适性还可以"；"不舒适，但好看"；"既不好看，也不舒适"。

此处为了获取所需的信息，应该询问两个不同的问答题：

"您认为××品牌服装好看吗？"

"您认为××品牌服装穿着舒适吗？"

在确定每个问题的内容时，调研者不应假设被调查者对所有的问题都能提供准确或合理的答案，也不应假定他一定会愿意回答每一个知晓的问题。对于被调查者"不能答"或"不愿答"的问题，调研者应避免这些情况的发生。当然，也可能是被调查者"不知道""回忆不起来"或是"不会表达"。对于"不知道"的情况，应在询问前先问一些"过滤问题"，即了解一下被调查者过去的经验、熟悉程度，从而将那些不了解情况的被调查者过滤掉。

5. 确定问答题的结构

一般来说，调查问卷的问题有两种类型：开放性问题和封闭性问题。

1）开放性问题

开放性问题，又称为无结构的问答题，被调查者用他们自己的语言自由回答，不具体规定可供选择的答案。例如：

"您为什么喜欢耐克运动产品的电视广告？"

"您对我国目前的国有企业体制改革有何看法？"

开放性问题可以让被调查者充分、深入地表达自己的看法和理由，有时还可获得研究者始料未及的答案。它的缺点是：获取的资料中无用信息较多，难以统计分析；面谈时调查员的记录直接影响到调查结果；由于回答费事，可能遭到拒答。

因此，开放性问题在探索性调研中是很有帮助的，但在大规模的抽样调查中，它就弊大于利了。

2）封闭性问题

封闭性问题，又称有结构的问答题，它规定了一组可供选择的答案和固定的回答格式，例如：

您选择购买住房时考虑的主要因素是什么？

（A）价格

（B）面积

（C）交通情况

（D）周边环境

（E）设计

（F）施工质量

（G）其他＿＿＿＿＿＿＿＿＿＿（请注明）

封闭性问题的优点包括以下几个方面：

（1）答案是标准化的，对答案进行编码和分析都比较容易；

（2）回答者易于作答，有利于提高问卷的回收率；

（3）问题的含义比较清楚，所提供的答案有助于理解题意，这样就可以避免回答者由于不理解题意而拒绝回答。

（三）问卷的结构

问卷一般是由标题、开头部分、甄别部分、主体部分和背景部分五个部分组成。

1. 标题

问卷的标题要求简洁、明了、概括性强,能让被调查者一眼就能识别需要调查的主题是什么。

2. 开头部分

开头部分主要包括问候语、填表说明、问卷编号等内容。不同的问卷所包括的开头部分会有一定的差别。

(1) 问候语。问候语也叫问卷说明,其作用是引起被调查者的兴趣和重视,消除调查对象的顾虑,激发调查对象的参与意识,以争取他们的积极合作。通常情况下,问候语中的内容包括称呼、问候、访问员介绍、调查目的、调查对象作答的意义和重要性、说明回答者所需耗费的时间、感谢语等。问候语一方面要反映以上内容,另一方面要求尽量简短。

(2) 填写说明。在自填式问卷中要有详细的填写说明,让被调查者知道如何填写问卷,如何将问卷返回到调查者手中。

(3) 问卷编号。问卷编号主要用于识别问卷、调查者以及被调查者姓名和地址等,以便于校对检查、更正错误。

3. 甄别部分

甄别部分,也称问卷的过滤部分,它是先对被调查者进行过滤,筛选掉非目标对象,然后有针对性地对特定的被调查者进行调查。通过甄别,一方面,可以筛选掉与调查事项有直接关系的人,以达到避嫌的目的;另一方面,也可以确定哪些人是合格的调查对象,通过对其调查,使调查研究更具有代表性。

4. 主体部分

主体部分,也是问卷的核心部分。它包括了所要调查的全部问题,主要由问题和答案所组成。

(1) 问卷设计的过程其实就是将研究内容逐步具体化的过程。根据研究内容先确定好树干,然后再根据需要,在每个树干上设计分支,每个问题就是树干分支上的树叶,最终构成一棵树。因此在整个问卷树的设计之前,应该有总体上的大概构想。

(2) 主体问卷的分块设置在一个综合性的问卷中,我们通常将差异较大的问卷分块设置,从而保证了每个问题的相对独立,整个问卷的条理也更加清晰,整体感更加突出。

(3) 主体问卷设计应简明,内容不宜过多、过繁,应根据需要而确定,避免可有可无的问题。

(4) 问卷设计要具有逻辑性和系统性,一方面,可以避免需要询问的信息的遗漏;另一方面,调查对象也会感到问题集中、提问有章法。相反,假如问题是发散的、随意性的,问卷就会给人以思维混乱的感觉。

(5) 问卷题目设计必须有针对性,明确被调查人群,适合被调查者身份,充分考虑受访人群的文化水平、年龄层次等。措辞上也应该进行相应的调整,比如面对家庭主妇做的调查,在语言上就必须尽量通俗;而对于文化水平较高的城市白领,在题目和语言的选择上就可以提高一定的层次。

5. 背景部分

背景部分可以放在问卷的最后,也可以放在甄别部分后、主体部分前,主要是有关被调查者的一些背景资料,调查单位要对其保密。该部分所包括的各项内容,可作为对被调查者进行分类比较的依据。一般包括性别、民族、婚姻状况、收入、受教育程度、职业等。

第三节 市场调研报告的撰写

一、市场调研报告的概念

市场调研报告是市场调研与市场研究的统称,它的形成是个人或组织根据特定的决策问题而系统地设计、收集、记录、整理、分析及研究市场各类信息资料,从而得出报告调研结果的工作过程。经过在实践中对某一产品客观实际情况的调查了解,调查者将调查了解到的全部情况和材料进行分析研究,揭示出本质,寻找出规律,总结出经验,最后以书面形式陈述出来,就是市场调研报告。

调研报告主要包括两个部分:一是调查,二是研究。调查,应该深入实际,准确地反映客观事实。研究,即在掌握客观事实的基础上,认真分析,透彻地揭示事物的本质。至于对策,调研报告中可以提出一些看法,但不是主要的。因为,对策的制定是一个深入的、复杂的、综合的研究过程,调研报告提出的对策是否被采纳,能否上升到政策,应该经过政策预评估。

二、市场调研报告的禁忌

市场调研报告不仅仅是对市场现状的一种反映,而且要求在对市场现状深入了解的基础上,对其进行深入的研究,归纳出合乎市场经济发展规律的结论,并提出相应的对策。因此市场调研报告必须具备市场调研与市场研究两大要素,市场调研是市场研究的基础,市场研究是市场调研的进一步深化,两者缺一不可,在这基础之上形成的书面报告才是一篇有质量、有价值的市场调研报告。要写出一篇有质量的市场调研报告,有三大问题必须注意。

(一)根据自己的主观意愿选取调查样本

市场调研是市场调研报告写作的基础,要写出一篇具有一定质量的市场调研报告,首先要高度重视市场调研的质量,切忌根据自己的主观意愿来选取调查样本。因为抽取的调查样本如果不具有广泛的代表性和客观性,会扭曲市场发出的信号,得出的结论会与市场实际状况有很大的出入,最终会影响到市场调研报告的科学性和客观性。

（二）仅对市场调研的结果做客观的描述

在市场调研报告写作中，进行深入的市场调研是写作的基础，是十分重要的一环。但一篇有质量的市场调研报告不能仅停留在对市场调研的结果进行客观的描述上，而要对市场调研的结果做进一步的分析与研究，找出其中带有规律性的东西，以提供给相关部门作为经济决策的参考。

小案例4-2

南方车展消费者调查

在2002年一篇题为《南方车展消费者调查》的市场调研报告中，调查者对参加车展的消费者进行了调查。调查表明，来看车展的人群当中，四成是有车一族，而六成是没有车的。他们以中青年人居多，平均年龄在30岁左右，所从事的职业以经理主管、专业技术人士、业务销售、个体经营为多，占了约62%，而高校学生也有不少，占了约13%。当然，他们的整体学历水平也较高，大专以上学历占了72%。来看车展的人家庭经济能力较强，家庭月度平均收入达到7 400元。

调查指出，有效的市场营销必须基于对消费者群体的深入分析，市场细分工作越来越重要。今后的汽车产品销售及服务策略将会呈现出更具针对性、个性化的发展趋势。车展是一个强有力的推广渠道，参展厂商应该充分把握这些时机，向消费者传递公司的最新产品信息及品牌文化，如果措施得当，相信必定会取得丰厚的回报。

在上述案例中，市场调研报告的作者虽然对参加车展的消费者进行了较深入的调查，但是没有围绕所调查的结果进行深入的分析与研究。"今后汽车产品销售及服务策略将会呈现出更具针对性、个性化的发展趋势"，这一结论应该是对调查结果进行分析研究后自然流露出来的，而不应该是作者外加上去的。因为缺乏深入的分析研究，所以这一结论就缺乏说服力。从这篇市场调研报告中，参展厂商仅了解到消费者的构成情况，却看不到这种消费者的构成情况与汽车生产销售之间的联系，而这正是参展厂商最关心的问题。出现这种情况的主要原因就是，这篇市场调研报告中缺少对汽车消费者调查结果的分析与研究。

（三）游离于市场调研结果的"空对空"

市场研究必须基于市场调研的结果，如果市场研究游离于市场调研结果，仅仅只是空发议论，这种市场研究就会成为"空中楼阁"。这种现象在一些以新闻采访代替市场调研而写成的市场调研报告中尤为多见，其主要原因在于这些市场调研报告缺少一个必备的要素，没有深入进行市场调研，而是以蜻蜓点水式的新闻采访代替了深入的市场调研。

在一篇《我国儿童消费市场调研》的市场调研报告中，读者看不到作者对市场调研结果的描述，而占据市场调研报告大量篇幅的是作者并未基于市场调研结果的分析与议论。详见小案例4-3。

小案例4-3

我国儿童消费市场调研

调查表明，近年来我国家庭儿童的消费持续增长，儿童消费已占到了家庭支出的相当大比例。但是，在针对6岁以下城市儿童家长的焦点小组座谈和问卷调查中我们发现，在这看似繁荣的儿童消费市场的背后，却隐藏着家长们的许多焦虑。

例如，在儿童玩具及营养品购买的调查中，家长们普遍表现出一定的困惑。拿玩具来说，当作为消费者步入玩具商场时，我们能感受到什么呢？琳琅满目！五光十色！但这时的消费者恐怕大多都要迷失了，如果想挑选一件称心如意的商品，那将要大费周折，原因有以下两点。

（1）在大多数情况下，玩具商场的商品都是以下列方式陈列的：制造商品牌，如×××专柜；商品的物理特征，如长毛绒玩具、塑胶玩具、木制玩具。这与多数情况下消费者的搜索目标是不相吻合的，意味着消费者要进行不断的搜寻、挑选和反复的比较。例如，某消费者想给3岁的男孩买一样培养动手能力的玩具，他就要在整个商场走上几圈，因为他所要的东西可能会存在于任何柜台。

（2）大多数情况下，商家都在极力地发挥着信息不对称的威力，总是试图要消费者相信，本柜台的商品正是其最佳选择。这又给消费者的选择平添了几分困难。

之所以会这样，是因为现在的儿童商品由制造商主导，以产品为中心而非以消费者为中心。如果企业能从消费者的需求出发，企业会有意想不到的收获。

分析研究必须基于市场调研的结果，上述小案例中的市场调研报告却把主次颠倒了，用作者的分析与议论来代替市场调研的结果。其结果就是，这篇市场调研报告事实上成了一篇阐述作者对儿童消费市场个人观点的研究报告。市场调研报告的主体应该是市场调研，市场研究是为了深化市场调研的结果，是为市场调研服务的，"皮之不存，毛将焉附？"离开了市场调研，"空对空"地研究，这种研究往往会脱离市场的实际状况，成为一种大而无当的空谈。

撰写市场调研报告实际上是一项系统工程，在写作之前必须要进行深入的市场调研，大量收集与调查主题相关的各种资料，然后对这些资料进行分类统计，阐述现象，发现问题，分析原因，提出解决的对策。

三、市场调研报告的结构

（一）调研报告的标题

调研报告要使用能揭示中心内容的标题，具体写法有以下几种。

1. 公文式标题

公文式标题多数由事件和文种构成，平实沉稳，如《关于知识分子经济生活状况的调研报告》；也有一些由调研对象和"调查"二字组成，如《知识分子情况的调查》。

2. 一般文章式标题

一般文章式标题直接揭示调研报告的中心内容，十分简洁，如《湖北省城镇居民潜在购买力动向调查》。

3. 正副题结合式标题

正副题结合式标题是用得比较普遍的一种调研报告标题，特别是典型经验的调研报告和新事物的调研报告经常采用这种写法。正题揭示调研报告的思想意义，副题表明调研报告的事项和范围，如《深化厂务公开机制、创新思想政治工作方法——关于××分局江岸车辆段深化厂务公开制度的调查》。

（二）调研报告的正文

调研报告的正文包括前言、主体和结尾三部分。

1. 前言

调研报告的前言简要地叙述为什么对这个问题（工作、事件、人物）进行调查；调查的时间、地点、对象、范围、经过及采用的方法；调查对象的基本情况、历史背景以及调查后的结论等。这些方面的侧重点应根据调研目的来确定，不必面面俱到。

调研报告开头的方法很多，有的引起读者注意，有的采用设问手法，有的开门见山，有的承上启下，有的画龙点睛，没有固定形式。但一般要求紧扣主旨，为主体部分做展开准备。文字要简练，概括性要强。

小案例4-4

塑料购物袋质量及使用情况调查

为落实科学发展观，建设资源节约型和环境友好型社会，从源头上采取有力措施，督促企业生产耐用、易于回收的塑料购物袋，引导、鼓励群众合理使用塑料购物袋，促进资源综合利用，保护生态环境，进一步推进节能减排工作，北京凯发环保技术咨询中心受国际食品包装协会和北京地球村环境文化中心的委托，于2020年5月7日至20日对北京10家连锁超市与10家农贸批发市场内塑料购物袋质量及使用情况进行调查。

本次调查由北京凯发环保技术咨询中心组成调查小组，对塑料购物袋进行随机抽样、封存。随后，这些样品将送至国家级检测机构，按照GB 21660—2008《塑料购物袋的环保、安全和标识通用技术要求》与GB/T 21661—2008《塑料购物袋》标准对其标识、厚度及承重等性能进行检验，以保证抽样过程的科学性与公正性。调查发现：连锁超市内销售的塑料购物袋，标识清晰、质量有保证；但是部分农贸批发市场指定的塑料购物袋标识混乱、质量存在隐患。

2. 主体

主体部分是调研报告的主干和核心，是前言的引申，是结论的依据。这部分主要写明事实的真相、收获、经验和教训，即介绍调查的主要内容是什么，为什么会是这样的。主体部分要包括大量的材料——人物、事件、问题、具体做法、困难障碍等，内容较多。所以要精心安排调研报告的层次，安排好结构，有步骤、有次序地表现主题。

调研报告中关于事实的叙述和议论主要都写在这部分里。作为充分表现主题的重要部分，一般来说，调研报告主体的结构大概有三种形式。

1）横式结构

横式结构调研报告将调查的内容加以综合分析，紧紧围绕主旨，按照不同的类别分别归纳成几个问题，每个问题可加上小标题，而且每个问题里往往还有着若干个小问题。典型经验性质的调研报告一般多采用这样的结构。这种调研报告形式观点鲜明、中心突出，使人一目了然。

2）纵式结构

纵式结构调研报告包括两种，一是按调查事件的起因、发展和先后次序进行叙述和议论。一般情况调研报告和揭露问题的调研报告的写法多使用这种结构方式，有助于读者深入、全面地了解事物的发展状况。二是按成绩、原因、结论层层递进的方式安排结构。一般综合性质的调研报告多采用这种形式。

3）综合式结构

综合式结构调研报告兼有纵式和横式两种特点，互相穿插配合，组织安排材料。采用这种调研报告写法，一般是在叙述和议论发展过程时用纵式结构，而写收获、认识和经验教训时采用横式结构。

调研报告的主体部分不论采取什么结构方式，都应该做到先后有序、主次分明、详略得当、联系紧密、层层深入，为更好地表达主题服务。

3. 结尾

结尾是调研报告分析问题、得出结论、解决问题的必然结果。不同的调研报告，结尾写法各不相同。一般来说，调研报告的结尾大致包含以下五个方面的内容：对调研报告进行归纳说明，总结主要观点，深化主题，以提高人们的认识水平；对事物发展作出展望，在市场营销活动中，提出努力的方向，启发人们进一步去探索；提出建议，供领导参考；写出尚存的问题或不足，说明有待今后研究解决；补充交代正文没有涉及而又值得重视的情况或问题。

4-3 新冠疫情众生相：招商银行小微企业调研报告

（三）附录

附录主要包括问卷、调查表格、数据汇总表格、统计分析方法、参考文献等内容。

本章小结

实事求是，是马克思主义的根本观点，是中国共产党人认识世界、改造世界的根本要求，是我们党的基本思想方法、工作方法、领导方法。党的十八大以来，习近平总书记多次对为什么要坚持实事求是、怎样坚持实事求是等问题作出深刻论述。在市场营销活动中，实事求是的基础就是市场调研，用数据说话，用客观事实说话。市场调研是指运用科学的方法系统地、客观地辨别、收集、分析和传递有关市场活动各方面的信息，为企业管理者制定有效的市场营销决策提供重要的依据。通过市场调研可以帮助管理者发现机会、利用机会，开发新产品，占领市场，从而获得竞争优势。本章通过"唯实求真、实事求是的'寻乌精神'"的案例说明了调研对于了解现状、分析问题、剖析原因、提出对策的重要作用，并对市场调研的内容、方法、工具和报告等做了较为全面的阐述。

习 题

一、单选题

1. 下列说法不正确的是（   ）。
   A. 市场调研是辨别、收集、分析和传递有关市场活动信息的过程
   B. 市场调研所运用的方法必须是科学的
   C. 市场调研是对企业经营管理全过程的分析和研究
   D. 市场调研是企业了解产品市场和把握顾客的重要手段
2. 下列说法正确的是（   ）。
   A. 市场调研在主动管理中发挥作用
   B. 市场调研在被动管理中发挥作用
   C. 企业要想生存和发展，不需要开发新产品
   D. 通过调研，满足企业单一化的信息需求
3. 对于产品品质、品种、质量的需求调研，属于（   ）。
   A. 需求调研   B. 产品调研
   C. 渠道调研   D. 促销调研
4. 下列调研方法中，属于文案调查法的是（   ）。
   A. 访问调研   B. 实验调研
   C. 观察调研   D. 二手资料调研
5. 下列关于文案调查的说法，错误的是（   ）。
   A. 文案调查可以发现问题并为实地调查提供重要参考
   B. 文案调查可以为实地调查提供经验和大量背景资料
   C. 文案调查可用于经常性的调查
   D. 文案调查受时空限制
6. 下列关于问卷调查的说法，错误的是（   ）。
   A. 问卷调查是目前调查业中所广泛采用的调查方式
   B. 问卷调查是以问题的形式系统地记载调查内容的一种工具
   C. 问卷调查不存在样本的代表性问题
   D. 问卷设计时应当设计甄别类问题
7. 在英国塔勒邦特某大学区的洗衣店内，一名男子正一边看报纸一边等待洗好的衣服。他似乎有些心不在焉，但实际上他在认真倾听周围人的谈话，了解来洗衣服的学生都有哪些洗衣习惯以及喜欢什么牌子的洗涤用品。这属于（   ）调研法。
   A. 访问   B. 观察
   C. 实验   D. 文案
8. 最终决定市场调研质量与结果的关键环节是（   ）。
   A. 调研的目的与主题   B. 制定调研方案
   C. 信息资料的收集   D. 信息资料的整理与分析

9. 下列关于市场调研报告的说法，错误的是（   ）。

A. 市场调研报告是市场调研与市场研究的统称

B. 市场调研报告要求在对市场现状深入了解的基础上，对其进行深入的研究

C. 市场调研报告只需对市场调研的结果做客观的描述

D. 市场调研报告需归纳出合乎市场经济发展规律的结论，并提出相应的对策。

10. 关于问卷设计原则的说法，错误的是（   ）。

A. 问卷要有明确的主题   B. 问题排列要有逻辑性

C. 问卷要通俗易懂   D. 问卷题量"多多益善"

二、多选题

1. 市场调研的作用主要表现在（   ）。

A. 有助于管理者了解产品市场状况

B. 有助于管理者发现和利用市场机会

C. 有助于管理者制定正确的营销战略

D. 有助于企业开发新产品、开拓新市场

E. 有助于企业在竞争中占据有利地位

2. 市场调研的内容包括（   ）。

A. 需求调研   B. 环境调研

C. 竞争对手调研   D. 分销渠道调研

E. 产品调研

3. 下列方法中，属于实地调研方法的是（   ）。

A. 二手资料收集法   B. 访问法

C. 观察法   D. 实验法

E. 网络调查法

4. 企业内部资料收集主要包括（   ）等方面。

A. 订货单   B. 统计报表

C. 财务资料   D. 顾客意见反馈

E. 第三方机构调研报告

5. 问卷的结构一般包括（   ）。

A. 标题   B. 开头

C. 甄别部分   D. 主体

E. 背景资料

三、判断题

1. 企业管理者如果对影响目标产品市场和营销组合的因素有充分的了解，那么管理将是主动的而不是被动的。（   ）

2. 通过市场调研可以了解和掌握消费者的消费趋向、新的要求、消费偏好的变化及对产品的期望等。（   ）

3. 在营销实践中，进行任何市场调研都是为了更好地了解产品市场，减少决策中的不确定因素。为这些目的而进行的市场调研被称为应用性市场调研。（   ）

4. 市场调研分析报告的撰写，是市场调研工作的最后阶段，提交了市场调研分析报告意味着市场调研工作的最终结束。（   ）

5. 撰写调研报告需要阐述现象，发现问题，分析原因，提出解决的对策。（   ）

四、简答题

1. 试比较文案调查法与实地调查法的优缺点，并举例说明其适用范围。
2. 试论述一份优秀问卷的标准。
3. 问卷一般分成哪几个步骤？如果要进行在校大学生心理状况调研，你认为应该如何进行？
4. 撰写市场调研报告的基本要求有哪些？调研报告的基本格式是什么？
5. 市场调研报告的禁忌有哪些？请举例说明。

五、论述题

请同学们对毛泽东同志撰写的《寻乌调查》进行学习，完成 3 000 字左右的读后感，内容包括论述毛泽东同志的调查态度、目的、内容、方法、过程、结论与文风等方面。

4-4　《寻乌调查》原文

六、案例分析

沃尔玛超市的商品关联研究

20 世纪 90 年代，在美国的沃尔玛超市中，沃尔玛的超市管理人员分析销售数据时，发现了一个令人难以理解的现象。在某些特定的情况下，啤酒与尿布两件看上去毫无关系的商品会经常出现在同一个购物篮里。这种独特的销售现象引起了管理人员的注意，后来经过调查发现，这种现象主要发生在年轻的父亲身上。在美国有婴儿的家庭中，一般是母亲在家中照看婴儿，年轻的父亲前去超市购买尿布，父亲在购买尿布的同时，往往会顺便为自己购买啤酒。这样就会出现啤酒与尿布这两件看上去不相干的商品经常出现在同一个购物篮的现象，这种现象就是卖场中商品之间的关联性研究的例子。购物篮分析曾是沃尔玛"秘而不宣"的神器，核心是找到关联性商品，将其放在一起，促进销售收益的整体提升。

目前，运用购物篮分析的有美国的沃尔玛和日本的 7-11 便利店。前者是"美式购物篮"，针对巨型卖场，营业面积上万平方米，商品种类 10 万种以上，便于大数据分析，因为人工查找很困难。后者是"日式购物篮"，针对的是便利店，卖场面积只有 100～250 平方米，商品种类只有 3 000～10 000 种，所以更关注的是影响产品销量的因素。例如：气温由 28℃上升到 30℃，对碳酸饮料、凉面的销量会有什么影响？下雨的时候，关东煮的销量会有什么变化？盒饭＋酸奶、盒饭＋啤酒是针对何种客户群体？他们什么时间到门店？归纳起来可以看出，日式购物篮的重点是分析所有影响商品销售的因素，比方说天气、温度、时间、事件、客户群体等等，这都称之为商品的关联性因素。

  商品关联分析给我们的启示有两点。第一，购物篮的价值大于商品价值。只关注商品销售，而不关注购物篮，整体商品的效益就会下降。所以购物篮是主要管理对象，体现了客户的真实需求。如"双11"促销，以前只是单件商品打折，但现在是购物车"满减"或跨店"满减"，这就是网络购物篮。第二，购物篮之间是有差距的。这涉及客单价和零售企业的效益分析。比如，AC尼尔森统计数据显示，在同量客流情况下，客单价越低，销售业绩越小。在销售业绩方面，内资超市比外资超市要低200%，比台资超市要低60%，所以这就诞生了一系列问题，如毛利率低、进卖场的收费低，从而降低了相对于商品供应商的话语权，影响到一个企业的生存。

  资料来源：根据微信公众号"PPV课数据科学社区"的文章"数据挖掘相关联系著名案例——啤酒与尿布"内容改写，2018年4月20日。

思考：

  1. 卖场中啤酒与尿布的现象比比皆是，为什么这个故事只发生在沃尔玛的卖场中，而不是其他的零售门店呢？

  2. 结合本案例内容，收集相关资料，谈谈"啤酒和尿布"案例对你的启示。

第五章
Chapter 5

消费者购买行为分析

> 主要知识结构图

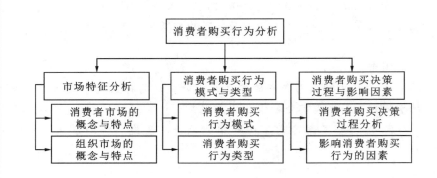

> 教学目标

- 帮助学生了解消费者市场的概念及特点。
- 帮助学生了解消费者购买行为模式。
- 帮助学生了解消费者是如何参与购买决策的，理解和掌握消费者购买行为类型以及购买决策过程的具体步骤。
- 教育引导学生在分析消费者心理和行为活动时，树立文化自信，以消费者合理需求为出发点，尊重客观事实，做到以人为本、实事求是。

> **开篇案例**

从"双11"看中国消费新活力

一年一度的"双11"电商购物节,再次激起大家的消费热情。从最初"剁手""薅羊毛"式的购物狂欢,到如今理性消费、品质消费渐成主流,"双11"见证了中国百姓消费升级、中国产业迈向高质量发展的变迁,成为观察中国消费新动向的重要窗口。

1. 国货"出圈",自主品牌影响力上升

"今年'双11'买了一套国产品牌的锅具,质量不输国外大牌,性价比非常高。"北京市民李女士告诉记者,如今质优价美的国货已经成为日常购物的首选。

片仔癀珍珠膏、方回春堂黑芝麻丸、回力鞋……这个"双11",国货品牌表现亮眼。淘宝直播数据显示,"双11"期间超180家老字号开启直播,菜百首饰、三枪内衣、胡庆余堂等多个老字号直播间成交额突破百万元。

近年来,随着国货品牌不断创新,不少品牌迎来爆发式增长,一批老字号跨界"出圈",满足了年轻人多层次、个性化消费需求,"国风""国潮"成为消费者的新宠。当前,中国企业正努力升级产品的品质、性能和价值,近1/3的消费者在高端产品上都会选择中国品牌。国货强势"逆袭",背后是国产品牌质量不断提升,是当代消费者文化自信的体现。

2. 节能减碳,绿色消费引领新风尚

"双碳"目标下,今年"双11"期间,"低碳""减排"成为热词,线上线下刮起一股绿色消费风潮。电子小票、绿色消费节、化妆品空瓶回收、自带购物袋等方式越来越多地出现在消费者的低碳环保、绿色消费行为中。

绿色作为高质量发展的底色,正在驱动改变生产和消费行为。消费的绿色转型是收入水平提高后人们对更好环境需要的体现,这一趋势将给全球经济社会发展带来全面而深刻的变化。

3. 赛道"上新",服务消费空间广阔

"双11"开场仅4小时,京东生活缴费订单量同比增长8.8倍,代理代办订单量同比增长120%,9价HPV疫苗预约服务成交额同比增长超10倍。此外,宠物健康管理、家居收纳整理等新型服务受到消费者欢迎。

随着国内消费升级步伐加快,服务消费增长迅猛,互联网医疗、在线娱乐视听等一系列"无接触"服务呈爆发式增长。消费者线上预定购买,即可在线下门店享受汽车保养、机油换新、汽车美容等服务。

中国正处在消费结构升级的关键阶段,未来十年、二十年,中国老百姓在医疗、健康、旅游、职业教育、文化信息产业等服务领域的消费需求将继续扩大。

4. 数智赋能，产业逻辑深度变革

"Z世代""小镇青年""新锐白领"……新兴消费群体带来更加多元化、个性化的细分需求。通过导入消费数据捕捉潜在需求，有针对性地进行设计与研发，成为越来越多品牌的选择。数智赋能下，研发、生产、销售、服务不再是孤立的环节，而是相互渗透，形成完整的产业生态。

数字化带来的变革不仅于此。这个"双11"，依托电商直营模式，一批产业代工厂从"幕后"走到"台前"；跨境电商等新业态快速发展，中国的消费需求拉动全球供应链"动起来"；从"村播""厂播"到"仓播"，直播带货等新模式带动农产品销售、助力乡村振兴……以5G、物联网、云平台等新基建为依托的"智能＋"消费生态体系正在成型，也为新消费潜力释放提供了坚实支撑。

资料来源："从'双11'看中国消费新活力"，新华社，2021年11月11日。

第一节　市场特征分析

一、消费者市场的概念与特点

（一）消费者市场的概念

消费者市场又称消费品市场或终极市场，是指个人和家庭为了生活需要而购买或租用商品和服务而形成的市场。消费者市场是通向最终消费的市场，是实现企业利润的最终环节，是其他市场存在的基础，是最终起决定作用的市场，是一切社会生产的终极目标，因此，对消费者市场的研究是对整个市场研究的基础与核心。在消费者市场出售的商品不需要再加工便可供消费者直接消费，消费者购买此类商品是为了满足家庭或个人消费，它一经卖出，便退出流通领域而成为人们生活消费的物质对象。

（二）消费者市场的特点

相对于组织市场，消费者市场具有以下特点。

1. 购买人数多，供应范围广

消费者市场是最终使用者市场，人们要生存就要消费，所以消费者市场通常以全部人口为服务对象。我国有14亿多人口，消费者市场的人数也就有14亿之多。另外，消费者吃、穿、住、行、通信、娱乐等需求范围又很广泛，高、中、低档都包括在内，所以这一市场的供应范围也很广。

2. 交易数量少，交易次数多

由于消费品是以个人或家庭作为基本消费单位，许多消费品本身又具有不耐储藏、时令性强等特点，而且一般家庭人口较少，同时，现代市场商品比较丰富，购买方便，不必大量储存，因此，消费者通常一次购买数量较少，而购买次数比较频繁，有些商品需要经常甚至天天购买。

3. 消费差异大，消费变化快

消费者人多面广，差异性大。不同年龄、性别、职业、收入、民族和宗教信仰的消费者，在生活消费的各个方面都有不同的需求特点。不仅如此，即使是同一个消费者，在不同时间、不同地点、不同心态下，需求也不相同，表现出很大的差异性。另外，消费者购买行为具有自发性、感情冲动性等特点，属于非专家购买，其做出购买决策时容易受广告宣传、推销方式、商品包装、服务质量等多种因素的影响。

5-1 从老三样到新三样，大学生活大变样（视频）

4. 需求弹性大，购买流动快

由于消费者市场需求是直接需求，来源于人的各种生活需要，在当前我国人均收入水平还不高的情况下，购买商品时价格显得较为重要，消费者对多数商品，特别是选购品的价格十分敏感，需求弹性大。另一方面，消费品的替代性大，也使需求弹性增大。与此同时，现代商品日益丰富多样，可供挑选的余地越来越大了，加上交通越来越便利，旅游事业越来越昌盛，人口的流动性越来越大，消费者市场本身又具有多变性的特点，这些都导致消费者市场具有很大的流动性。

（三）消费品的分类

1. 根据商品的形态和耐用程度分类

根据商品的形态和耐用程度分类，可以将消费品分成耐用消费品、易耗消费品和服务。

1）耐用消费品

耐用消费品是指能够多次使用、寿命较长的商品。例如家用电器、家具、汽车等。耐用消费品由于使用寿命长，购买次数少，消费者的购买行为和决策较为慎重。

2）易耗消费品

易耗消费品也叫作非耐用消费品，是指只能使用一次或几次的易耗的有形商品。例如食品、肥皂、牙膏、洗衣粉、纸张等。这类商品的使用寿命较短，消费者购买的频率较高，消费者的购买行为具有很强的多变性。

3）服务

这是一种无形的商品，是为消费者获得利益或满足而提供的服务。例如家电维修、技术指导、理发、娱乐等。服务具有无形性、易变性和时间性的特点。

2. 根据消费者的购买习惯和购买特点分类

根据消费者的购买习惯和购买特点分类，可以将消费品分为四类：便利品、选购品、特殊品和非渴求品。

1）便利品

便利品是指消费者经常购买、反复购买、即时购买、就近购买、惯性购买，且购买时不用花时间比较和选择的商品。具体又可分为三类：① 日用品，一般是指那些日常生活必需、经常购买、单价较低的商品，如日用杂货、一般食品、价值较低的纺织品、文化用品等；② 即兴商品，如旅游纪念品、小工艺品等，消费者对这类商品往往不用寻找，而是凭一时冲动才购买的；③ 急需用品，如某地区流行某种传染病急需某种药品，某地区突然遭到强烈的寒流侵袭急需防寒用品等，这时某种药品和防寒用品就成为急需用品。

2）选购品

选购品是指顾客对使用性、质量、价格和式样等基本方面要做认真权衡比较之后才做出购买决策的商品。例如家具、服装、皮鞋和大的器械等。这类消费品价格一般较高，使用时间也较长。这类消费品的特点是购买者的购买频率较低，没有固定的购买习惯。

3）特殊品

特殊品是指具有特定品牌或独具特色的商品，或对消费者具有特殊意义、特别价值的商品，如汽车、电脑、具有收藏价值的收藏品以及结婚戒指等。这类商品由于使用寿命周期较长，价格又高，因而消费者的购买频率较低，并且消费者在购买这类商品之前，一般会事先熟悉一定的产品常识，进行过分析比较，形成一定的偏好。

4）非渴求品

非渴求品是指消费者不熟悉，或者虽然熟悉但不感兴趣、不主动寻求购买的商品。这些产品一般只具有特殊用途，如环保产品、墓地、人寿保险以及专业性很强的书籍等。

二、组织市场的概念与特点

（一）组织市场的概念与类型

组织市场又称"非个人用户市场""非最终用户市场"，是指以某种组织为购买单位所构成的市场，即构成组织市场的用户不是个人消费者，而是组织团体，包括生产企业、中间商和政府机构等。这些组织购买商品的目的不是用于个人消费，而是用于生产加工、转卖或执行任务，因此，组织市场购买属于生产性消费或公务性消费。

按照商品的购买者的不同，可以将组织市场分为三种类型。

1. 生产者市场

生产者市场亦称"产业市场"，它是由购买产品和服务并将之用于生产其他产品或服务，以供销售、出租或供应他人的个体和组织构成。

2. 中间商市场

中间商市场亦称"转卖者市场"，它是由所有以营利为目的的从事转卖或租赁业务的个体和组织构成。中间商市场可以分为批发商和零售商两个层次。批发商是指购买商品和服务并将之转卖给零售商和其他商人以及产业用户、公共机关和商业用户等的中间商。而零售商的主要业务是把商品或服务直接卖给消费者。

3. 政府市场

政府市场是由需要采购产品和劳务的各级政府机构构成，它们采购的目的是执行政府机构的职能。由于各国政府通过税收、财政预算等掌握了相当一部分国民收入，为了开展日常政务，政府机构要经常采购物资和服务，因而形成了一个很大的市场。确切地说，政府机构是市场活动中最大的买主。通常政府市场的规模为政府财政支出中政府消费和政府投资的总和，一般占一个国家或地区年度GDP的10%以上，发展中国家的规模还要大一些，一般为20%～30%。

（二）组织市场的特点

1. 需求具有派生性

组织市场的需求是一种派生需求，即组织市场上的客户对产品和服务的需求是从消费者对最终产品和服务的需求派生出来的。如汽车公司采购钢材是因为消费者需要汽车，如果消费者市场对汽车的需求量下降，那么汽车公司对钢材和其他用于制造汽车的产品的需求量也将下降。

2. 多人参加购买决策

与消费者市场相比，组织市场上参加购买决策的人较多，并多为受到专门训练的专业人员。在许多情况下，甚至连采购经理也很少能独立决策。

3. 购买者购买决策过程复杂

由于组织市场购买数额较大，参与决策者较多，而且产品技术性能较为复杂，所以组织市场购买者的决策通常比单个消费者的购买决策更复杂，往往需要反复讨论。

4. 购买决策过程规范

组织市场大规模的购买通常要求详细的产品规格，写成文字的购买清单，对供应商进行认真调查，以及正式的审批程序，因此购买决策过程相对规范。

5. 提供商品的同时提供服务

一般来讲，物质商品本身并不能满足组织购买者的全部需求，企业还必须为组织购买者提供必要的技术支持、人员培训、信贷优惠等条件和服务。

第二节 消费者购买行为模式与类型

一、消费者购买行为模式

所谓消费者购买行为是指消费者为满足自己的生活需要,在一定购买动机的驱使下,所进行的购买商品的活动过程。分析消费者的购买行为,可以发现在消费者千差万别的购买行为背后实际上也存在着某些相似的行为,我们把消费者普遍采用的购买行为方式称为消费者购买行为模式,在实质上,这是一种刺激—反应模式,如表 5-1 所示。

表 5-1 消费者购买行为模式

外界刺激		购买者的意识		购买者的决策
营销因素	环境因素	购买者的个人特征	购买者的决策过程	
产品 价格 渠道 促销	政治 经济 文化 技术	文化 社会 个人心理	引起需求 收集资料 评估方案 做出决策 购后行为	产品选择 品牌选择 卖主选择 购买时间选择 购买数量选择

"刺激—反应"原理是由行为心理学的创始人沃森建立的。他指出,人类的复杂行为可以被分解为两部分:刺激和反应。刺激来自两方面:身体内部的刺激和身体外部环境的刺激。人的行为受到刺激的反应,反应总是随着刺激而呈现的。按照这一原理,从营销者角度出发,各个企业的许多市场营销活动都可以被视为对购买者行为的刺激,如产品、价格、销售地点和场所、各种促销方式等,所有这些我们称之为"市场营销刺激",是企业有意安排的对购买者的外部环境刺激。此外,购买者还时时受到政治、经济、文化、技术等各方面的外部刺激,如国内政治形势的变化、币值的波动、失业率的高低等。所有这些刺激,进入了购买者的"暗箱"后,与消费者本身的特征相结合。这些特征包括社会特征、心理特征、个人特征以及文化特征等,然后经过一系列的心理活动,产生了人们看得到的购买者反应——购买还是拒绝,或是表现出需要更多的信息。购买者一旦已决定购买,其反应通过其购买决策过程表现在购买者的购买选择上,包括产品选择、厂牌选择、购物商店选择、购买时间选择和购买数量选择等。

5-2 神经营销学:打开消费决策的"黑箱"

尽管购买者的心理是复杂的、难以捉摸,但这种种神秘的、不易被窥见的心理活动可以通过其购买行为反映出来而被人们认识,营销人员可以从影响购买者行为的诸多因素中找出普遍性的方面，由此进一步探究购买者行为的形成过程，并在能够预料购买者反应的情形下，自如地运用"市场营销刺激"。

二、消费者购买行为类型

在实际购买活动中，任何两个消费者之间的购买行为都存在着某些差异。研究消费者购买行为不可能逐个分析，只能大致进行归类研究。常见的消费者购买行为类型有以下两种分类方法。

（一）按消费者的购买心理和个性特点划分

按消费者的购买心理和个性特点，消费者购买行为可划分为习惯型购买行为、慎重型购买行为、经济型购买行为、冲动型购买行为、感情型购买行为、疑虑型购买行为、不定型购买行为等。

1. 习惯型购买行为

此类消费者的购买行为表现为依照过去的购买经验和使用习惯而购买，很少受时尚风气的影响，一般不做更多的比较选择，购买行为迅速而果断。

2. 慎重型购买行为

此类消费者的购买行为表现为理智为主、感情为辅，在购买商品时喜欢收集产品的有关信息，了解市场行情，在经过周密的分析和思考后，做到对产品特性心中有数。在购买过程中，他们的主观性较强，不愿意别人介入，受广告宣传及售货员的介绍影响甚少，往往要对商品进行细致的检查和比较，反复权衡各种利弊因素后才做出购买决定。

3. 经济型购买行为

此类消费者购买商品时多从经济的角度考虑，对商品的价格非常敏感，善于精打细算，努力寻求、比较价格的差异，并从中得到心理满足，这类消费者对时尚、名牌不做过多的考虑。

4. 冲动型购买行为

此类消费者往往是年轻人，心理反应敏捷，容易受产品外观、广告宣传或相关人员的影响，以直观感觉为主，决定轻率，易动摇和反悔，新产品以及时尚产品对其吸引力较大。他们一般见到第一件合适的商品就想买下，而不愿意做反复比较选择，因而能快速做出购买决定。

5. 感情型购买行为

此类消费者兴奋性较强，情感体验深刻，想象力和联想力非常丰富，审美感觉也比较灵敏，因而在购买行为上容易受感情的影响，他们往往以产品的品质是否符合其感情的需要来做出购买决策。如果产品在设计、造型、色彩等方面有新意，再加上富有艺术的促销引导，就能有效地吸引这类消费者。

6. 疑虑型购买行为

此类消费者比较内向，善于观察细小事物，行动谨慎、迟缓，体验深而疑心大。他们选购产品时从不冒失而仓促地做出决定，在听取营业员介绍和检查产品时，也往往小心谨慎和疑虑重重。他们挑选商品时动作缓慢，费时较多，还可能因犹豫不决而中断购买。他们购买商品时经过深思熟虑，购买后仍放心不下。

7. 不定型购买行为

此类消费者多是一些年轻的、新近开始独立购物的新购买者，易于接受新的东西，消费习惯和消费心理正在形成之中，缺乏主见，没有固定的偏好。这种人由于缺乏经验，购买心理不稳定，往往是随意购买或奉命购买商品，他们在选购商品时一般都渴望得到营业员的帮助，乐于听取营业员的介绍，并很少亲自再去检验和查证产品的质量。

小思考

不同消费人群的购买行为

新八大消费人群分别为小镇青年、都市GenZ、都市白领、精致妈妈、都市中产、都市蓝领、都市银发、小镇中老年。

小镇青年是生活在低线城市的85后人群，在美食、美妆、电子产品方面的兴趣偏好显著，消费升级趋势明显。小镇青年对国家认同感很强，非常愿意购买国产品牌。

都市GenZ居住在高线城市，以95后为主的GenZ是独立自主的"数字原生代"，倾向于在数字世界中进行社交、学习和娱乐。他们热衷于利用互联网发展自己的兴趣圈子，在短视频、直播平台上进行小众社交。

都市白领居住在高线城市，以85后和90后为主的新锐白领们青睐小红书、微博，是护肤美妆、知识付费等消费的主力人群。同时，虽然都市白领收入较高，但他们也面临着高消费、高生活成本的压力。

精致妈妈居住在高线城市，往往身兼多职，作为家庭主要的购物者，为了取得生活、工作、家庭的均衡和谐，她们愿意花钱买便利，热衷线上购物，非常重视产品的质量与安全，重视自身的身体健康。

都市中产同样居住在高线城市，资深中产们以70后、80后为主，大多数人秉持"轻价格、重品质"的消费理念，非常理性。他们在线上更多选择品牌官方旗舰店，线下购物热衷新零售店铺。

都市蓝领在高线城市主要从事餐饮、运输、零售等行业的工作，大多居住在城市郊区。他们偏好使用视频与游戏App，是抖音、快手、王者荣耀等手机娱乐的重要消费人群。

都市银发年龄在50岁以上，大多生活在高线城市，手握充沛的退休金等收入，他们非常关注自身健康状况，热爱参加线下社区营养师/医生的免费健康讲座,以及购买保健食品、健康检测产品等等。

小镇中老年生活在低线城市,生活节奏较慢,以跟随型消费为主。线下的农贸市场、大型超市仍是他们主要的购物渠道,极致的性价比依旧非常重要。

想一想:怎样分析他们的消费者购买行为?

(二)按消费者在购买时介入的程度和产品品牌的差异程度划分

按消费者在购买时介入的程度和产品品牌的差异程度,消费者购买行为可划分为习惯型购买行为、变化型购买行为、协调型购买行为、复杂型购买行为等。

1. 习惯型购买行为

习惯型购买行为是指对于价格低廉、经常购买、品牌差异小、购买频率大的商品,消费者不需要花时间选择,也不需要经过收集信息、评价产品特点等复杂过程,可以直接凭过去的知识和经验而购买的一种最简单的购买行为,购后也很少对产品进行评价。对于这种购买行为类型,市场营销者可以用价格优惠、电视广告、包装独特、销售促进等方式鼓励消费者试用、购买或续购。

2. 变化型购买行为

当消费者购买品牌差异明显、新产品不断出现的商品时,往往不愿投入更多的时间和精力进行选购,而是在重复购买时不断改变所购商品的品牌,这种商品之间有明显差异但消费者购买的介入程度较低的购买行为就称为变化型购买行为。消费者不断变换品牌的原因往往不是对商品不满意,而是为了寻求多样化。对于这种购买行为类型,市场营销者可采用销售促进、广泛铺货等办法,鼓励消费者购买。

3. 协调型购买行为

协调型购买行为是指当消费者购买品牌差异不大、不经常购买又有一定风险的商品时,一般要货比三家,只要价格公道、购买方便、机会合适,消费者就会决定购买的行为。但在购买之后,消费者也许会感到有些不协调或不够满意,即心理上产生不平衡、失调的感受,为解决这种失调的心理感受,消费者在使用过程中,会了解更多的商品情况,并寻求种种理由来减轻、化解这种不协调感受,以证明自己的购买决策是正确的。对于这种购买行为类型,市场营销者应注意运用价格策略、人员推销策略提供有关产品的评价信息,使其在购买后相信自己的决定是正确的。

4. 复杂型购买行为

复杂型购买行为是指当消费者面对不常购买的贵重商品时,由于此类商品品牌差异较大,购买风险大,消费者对产品了解甚少,需要有一个学习的过程,以了解商品的性能、特点、质量、价格、售后服务等情况,从而对产品产生某种看法,最后决定购买的行为。对于这种复杂的购买行为,营销者必须制定各种策略以帮助购买者掌握该类产品的属性、各属性的相对重要性,并介绍其品牌给消费者所带来的利益,表明其品牌具有较重要的属性,从而影响购买者的最终决策。

类别各异的购买行为

小张要自购一套房居住,他不仅反复比较了心仪区域的各个楼盘,从户型、物业、单价、环境、周边配套等多个要素反复衡量,还拉上亲戚朋友一起踩盘,听取他们的意见,并上网查询相关信息,就这样,三个月后他终于决定购置某小区的一套新房。

购房后,小张需要为所购新房配置电器,他选择在 6·18 活动期间,将之前了解过的某品牌电器在合适的促销力度下一次性配置齐全。购买结束后,他又回看了自己所购置电器的相关评价,觉得自己买对了。

入住后,小张邀请亲朋好友来家里做客,因担心大家对零食的口味喜好不同,所以他购买了不同品牌的饼干、巧克力等诸多零食,供大家选择。

最后,小张又下楼购买了一件自己常喝的农夫山泉作为饮用水招待亲朋好友。

想一想:小张购买房产、电器、零食、饮用水的行为分别对应哪种购买行为?

第三节 消费者购买决策过程与影响因素

一、消费者购买决策过程分析

(一)消费者购买决策过程的参与者

消费者的购买决策在很多情况下并不是由一个人单独做出的,而是有其他成员的参与,是一种群体决策的过程,因为消费者在选择和决定购买某种个人消费品时,也常常会同他人商量或者听取他人的意见。因此,了解哪些人参与了购买决策,他们各自在购买决策过程中扮演怎样的角色,对于企业的市场营销活动有着很重要的作用。

一般来说,参与购买决策的成员大体可形成五种主要角色,如图 5-1 所示。

(1)发起者,即购买行为的建议人,他首先提出要购买某种产品。

(2)影响者,即对发起者的建议表示支持或者反对的人,这些人不能对购买行为本身进行最终决策,但是他们的意见会对购买决策者产生影响。

(3)决策者,即对是否购买、怎样购买有权进行最终决策的人。

(4)购买者,即执行具体购买任务的人,其对产品的价格、质量、购买地点进行比较选择,并同卖主进行谈判和成交。

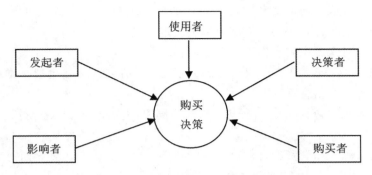

图 5-1 消费者在购买决策过程中的主要角色

（5）使用者，即产品的实际使用人，其对产品的满意程度会影响再次购买的决策。

这五种角色相辅相成，共同促成了购买行为，是企业营销的主要对象。需要指出的是，五种角色的存在并不意味着每一种购买决策都必须要五人以上才能做出。在实际购买行为中，有些角色可在一个人身上兼而有之，如使用者可能也是发起者，决策者可能也是购买者。企业可以根据各种不同角色在购买决策过程中的作用，有的放矢地按一定的程序分别进行营销宣传活动。

（二）消费者购买决策过程的程序

对于不同类型的购买行为，消费者在购买决策上所花费的时间与精力是不一样的。以复杂的购买行为为例，消费者的购买决策过程分为五个阶段，即产生购买需求与动机、收集信息、对比评估、决定购买、购后行为。这一过程的结构如图 5-2 所示。

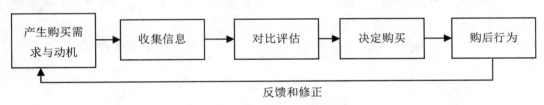

图 5-2 消费者购买决策过程

1. 产生购买需求与动机

需求是指消费者生理或心理的需求，即对某种商品或劳务的欲望和需要。它直接影响购买行为，是最终产生购买行为的起点。消费需求在市场活动中反映为购买动机。

需求不仅包括衣食住行等生活必需品的需要，而且包括文化教育、卫生保健、娱乐、体育、旅游等方面的需要。就是说，为了满足人民群众日益增长的美好生活需要，不仅要求有生存资料，还要求有发展资料和享受资料。人们的消费需求与其购买力和社会所能提供的商品有密切的关系。随着社会生产力的日益发展，人民实际收入水平不断提高，消费需求也会随之不断变化，从以满足生存需求为重点逐步转向以满足发展需求为重点。美国心理学家马斯洛曾提出"需求层次理论"，这一理论在市场研究中占有重要地位。

2. 收集信息

商品信息对消费者的购买行为有着重要的影响。企业必须针对消费者的心理活动，运用有效的宣传方式，向消费者输送本企业的商品信息，并热情、周到、耐心地接待顾客，当好顾客的参谋，协助顾客做出购买决定。

消费者的信息来源主要有以下三个方面：

（1）市场来源，包括广告宣传、商品陈列、展销会、商品包装、推销人员介绍、网络搜索等各种市场信息；

（2）社会来源，包括家庭、亲友、邻居、同事的介绍及社会上使用者的互相传告等各种信息；

（3）经验来源，即消费者自己对商品的观察、比较、使用、试验而得来的信息。

3. 对比评估

为了满足需求，消费者收集了足以做出判断的信息后，就要对商品进行评价和挑选。对所要购买的商品进行全面的了解，对同类商品进行综合比较，最终对购买时间、地点、价格提出不同方案，然后比较评价，这是购买过程中重要的阶段。企业营销活动应尽可能为消费者提供信息、提供方便条件，促使其将购买本企业产品作为最佳方案。

4. 决定购买

受购买动机的驱使而产生的购买活动，称为购买行为。研究消费需求和购买动机，是为了摸清消费者为何购买；而研究购买行为，还必须了解消费者何时、何处、如何购买以及何人去实际购买。

1）何时购买

消费者购买商品的时间有其习惯性。有些商品属常年消费，如一般日用品和电视机、洗衣机等耐用品；有些属于季节性消费，如夏季用品、冬季用品、旅游用品等；有些则属于节假日消费，如节假日期间的食品、礼品、玩具、服装等物品的销售量大大高于平时。

2）何处购买

有些商品如家用电器、高档服装等，消费者一般愿在繁华地区的大型百货商场或专门商店购买；而对一般百货和副食等商品，则倾向于就近购买。企业应根据这些特点，选择适当的经销商或在适当的地点组织经销。

3）如何购买

商品本身的特性是消费者在购买时主要考虑的因素。不同的消费者对商品的品牌、价格、质量、包装、售后服务和使用是否方便等因素的侧重是不同的，企业应根据具体情况，制定相应的生产和销售计划。

4）何人购买

家庭的购买，往往有其倡议者、影响者、决定者、购买者和使用者。这些角色在家庭中可能分别出现，也可能由个别成员集中承担。这些成员对购买行为都有一定影响，其中，购买者是购买行为的执行者，他集中反映家庭的购买意图。商品现场条件和购买者的临场心理最后促使购买行为的实现。企业应通过分析家庭成员的购买地位，有针对性地进行产品设计和商品宣传。

消费者通过比较评价，就会按照各自的主观条件对购买的对象、数量、时间、价格、地点做出最后的决定。购买决策一般有三种情况：一种是决定购买，认为商品质量、款式、价格等符合自己的要求而可以立即购买；另一种是延期购买，认为商品的某些方面还不能完全满意，或者还需要进一步了解而暂缓购买；再一种是决定不买，认为商品的质量、价格等不适合而决定不买。在购买决策阶段，企业营销者要通过提供各种销售服务，如指导使用、实行"三包"、分期付款等，消除顾客的各种疑虑，加深他们对企业及商品的良好印象，促使其做出购买本企业商品的决策。

5. 购后行为

消费者购买到所需商品之后，并不意味着购买过程的结束，购后评价是购买过程中重要的信息反馈，说明消费者对企业经营的商品的满足程度。消费者在使用已购商品后是否满足了预期需要，或满意，或基本满意，或不满意，对企业信誉和今后业务发展有很大影响。如果感到满意，他们下次就很可能继续购买这种品牌的产品，并且常对他人称赞这种产品。反之，如果消费者的购后感受是不满意或很不满意，则他们不但自己以后不会去购买这种商品，而且还会对别人说该产品的不好，使原来想买这种产品的人不再购买。因此，企业必须充分重视消费者购后评价的信息，加强与消费者的联系，广泛征求意见，加强售后服务，从而提高企业信誉并带来重复购买或扩大购买。

小案例5-1

雪糕刺客消费者决策过程

1. 需求确认

雪糕刺客花哨的包装、奇葩的味道，迎合了少部分人的猎奇心理和跟风心态。Z世代人群乐意尝试新事物，他们愿意付高价去购买新奇体验。包装的设计和产品的高值定价营造了一种奢侈风气，而朋友圈晒图展示自己消费水平的行为，以雪糕刺客的符号化消费来满足这部分人群的社会交往心理。

达人种草、直播带货推高了雪糕的推广成本。在小红书等社交媒体的推广使雪糕刺客的知名度大大提高。

2. 收集信息

Z世代人群作为雪糕刺客的目标顾客，极度依赖互联网来获取信息，而雪糕刺客在各大社交媒体上的大面积推广让消费者通过互联网被动接收到了许多信息。

3. 评估方案

在收集完信息后，消费者对于雪糕刺客主要有几个评估依据：品牌、价格、口味、包装、原料等。而消费者根据不同评估依据对购买的重要程度的不同，进行综合评估。

4. 购买决策和实施

若在线下购买雪糕刺客，购买变数比较多，比如在便利店购买雪糕刺客，在同一冰柜里消费者会进行价格对比，消费者有临时改变决策的可能。若在线上购买雪糕刺客，配送的速度也会影响消费者的购买决策和实施。

5. 购后行为

在购买雪糕刺客后，消费者对雪糕刺客的满意度不同，他们会在网络上分享自己的经验。若满意，则会增强消费者的品牌忠诚度，促使他们进行下一次购买；若不满，消费者则不会再进行购买并在网上传播告诫亲友。

资料来源："雪糕刺客现象下的消费者行为分析"，微信公众号作者"第四小组"。

二、影响消费者购买行为的因素

在现代社会经济条件下，随着人们生活水平的不断提高和消费内容的日益丰富，人们的消费水平也不断提高，消费者的购买过程受到多种复杂因素的影响，归纳起来主要有文化因素、社会因素、个人因素以及心理因素，如表5-2所示。

表5-2 影响消费者购买行为的因素

文化因素	社会因素	个人因素	心理因素
文化 亚文化 社会阶层等	相关群体 家庭 身份和地位等	年龄 职业 经济状况和生活方式 个性及自我概念等	动机 知觉 学习 态度等

（一）文化因素

文化因素对个人的需求和购买行为影响最深远，这种影响在当前的消费行为中已越来越明显。文化因素主要由文化、亚文化、社会阶层三个方面构成。

1. 文化

文化是根植在一定的物质、社会、历史传统基础上形成的特定的价值观念、信仰、思维方式、宗教、习俗的综合体。文化是决定人类欲望和行为的基本要素，是影响人们需求和行为的重要因素。在不同的文化背景下，人们对生活的追求、交往方式、观察问题的方法、对产品与服务的要求等都会有所不同，具体表现为服饰、饮食、起居、建筑风格、节日、礼仪等物质文化生活各个方面的不同特点。

5-3 国潮俘获"Z世代"

2. 亚文化

亚文化也称为亚文化群。每一种社会和文化内部都包含着若干亚文化群或所谓的次文化。他们之间特定的认同感和社会影响力将各成员联系在一起，使这一群体有特定的价值观念、生活格调与行为方式。

小案例5-2

可口可乐的"律动方块"

2022年5月26日，可口可乐全球创意平台"乐创无界"（Coca-Cola Creations）在中国市场推出了第二款限定产品——以元宇宙概念为灵感的可口可乐"律动方块"。该产品是继可口可乐"星河漫步"后，可口可乐"乐创无界"创意平台的又一得意之作，旨在以虚拟世界的创意体验和更多年轻消费者展开对话。作为可口可乐首款以元宇宙为灵感的限定产品，"律动方块"从虚拟世界的无限创造力中汲取灵感，通过跨越数字世界和现实世界的创新方式，带领消费者探索"元宇宙"的神奇味道。除了产品风味上的创新，"律动方块"采用了极富创意的包装设计，利用像素方块的形状来绘制其经典标志，呈现出复古怀旧的电子游戏风格，渲染"元宇宙世界"的奇幻美妙。

资料来源：可口可乐官网。

3. 社会阶层

社会阶层是由具有相似的社会经济地位、利益、价值观倾向和兴趣的人组成的群体或集团。不同社会阶层的人，对产品和品牌有不同的需求和偏好，例如对于衣饰、家具、文化娱乐活动等，各种阶层在款式、风格、品牌上便分别有其不同的偏好。

（二）社会因素

消费者行为不但受到广泛的文化因素的影响，同时也受到社会因素的影响，如相关群体、家庭、身份和地位。

1. 相关群体

相关群体是指对消费者的生活方式和偏好有影响的各种社会关系。相关群体可分为三类：一是初级群体，就是那些关系密切的经常互相发生影响作用的群体，如家庭、亲朋好友和同事等，他们对消费者购买行为产生直接的影响；二是次级群体，指较为正式但日常接触较少的群体，如医药专业协会、消费者个人参加的各类社团、职工团体等，次级群体由于与消费者接触不那么频繁，因此对消费者的影响作用就稍逊于初级群体；三是渴望群体，消费者虽然不属于该群体，但以其规范和行为作为自己生活的准绳，并渴望加入这一群体，如社会名流、影视明星、体育明星等，这类群体对消费者行为的影响是间接的。

2. 家庭

家庭是社会因素中对消费者行为影响最大的因素，人们的价值观、审美观、爱好和习惯，多半是在家庭的影响下形成的。大部分人在人生中所经历的家庭都包括两类：父母的婚前家庭与配偶和子女的婚后家庭。每个人都从双亲那里养成许多倾向性，如对政治、经济、宗教、个人抱负、自身价值和爱的看法。即使消费者长大成人以后，不再经常与父母往来，但是父母仍对消费者潜意识的行为有明显的影响。婚后家庭则对一个人的购买行为产生更为直接的影响，这是社会中最主要的购买单位。

3. 身份和地位

每个人在一生中都会参加许多群体和各类社会组织的活动。一个人在群体中和组织中的位置可以用身份和地位来确定。身份是周围的人对一个人的要求，是指一个人在各种不同场合应起的作用。比如，某人在其父母跟前是儿子，在儿女面前是父亲，对于妻子他是丈夫，在工作单位他是工程师，每一种身份又都附有一种地位，反映社会对他的评价和尊重程度。工程师比一般员工的地位要高，总经理又比工程师的地位要高。消费者往往会结合自己的身份和社会地位做出购买选择，许多产品和品牌由此成为一种身份和地位的标志或象征。

5-4 关键意见领袖（KOL）（视频）

5-5 关键意见消费者（KOC）（视频）

（三）个人因素

消费者在购买决策中受到个人特征的影响，如年龄、性别、职业、经济状况、生活方式、个性及自我概念等。

1. 年龄

消费者从出生到死亡的整个消费过程中，处在不同的年龄阶段，他对商品和服务的需求是不一样的。幼年时吃婴儿食品，成长和成熟时期吃各类食品，到了老年只能吃一些特殊食品。同样，人们对衣服、家具和娱乐的喜好也同年龄有关。

2. 职业

消费者的职业对其购买活动也有着直接的影响。体力劳动者对食品、劳动保护用品及运输服务有普遍的需求；而脑力劳动者则主要需要书籍、服饰及学习用品。其次，职业不同的消费者对同类商品的兴趣、偏好也有所差异，比如对服饰、家具及家庭装饰用品的需求就不一样。

3. 经济状况和生活方式

经济状况是消费的物质基础。消费者的经济状况对他们购买活动的影响是最直接的。生活方式是指人们花费时间和金钱的态度及其所选择的消费模式。消费者在购买商品时大都只能接受体现其独特生活方式的产品、服务和活动。

4. 个性及自我概念

每个人都有其独特的心理活动，在心理学上称之为个性。个性的各种特征综合在一起形成了一个人的自我概念。自我概念是指个人对自己个性特征的感知、态度和自我评价。面对消费的新潮时尚，有的消费者随波逐流；有的则固守己见，不为潮流所动。而且，消费者在选购商品时，不仅仅以其质量优劣、价格高低等特征作为选择标准，而且把商品的品牌特征是否符合自我概念作为重要的选择依据。

（四）心理因素

消费者的购买行为也受到四种心理因素的影响，即动机、知觉、学习和态度。

1. 动机

行为科学认为，人们的行动是由动机决定的，而动机又是由需要引起的。因此，动机是引起人们为满足某种需要而采取行动的驱动力量，它产生于未满足的某种需要。有些需要是由生理引起的，也有些需要是由心理导致的。

2. 知觉

知觉是人脑对刺激物各种属性和各个部分的整体反映。知觉来自感觉。所谓感觉是人脑对当前直接作用于感觉器官的客观事物的个别属性的反映，具体来说，是指个体通过视、听、嗅、味、触五种感官对刺激物的外形、色彩、气味、粗糙程度等个别属性的反映。例如，一种新上市的护肤品，消费者用眼睛看到乳白色膏体，用鼻子嗅到清香的气味，用手触摸膏体的细腻柔滑，由此产生对该护肤品颜色、香型、质地等方面的感觉。随着感觉的深入，将感觉到的材料通过大脑进行分析综合，从而得到知觉。

小案例5-3

Babycare 湿巾营销策略

Babycare 湿巾在 2021 年"双 11"期间，超过所有国际品牌，打败欧美对手，跃升为该品类销量排名第一的品牌。其在产品推广初期，没有靠大量的广告投入刺激消费者，而是通过赠送样品给目标消费者免费试用。目前国内的湿巾克重约为 40g，Babycare 的足有 80g，目标消费者拿到手的触感已经与众不同，叠加湿巾良好的使用感，打破了国产品牌多靠低价与国外竞争对手竞争的窘境，在产品单价比肩国际品牌单价的背景下，消费者依然能够由试用者转化为购买者，并形成极高的品牌忠诚度。

资料来源：新消费 Daily。

3. 学习

消费者的大多数行为都是学习得来的，通过学习，消费者获得了商品的购买经验，并运用到未来的购买行动中。按照"刺激—反应"理论，人类的学习过程是包含驱使力、刺激物、提示物、反应和强化等因素的一连串相互作用的过程。例如某人觉得每天洗衣服太费时间和体力，此时他就会产生一种逃避洗衣劳动的内驱力，同时产生了对洗衣机的需求。当他看到了洗衣机（刺激物），又接触到了某种品牌洗衣机的广告宣传（提示），就实施了购买行为（反应）。通过使用，他对该品牌的洗衣机满意（正强化）或不满意（负强化），将决定他将来是否继续购买同种品牌的产品。

4. 态度

态度是指消费者对有关事物的概括性评价，是以持续的赞成或不赞成的方法表现出来的对客观事物的倾向。营销人员不要试图改变消费者的态度，而是要改变自己的产品以迎合消费者的态度，使企业的产品与目标市场顾客现有的态度保持一致。

本章小结

消费者购买行为是指消费者为满足自己的生活需要，在一定购买动机的驱使下，所进行的购买商品的活动过程。消费者购买行为是市场营销研究的重要内容，企业在一定程度上围绕着消费者行为制定营销活动策略，开展营销活动。党的二十大报告指出，着力扩大内需，增强消费对经济发展的基础性作用。因此，本章通过"从'双11'看中国消费新活力"的案例说明新兴消费者购买行为的特点与表现，阐述了消费者市场、组织市场、消费者购买行为的概念，并对消费者特点、消费者购买行为类型、影响消费者购买行为的因素做了全面的说明。

习 题

一、单选题

1. 消费者市场的购买单位是个人或（　　）。
   A. 集体　　　　　　　　　　　　　B. 家庭
   C. 社会　　　　　　　　　　　　　D. 单位

2. 生活消费是产品和服务流通的（　　）。
   A. 起点　　　　　　　　　　　　　B. 中间点
   C. 终点　　　　　　　　　　　　　D. 极点
3. 某种相关群体的有影响力的人物称为（　　）。
   A. "意见领袖"　　　　　　　　　　B. "道德领袖"
   C. "精神领袖"　　　　　　　　　　D. "经济领导者"
4. （　　）是指存在于人体内驱使人们产生行为的内在刺激力，即内在需要。
   A. 刺激物　　　　　　　　　　　　B. 诱因
   C. 反应　　　　　　　　　　　　　D. 驱使力
5. 消费者购买过程是消费者购买动机转化为（　　）的过程。
   A. 购买心理　　　　　　　　　　　B. 购买意志
   C. 购买行动　　　　　　　　　　　D. 购买意向
6. 同类产品不同品牌之间差异小，消费者购买行为就（　　）。
   A. 简单　　　　　　　　　　　　　B. 复杂
   C. 一般　　　　　　　　　　　　　D. 困难
7. （　　）是购买活动的起点。
   A. 消费动机　　　　　　　　　　　B. 需要
   C. 外在刺激　　　　　　　　　　　D. 触发诱因
8. 对于减少失调感的购买行为，营销者要提供完善的（　　），通过各种途径提供有利于本企业和产品的信息，使顾客确信自己购买决定的正确性。
   A. 售前服务　　　　　　　　　　　B. 售后服务
   C. 售中服务　　　　　　　　　　　D. 无偿服务
9. 一般说来，消费者经由（　　）获得的信息最多。
   A. 公共来源　　　　　　　　　　　B. 个人来源
   C. 经验来源　　　　　　　　　　　D. 商业来源
10. 消费者的购后评价主要取决于（　　）。
    A. 心理因素　　　　　　　　　　　B. 产品质量和性能发挥状况
    C. 付款方式　　　　　　　　　　　D. 他人态度

二、多选题

1. 一个国家的文化包括的亚文化群主要有（　　）。
   A. 语言亚文化群　　　　　　　　　B. 宗教亚文化群
   C. 民族亚文化群　　　　　　　　　D. 种族亚文化群
   E. 地理文化群
2. 按照对消费者的影响程度分类，相关群体可分为（　　）。
   A. 示范群体　　　　　　　　　　　B. 基本群体
   C. 次要群体　　　　　　　　　　　D. 其他群体（渴望群体）
   E. 比较群体

3. 个人因素指消费者（　　）等因素对购买行为的影响。
A. 经济条件　　　　　　　　　　　　B. 生理
C. 个性　　　　　　　　　　　　　　D. 社会地位
E. 生活方式

4. 消费者购买决策过程可以分为（　　）。
A. 产生购买需求与动机　　　　　　　B. 收集信息
C. 对比评估　　　　　　　　　　　　D. 决定购买
E. 购后行为

5. 按消费者在购买时介入的程度和产品品牌的差异程度划分，消费者的购买行为可分为（　　）。
A. 习惯型购买行为　　　　　　　　　B. 不定型购买行为
C. 复杂型购买行为　　　　　　　　　D. 协调型购买行为
E. 变化型购买行为

三、判断题

1. 组织市场是指以某种组织为购买单位所构成的市场，包括生产者市场、中间商市场和政府市场。（　　）

2. 态度是指消费者对有关事物的概括性评价，是以持续的赞成或不赞成的方法表现出来的对客观事物的倾向，营销人员需要努力改变消费者的态度。（　　）

3. 对于价格低廉、经常购买、品牌差异小、购买频率大的商品，消费者通常呈现出变化型购买行为。（　　）

4. 特殊品是指消费者不熟悉，或者虽然熟悉但不感兴趣、不主动寻求购买的商品。（　　）

5. 按消费者的购买心理和个性特点，消费者购买行为可以划分为习惯型购买行为、慎重型购买行为、经济型购买行为、冲动型购买行为、感情型购买行为、疑虑型购买行为、不定型购买行为七种类型。（　　）

四、简答题

1. 在消费品市场上，消费者需求的主要特征有哪些？
2. 影响消费者购买行为的主要因素有哪些？
3. 为什么说文化对消费者行为有最广泛和最深刻的影响？
4. 什么是相关群体？相关群体是如何影响个人的消费行为的？
5. 消费者购买决策包括哪些主要阶段？

五、论述题

结合你最近一次的购物经历，请分析一下哪些因素是影响你做出购买行为的重要因素，并与本章介绍的影响消费者购买行为的因素做对比分析。

六、案例分析

熊猫不走蛋糕，祝你生日快乐

2017年，惠州市场诞生了一个新兴的地方性蛋糕品牌——熊猫不走蛋糕，该蛋糕品牌在仅仅5个月内做到惠州第一，3个月内做到佛山第一；到2020年时，月流水3 000万元；截至2022年底，其已经布局25个城市，拥有超2 000万用户。熊猫不走蛋糕之所以能获得超越常规的发展，和其对消费者的洞察息息相关。

熊猫不走蛋糕在知名营销策划人小马宋老师的助力下，重新思考了生日蛋糕的产品本质。在设计生日蛋糕产品的时候，设计者们往往首先认为它是一个蛋糕，其实这并没有抓住这个产品的本质，因为生日蛋糕的重点首先不是"蛋糕"，而是"生日"。消费者买一个生日蛋糕是为了吃蛋糕吗？不是，他们其实是为了过生日。在很多消费者看来，生日蛋糕的本质是顾客过生日时的一个道具，他们需要点蜡烛许愿，吹蜡烛，然后分蛋糕，其间各种拍照等等。所以熊猫不走基于消费者需求设计了一个产品开发策略：重点不是为顾客创造一个好吃的蛋糕，而是为顾客创造一个快乐的生日。生日蛋糕要发挥一个"道具"营造气氛的功能，而不是"蛋糕"作为食物的功能。

顾客消费一个生日蛋糕的流程，可归为消费者购买行为。从程序上来说，可以分为购买、收货、拆包装、插蜡烛、许愿、吹蜡烛、分蛋糕、吃蛋糕、庆祝、拍照、分享朋友圈等环节，因此，熊猫不走强调在这些环节上逐个满足消费者的愿望。首先，在购买环节，熊猫不走设计了1元吃蛋糕、充值大礼包等选项。考虑到很多人买蛋糕是送人的，所以连祝福语也设计好了几十条，可以个性化定制。其次，收货环节强化熊猫人送货，熊猫人送货时唱歌跳舞，并主动与顾客合影，顾客大多会转发朋友圈。在之后的消费者购买行为环节，熊猫不走也做了诸多设计和尝试。比如生日蜡烛，熊猫不走提供两种选择：一种是传统的生日蜡烛，一种是一个小烟花。又比如，普通的生日帽就是一张纸片做的，熊猫不走的生日帽用的是可以闪闪发光的帽子，另外还有泡泡机、幸运抽奖等互动游戏。

熊猫不走发现，人们过生日的时候说得最多的一句话就是"祝你生日快乐"，所以购买蛋糕的消费者的核心心理需求就是快乐，他在购买和使用过程中寻找的、体验的也应该是快乐。因此熊猫不走蛋糕贩卖的是快乐，最终他们的品牌口号也是：熊猫不走蛋糕，祝你生日快乐。

借鉴熊猫不走蛋糕的成功实践，可以得知，企业在设计营销活动时，在不违背国家、社会整体利益的基础上，应树立以消费者为中心的服务理念，充分发扬"以人为本"的精神，深入挖掘并满足消费者核心需求。

资料来源："熊猫不走蛋糕,从0到月销3 000万",作者从小马宋战略咨询官网整理。

思考:

1. 试分析熊猫不走蛋糕的成功抓住了消费者的何种消费心理?

2. 从影响消费者购买行为的因素看,熊猫不走蛋糕是如何通过营销影响消费者购买行为的?

3. 如果你需要购买生日蛋糕,你会购买熊猫不走蛋糕吗?试说明理由。

第六章 市场细分与目标市场选择

主要知识结构图

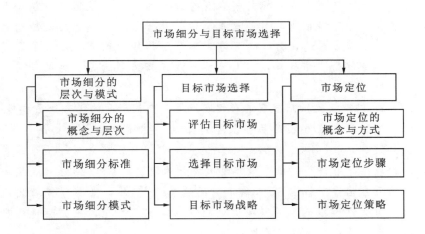

教学目标

- 帮助学生掌握市场细分的概念和标准。
- 帮助学生理解影响目标市场选择的因素,掌握目标市场选择的模式,并在此基础上加深对目标市场营销策略的理解。
- 帮助学生理解企业进行市场定位的方法。
- 教育引导学生树立家国情怀,沉下来、走进去、会观察、敢创新,围绕消费者客观需求,合理细分市场并进行市场定位。

开篇案例

从三个层面拆解东方甄选的定位

2023年1月，新东方在线发布公告，正式将公司名称由此前的"新东方在线科技控股有限公司"更改为"东方甄选控股有限公司"，对于此次改名的原因，公司官方表示，"公司认识到将重点转向直播电子商务以及该领域可长远带来的增长潜力，新的名称更能反映现有业务的发展方向及未来前景"。东方甄选定位明确：一个专注于为客户甄选优质产品的直播平台；一家以持续提供东方甄选自营农产品为内核产品的优秀产品和科技公司；一家为客户提供愉快体验的文化传播公司。

1. 专注于为客户甄选优质产品的直播平台

东方甄选现在的目标是将自身打造成为一个粉丝信任的消费品牌，而不仅仅是一个直播带货账号。这里有两层意思：第一层意思是指粉丝信任东方甄选，把东方甄选视为一个可靠、信得过的线上商店；第二层意思是指东方甄选本身就是产品品牌，自营产品都用"东方甄选"作为品牌名，要开发自己品牌的产品。

2. 以持续提供东方甄选自营农产品为内核产品的优秀产品和科技公司

东方甄选自营农产品涉及生鲜果蔬、休闲零食、肉制品、饮料等品类，例如蓝莓原液、中卫枸杞、太平猴魁、烤肠、五常大米、玉米、月饼、沙棘饮料、黑芝麻饼等。根据东方甄选公开的数据，截至2022年9月初，自有品牌的五常稻香米售出35万袋，烤肠销售76万份，蓝莓原浆售出近40万箱，其他自营农产品也经常出现供不应求的情况。可见，东方甄选的自营消费品牌知名度已经有了很好的覆盖面。

3. 为客户提供愉快体验的文化传播公司

东方甄选在过去三个月的时间里，直播带货总销售额突破了20亿元，东方甄选账号粉丝量突破了2 500万，东方甄选用哪些直播内容来驱动呢？大致可以分为以下几类。

第一，传播知识。董宇辉为典型的主播，在直播间谈天说地，历史人文知识粉丝们都可以听到。粉丝们还可以听到父母们如何指导孩子学习的知识，可以学习英语单词、文学知识，可以学习逻辑思维的知识。这一点基于东方甄选拥有众多优秀师资而在人力资源方面的优势。

第二，传递情怀。东方甄选主播时刻传递中国传统知识分子的家国情怀，用数字助农的方式助力农业产业化，帮助广大农民朋友，这是用行动传递家国情怀。这种情怀是可以和广大网友产生内心共鸣的，情怀的共鸣是最强的粉丝凝聚力。

第三，讲述故事。新东方的主播过去都是很好的老师，他们教授过很多学生，他们讲故事的能力非常强，直播间讲述故事会让更多的人停留，不仅是主播自己讲故事，还借助东方甄选影响力邀请一些大咖到东方甄选直播讲述他们的人生故事。

第四，分享生活。东方甄选主播还会根据不同的产品，研究产品的背景、产地、使用场景，从不同的视角，使用不同的语言，采取创新的方式，整理出各种与产品关联的生活体验。

东方甄选现已经开通东方甄选主账号、将进酒、看世界、美丽生活、自营品、读书六个板块的账号，逐渐形成全品类直播带货矩阵，可以全方位、全覆盖地触达潜在消费者。

从东方甄选自有品牌产品合作方的数据案例，可以看到数字供应链对东方甄选带动农业企业就业和农民就业的效果。东方甄选在实现自身发展的同时，也帮助农业企业打开销路、增加收入，带动了当地农民就业与经济发展。

资料来源：澎湃新闻/时代周报/ZAKER，2023年2月。

第一节　市场细分的层次与模式

一、市场细分的概念与层次

（一）市场细分的概念

市场细分，是指企业按照消费者的需求特性，把整个市场分割为不同的子市场，从而确定目标市场的过程。进行市场细分，首先要调查分析不同的消费者在需求、资源、地理位置、购买习惯和行为等方面的差别，然后将上述要素基本相同的消费者群分别归并为一类，形成整体市场中的若干"子市场"或"分市场"。例如，服装市场可按顾客的性别、年龄、收入等因素细分为儿童服装、女士服装、男士服装、中老年服装，以及高档、中档、普通服装等若干个子市场。不同的细分市场之间，需求差别比较明显。而在每一个细分市场内部，需求差别则比较细微。市场细分的目的是从顾客及其需求的差别中寻找和发掘出某些共同和相关的因素，以此将某一错综复杂的具体市场划分成若干分市场。市场细分是目标市场选择和市场定位的必要前提，而目标市场选择和市场定位是市场细分的必然结果。

市场细分是现代市场营销学中一个非常重要的概念，它具有以下几层含义。

（1）细分的市场代表不同的消费者组群，他们的需求是有差别的。现代市场营销学中，市场细分概念的核心是分析消费者需求的差别。

（2）不同的消费者组群是按相应的细分因素被区别的，所以进行市场细分的关键在于确定适当的细分因素。这样，才能使被细分后的市场具有营销意义。

（3）细分市场是企业为了选取消费者组群作为其营销对象，所以市场细分最重要的意义是选取目标市场。

（二）市场细分理论的发展

市场细分是美国著名市场学家温德尔·斯密于1956年提出的一个新概念。它是现代企业营销观念的一大进步，是顺应市场发展趋势应运而生的，是对现代市场营销活动在认识上的一种深化。如宝洁公司发现，顾客由于需要洗涤不同性质的织物，要求有性能不同的肥皂，于是改变了原来经营单一肥皂的做法，推出三种不同性能、不同牌号的洗衣皂，从而满足了不同消费者的需要。市场细分理论主要经历了三个阶段的发展。

1. 大量营销阶段

早在19世纪末20世纪初，即第二次工业革命阶段，整个社会经济发展的重心和特点是强调速度和规模，市场以卖方为主导。在卖方市场条件下，企业市场营销的基本方式是大量营销，即大批量生产品种、规格单一的产品，并且通过广泛、普遍的分销渠道销售产品。如可口可乐公司就曾经使用这一战略，只生产一种容量为6.5盎司的包装和式样完全一样的可乐，以吸引所有的消费者。由于大众化营销方式具有较低的成本和销售价格，在当时的市场环境下，可以获得较高的利润，为企业所推崇。因此，企业自然没有必要研究市场需求，市场细分战略也不可能产生。

2. 产品差异化营销阶段

20世纪30年代，发生了震撼世界的资本主义经济危机，西方企业面临产品严重过剩的情况，市场迫使企业转变经营观念，营销方式开始从大量营销向产品差异化营销转变，即向市场推出许多与竞争者产品不同的，具有不同质量、外观、性能的产品。产品差异化营销与大量营销相比是一种进步，但是，由于企业仅仅考虑自己现有的设计与技术能力，而忽视对顾客需求的研究，缺乏明确的目标市场，因此产品营销的成功率依然很低。由此可见，在产品差异化营销阶段，企业仍然没有重视对市场需求的研究，市场细分也就仍然没有产生的基础和条件。

3. 目标营销阶段

20世纪50年代以后，在科学技术革命的推动下，生产力水平大幅提高，产品日新月异，生产与消费的矛盾日益尖锐，以产品差异化为中心的营销方式已远远不能解决企业所面临的市场问题。于是，市场迫使企业再次转变经营观念和经营方式，由产品差异化营销转向以市场需求为导向的目标营销，即企业在研究市场和细分市场的基础上，结合自身的资源与优势，选择其中最有吸引力和最能有效地为之提供产品和服务的细分市场作为目标市场，设计与目标市场需求特点相匹配的营销组合。于是，市场细分理论应运而生。

（三）市场细分的层次

市场细分是提高企业市场营销运作效率的基础。每个消费者或客户都有自己独特的需求和欲望，因此每类客户都可能成为一个潜在的分市场。根据对市场细分的程度，市场可分为四个层次展开营销：细分、补缺、本地化和个性化。

1. 细分营销

企业可以根据不同的产品需求和营销反应来划分主要的细分市场。在企业的消费者众多的情况下，企业不可能为每个特定的消费者提供定制的产品，让他们都感到满意。因此企业就必须把构成整个市场的大细分市场区分出来。例如，汽车公司将整个汽车消费市场划分成四个大的细分市场：寻求基本代步和运输需要的汽车的购买者，寻求高性能汽车的购买者，寻求豪华汽车的购买者和寻求安全驾驶的汽车购买者。

2. 补缺营销

企业在市场营销的过程中一般能辨认出较大的细分市场。补缺是为了更具体地确定某些消费群体。这些消费群体往往属于某一个大的细分市场，但他们的需要并没有得到充分的满足。企业通常采取补缺市场的办法，即把细分市场再细分，或确定一组有特别利益要求的消费者群体。大的细分市场可以容纳多个竞争者，而补缺市场容量相当小，只能容纳一个或少数竞争者。

3. 本地化营销

企业必须注意市场在地理因素上的细分，按照区域对市场进行划分，根据当地消费者的需要和欲望设计营销方案。俗话说得好："到什么山唱什么歌"，"入乡随俗"。处于不同地区的居民的生活方式往往各不相同，而处于同一地区的消费者通常会具有相似的消费需求。

4. 个性化营销

市场细分的最后一个层次是"细分到个人""定制营销"和"一对一营销"。随着科学技术的发展，柔性制造、机器人生产、数据库、电子邮件等得到广泛应用，企业提供个性化定制产品成为可能，这种营销方式也称为"大众化定制"。大众化定制是一种在大量生产基础上为个人设计和传播以满足每个顾客要求的能力。

二、市场细分标准

（一）消费者市场的市场细分标准

市场细分的基础是客观存在的需求的差异性，引起消费者需求差异的变量很多，究竟按哪些标准进行细分，没有统一的方法或固定不变的模式。企业一般是组合运用有关变量来细分市场，而不是单一采用某一变量。概括起来，细分消费者市场的变量主要有四类，即地理变量、人口变量、心理变量以及行为变量。

1. 地理变量

按照消费者所处的地理位置、自然环境，比如，可以根据国家、地区、城市规模、气候、人口密度、地形地貌等方面的差异将整体市场分为不同的分市场。

2. 人口变量

按人口统计变量，如年龄、性别、家庭人数、生命周期、收入、职业、文化程度、宗教信仰、民族、国籍、社会阶层等人口统计变量，可以将消费者划分为不同的消费者群。消费者需求、偏好与人口统计变量有着很密切的关系。

1）性别

由于生理上的差别，男性与女性在产品需求与偏好上有很大不同，对产品在细节方面的要求均有差别。如眼镜、手表，生产厂商都更加注意针对男女不同特点设计产品，受到消费者欢迎。

小思考

她他水

曾经有一款按照性别细分市场的功能性饮料——她他水，该饮料上市后一度供不应求，消费者对这种按"人"分饮的方式十分好奇。厂家宣称，"她水"添加芦荟和膳食纤维，使女人更加漂亮、更加苗条；而"他水"中添加的硫磺酸等使男性更加有体力。该饮料定位为高端饮料，然而，市场短暂的热销过后，她他水便陷入了滞销。

想一想：试从市场细分的角度分析，为什么她他水会陷入滞销？

2）年龄

不同年龄的消费者有不同的需求特点。如青年人对服饰的需求与老年人的需求差异较大，青年人需要鲜艳、时髦的服装，老年人需要端庄素雅的服饰。

3）收入

高收入消费者与低收入消费者在产品选择、休闲时间的安排、社会交际与交往等方面都会有所不同。比如，同是外出旅游，在交通工具以及食宿地点的选择上，高收入者与低收入者会有很大的不同。正因为收入是引起需求差别的一个直接而重要的因素，在诸如服装、化妆品、旅游服务等领域根据收入细分市场相当普遍。

4）职业与教育

这里指按消费者职业的不同、所受教育的不同以及由此引起的需求差别细分市场。例如，教师和演员对服装、鞋帽以及化妆品等的需求必然有很大差异。

除了上述方面，经常用于市场细分的人口变量还有家庭规模、国籍、种族、宗教等。实际上，大多数公司通常是采用两个或两个以上人口统计变量来细分市场。

3. 心理变量

在市场营销活动中，经常产生这种情况，即人口因素相同的消费者对同一商品的爱好和态度截然不同，这主要就是由于心理因素的影响。根据购买者生活方式、所处的社会阶层、个性特点和偏好等心理因素细分市场就叫心理细分。

1）生活方式

生活方式是指个人或集团对消费、工作和娱乐的特定的习惯。生活方式不同，消费倾向也不同，需要的商品也不一样。企业可以把追求某种生活方式的消费者群当作自己的目标市场，专门为这些消费者生产产品。

2）社会阶层

社会阶层是指在某一社会中具有相对同质性和持久性的群体。处于同一阶层的成员具有类似的价值观、兴趣爱好和行为方式，不同阶层的成员则在上述方面存在较大的差异。

3）个性

个性是指一个人比较稳定的心理倾向与心理特征，它会导致一个人对其所处环境做出相对一致和持续不断的反应。俗语说"人心不同，各如其面"，每个人的个性都会有所不同。通常，个性会通过自信、自主、支配、顺从、保守、适应等性格特征表现出来。

4）偏好

偏好是指消费者对某种牌号的商品所持的喜爱程度。在市场上，不同消费者对某种牌号商品的喜爱程度是不同的。企业为了维持和扩大经营，会努力寻找忠诚拥护者，并掌握其需求特征，以便从商品形式、销售方式及广告宣传等方面去满足他们的需要。

4. 行为变量

在行为细分中，根据顾客对产品的了解、态度、使用情况及其反应，可以将他们分为不同的群体。行为变量能更直接地反映消费者的需求差异，因而成为市场细分的最佳起点。按行为变量细分市场主要包括如下几个方面。

1）购买时机

企业可以按消费者购买和使用产品的时机细分市场。例如，旅行社可在某种时机提供专门的旅游服务，文具企业专门在新学期开始时为学生提供一些学习用品。

2）寻求利益

消费者购买某种产品总是为了解决某类问题，满足某种需要。根据顾客从产品中追求的不同利益对市场进行分类，是一种很有效的细分方法。如购买手表，有的人追求经济实惠、价格低廉，有的人追求耐用可靠和使用维修的方便，还有的人则偏向于显示社会地位等。所以，首先必须了解消费者购买某种产品所寻求的主要利益是什么；其次要了解寻求某种利益的消费者是哪些人；再者要调查市场上的竞争品牌各自适合哪些利益，以及哪些利益还没有得到满足。

6-1 "武士"牌汽车——传统交通工具的克星

3）使用状况

企业可以根据顾客对产品的使用状况，将市场细分为"从未用过""曾经用过""准备使用""初次使用""经常使用"五种类型，即五个细分市场。通常，大公司对潜在使用者感兴趣，注重将潜在使用者变为实际使用者；而一些小企业则只能以经常使用者为服务对象，并设法吸引使用竞争产品的顾客转而使用本公司产品。对使用状况不同的顾客，企业在广告宣传及推销方式方面都应有所不同。

4）使用率

使用率也可用来细分某些产品的市场。可先划分使用者和非使用者，然后再把使用者分为小量使用者和大量使用者。例如，有人曾经做过调查，啤酒在总用户中，年龄在 25 岁以下和 50 岁以上为少量饮用者。年龄在 25～50 岁，喜欢观看体育节目，每天看电视的时间不少于 3～5 小时，这样的人群往往为大量饮用者。很显然，根据这些信息，企业可以大大改进其在定价、广告传播等方面的策略。

5）忠诚程度

消费者对企业和品牌的忠诚程度，也可用来细分市场。有些消费者经常变换品牌，另外一些消费者则在较长时期内专注于某一个或少数几个品牌。企业可以对消费者类型进行分析，从中找出并及时解决营销中所存在的问题。

6）待购阶段

消费者对各种产品，特别是新产品，总是处于各种不同的待购阶段。有的消费者可能对某一产品确有需要，但并不知道该产品的存在；还有的消费者虽已知道产品的存在，但对产品的价值、稳定性等还存在疑虑；另外一些消费者则可能正在考虑购买。企业应该对处于不同待购阶段的顾客采取不同的营销手段，并要随着待购阶段的变化而随时调整营销方案。

7）态度

企业还可根据市场上顾客对产品的态度来细分市场。不同消费者对同一产品的态度可能有很大差异，可分为五种：热爱、肯定、冷淡、拒绝和敌意。企业可以通过调查、分析，针对不同态度的顾客采取不同的营销对策。

？小思考

携程的市场细分

1. 按区域细分

按区域来细分，携程可以分为北京携程用户、上海携程用户、成都携程用户等。这种细分的维度非常清晰。

2. 按城市层级细分

按城市层级来细分，分为"北上广深"一线城市、二线城市、三线城市。从携程的数据库可以看到不同市场层级中携程的市场战略。如果携程发现北方的三线城市有大量空白点用户，那市场战略就非常明显，就是瞄准这些用户促使业务增长。

3. 按用户行为细分

按照行为来细分，就会发现很多客户在携程上订机票后，当中还有一批人买了其他的旅游产品，有的客户只是订机票，有的客户喜欢订完机票后酒店一起订，有的客户订完机票、订完酒店还喜欢订车。把这些不同的客户区分出来，找到他们背后的特质，来做用户画像，这也是一种细分的方式。

4. 按顾客价值细分

通过携程的后台去识别出携程客户当中使用程度、消费金额的差异，找出需要重度维护的客户，然后通过后台客服联系客户，形成商旅出行整体管家一条龙服务，就可以获得溢价，采取差异化的策略。

想一想：携程还可以如何进行市场细分？

（二）企业市场的市场细分标准

许多用来细分消费者市场的标准，同样可用于细分生产者市场。但有所不同的是，进行工业品市场细分时，心理因素的影响要小一些，可用一些新的标准来细分企业市场。

1. 产品的最终用途

企业市场经常按产品的最终用途进行细分。由于不同用途对产品的要求不同，因此要制定不同的营销策略。例如，晶体管市场可分为军事、工业、商业三个子市场。军用买主重视质量，价格不是主要考虑因素；工业买主重视质量和服务；商业买主重视价格和交货期。企业此时可根据用户要求，将要求大体相同的用户集合成群，并据此设计出不同的营销策略组合。

2. 用户规模

用户规模决定了购买量的大小，这一因素往往也被某些企业作为市场细分的根据。以钢材市场为例，像建筑公司、造船公司、汽车制造公司这样的大客户对钢材的需求量很大，动辄数万吨地购买；而一些小的机械加工企业，一年的购买量也不过几吨或几十吨。对于大客户，宜于直接联系，直接供应，在价格、信用等方面给予更多优惠；而对众多的小客户，则宜于使产品进入商业渠道，由批发商或零售商去组织供应。

3. 地理位置

地理位置除了包括国界、地区、气候、地形、交通运输等因素之外，生产力布局、自然环境、资源等也是重要的细分变量。用户所处的地理位置不同，其需求有很大的不同。按用户地理位置细分市场，有助于企业将目标市场选择在用户集中地区，有利于提高销售量，节省推销费用，节约运输成本。

三、市场细分模式

市场细分的方法有多种，我们除了可以采用常用的统计学知识或生活方式等因素对市场进行细分外，还可以利用消费者偏好来细分市场。由于消费者需求的不同，他们的消费偏好往往存在差异。如果向顾客询问对某一产品的两种以上属性（比如手机的外观和性能）有什么要求，由此就会出现三种不同的偏好模式，如图6-1所示。

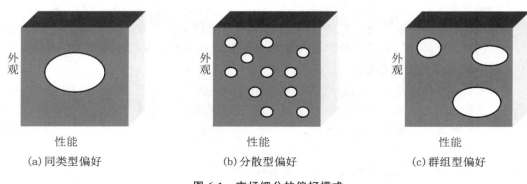

图6-1　市场细分的偏好模式

（一）同质型偏好

在一种极端情况下，市场上所有消费者对手机的两种属性的要求比较集中和一致，偏好大致相同。该市场表示无"自然分市场"，至少对这两种属性而言是如此，而且市场上现存的品牌属性相近，产品定位一般都在偏好的中心。在这种情况下，企业必须同时重视外观和性能两种属性。

（二）分散型偏好

在另一个极端，购买者的偏好可能在空间内平均分散，而无任何集中现象。有的看重外观，有的看重性能，且程度不一样。消费者对手机的外观和性能两种属性各有程度不同的喜爱和要求。面对这种模式，企业可以推出一种兼顾两种属性的产品，也可以侧重于某一属性的偏好，即将产品的属性定位于某些角落，以吸引那些对属性位于中心的品牌不满的购买者群。但企业无论采取哪一种方式，都难以最大限度满足所有消费者的需求。

（三）群组型偏好

市场上不同偏好的购买者会形成一些集群。譬如，有的购买者偏重于外观，有的购买者偏重于性能，各自形成几个集群，称为"自然分市场"。进入市场的第一个企业有三种选择：

（1）定位于期望吸引所有群组的中心（无差别市场营销）；

（2）定位于最大的分市场（集中市场营销）；

（3）同时发展几个品牌，每个品牌分别定位于不同的分市场（差别市场营销），很显然，如果只发展一种品牌，将难以满足所有消费者的需求。

第二节　目标市场选择

在对整体市场进行有效细分后，企业必须评价各种细分市场和确定为哪些细分市场服务。目标市场，又称目标消费者群，是指企业营销活动所要满足的市场需求，即企业的服务对象。为了取得较好的营销效果，任何企业都必须选择目标市场。因为企业受到自身资源的限制，无法提供市场内所有消费者需要的商品或服务。为了提高企业的经营效率，企业的营销活动就必须集中在一定的范围内，充分发挥企业自身资源优势。

一、评估目标市场

公司在评估各种不同的细分市场、寻找高利润率的目标市场时，必须考虑三个方面的因素，即目标市场的吸引力、市场竞争的结构、企业的战略目标和资源能力。

（一）目标市场的吸引力

市场规模越大，提供给企业运作的空间也越大，越容易形成规模经济，降低生产和营销成本，企业获得利润的可能性也越大；市场成长性越好，提供给企业未来发展和获利的空间也越大。企业可以利用一些历史和现实的销售数据，利用统计分析工具或计算机数据挖掘工具，大致判断出细分市场的规模和成长性。

（二）市场竞争的结构

市场长期盈利能力与市场竞争结构密切相关，所以，企业在选择目标市场时需要结合市场竞争结构来分析。市场中现有竞争者数量的多少，直接决定了市场竞争的激烈程度和盈利潜力，也决定了该市场吸引力的大小。如果企业选择的是一个进入壁垒和退出壁垒都很低的市场，那么其对于竞争对手的吸引力必然是很高的。企业必须做好准备迎接现存的以及潜在的竞争对手的挑战。

（三）企业的战略目标和资源能力

以市场规模和成长性以及市场竞争结构作为选择目标市场的标准时，还必须考虑企业自身的战略目标和资源能力的限制。一个企业的发展目标决定了企业的资源投入方向，如果该市场与企业发展目标相悖，进入该市场将分散企业的资源，进而会影响到企业长远目标的实现；即使该市场与企业发展目标相符，但如果企业不具备获得市场竞争优势所必需的资源的能力，也不得不放弃该市场。

二、选择目标市场

通过分析和评估，企业已对细分市场的潜力、竞争结构及本企业的资源能力有了系统了解。在此基础上，可以着手目标市场的选择。企业可以采取的目标市场模式有五种，如图 6-2 所示。其中，M 代表市场，P 代表产品。

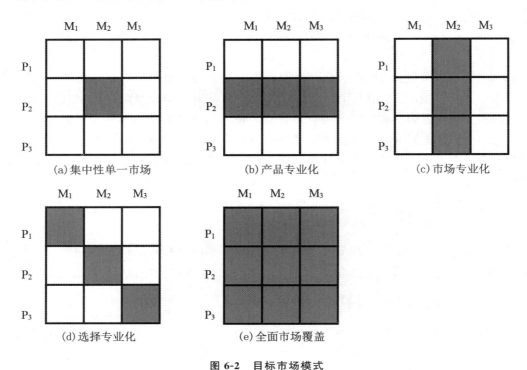

图 6-2　目标市场模式

（一）集中性单一市场

在集中性单一市场模式下，企业的目标市场无论是从市场还是从产品角度，都是集中于一个细分市场，只生产某一种产品。这种模式意味着企业只生产和经营一种标准化产品，只供应某一顾客群。例如，一些地方性品牌往往选择在一个较小的区域内，以更贴近当地消费者的产品或服务展开竞争。采用该方式可能基于下述原因：资源有限，只能覆盖一个细分市场；细分市场尚无竞争对手；该细分市场是未来扩展市场最合逻辑的突破口。具有专业化生产技能但受限于资金实力的小企业采用这种策略，往往可以取得良好的市场业绩。但这种产品市场集中化模式，存在消费者偏好发生改变所导致的市场风险，为此企业需要在适当的时机进军其他市场。

（二）产品专业化

企业专门生产一类产品供应不同的顾客市场，这种目标市场模式就是产品专业化模式。例如，某仪器制造企业只生产供大学、政府科研机构和企业实验室使用的各种型号和规模的显微镜，不生产其他仪器。产品专业化模式有利于企业创造专业化生产和研发的优势。

（三）市场专业化

企业选择某一类市场为目标市场，并为这一市场生产开发性能有所区别的同类产品，这种目标市场模式就是市场专业化模式。例如，一家电冰箱厂选择大中型旅游饭店为目标市场，根据其需要生产100升、300升、500升等几种不同容器的电冰箱，以满足这些饭店不同部门（如客房、食堂、冷饮部等）的需要。这种市场专业化模式可以帮助企业树立良好的专业化声誉，多产品经营在一定程度上也分散了市场风险，但对企业的生产能力、经营能力、资金实力提出了更高要求。

（四）选择专业化

在选择专业化模式下，企业有选择地进入几个不同的细分市场，为不同的顾客群提供不同性能的同类产品。选择性专业化模式的最大优点在于能够分散市场风险，但选择的细分市场之间可能缺乏内在的逻辑联系，属于非相关的多元化发展，很难获得规模经济，而且对于单个市场的规模要求比较高，还要求企业具备很强的市场运作能力。

（五）全面市场覆盖

在全面市场覆盖模式下，企业决定全方位进入各个细分市场，分别为这些市场提供不同的产品。只有实力雄厚的大企业才能采取这种市场覆盖模式。例如，可口可乐公司在饮料市场，宝洁公司在全球家庭洗涤用品市场，通用汽车公司在全球汽车市场，都采用了全面覆盖模式。

小案例6-1

巴黎欧莱雅完善品牌矩阵，全面覆盖目标客户

欧莱雅集团的业务部门划分为大众化妆品部、高档化妆品部、专业美发产品部和活性健康化妆品部，全面覆盖具备不同消费能力的消费者。其中，中高端产品品牌主要包括"兰蔻""赫莲娜""科颜氏""YSL""碧欧泉""修丽可"等，例如，修丽可主打舒敏抗衰，定价位于1 000～1 500元，定位于高端功效护肤人群；羽西被欧莱雅收购后，主打中端市场，定位于专为亚洲肌肤研制的专研护肤品牌；卡尼尔、小护士主打大众护肤品市场，实现了对人群基数大的学生市场和年轻白领市场的全面覆盖。

资料来源：市场分析室，2022年8月。

三、目标市场战略

（一）三种基本的目标市场战略

企业在市场细分的基础上，根据主客观条件选择合适的目标市场为其服务。企业选择目标市场一般可采用三种不同的目标市场战略，即无差异化战略、差异化战略和集中化战略，如表 6-1 所示。

表 6-1　三种基本的目标市场战略

目标市场战略	内涵	营销组合
无差异化战略	将整体市场作为目标市场，推出单一的标准化产品	只设计一种营销组合
差异化战略	选择几个细分市场作为目标市场，满足不同需求，推出差别化产品	为不同的细分市场设计不同的市场营销方案
集中化战略	将一个细分市场或一个细分市场再细分后作为目标市场，提供专业化的生产和销售	单一的营销组合或多样化的营销组合

1. 无差异化战略

无差异化战略，也称无差异性市场营销战略，是指企业不进行市场细分，以整体市场作为自己的目标市场，以单一的产品和单一营销战略满足整个市场的共同需求。采用此种战略时，企业忽略了需求的差异，认为所有消费者对某一产品都有共同的需要，因而希望凭借大众化的分销渠道、大量的广告媒体以及相同的主题，在大多数消费者心目中建立产品形象。这种战略一般适用于产品具有广泛需求、可以大批量生产的情况，在这种情况下，市场是同质的，如果企业具有广泛的分销渠道以及大规模单一生产线，可以采取这种战略。采取无差异化战略的优点是：可以降低生产、存货和运输成本，节约大量的调研、开发、广告等费用。但是这种市场战略也存在许多缺点，即这种战略对于大多数产品是不适用的。因为市场处于一个动态变化的不断发展的过程，所以一种产品长期被所有消费者接受是极少的，而且当几家同类大企业同时采用这一战略时，就会造成激烈的市场竞争。

2. 差异化战略

以市场细分为基础，选取其中几个细分市场作为目标市场，针对不同目标市场的特点，分别为这些目标市场设计不同的产品和营销组合，以满足各个细分市场的差异化需求，就是差异化战略。如宝洁公司洗衣粉类产品有强力去污的"碧浪"、去污很强的"汰渍"、物美价廉的"熊猫"，洗发用品有潮流一族的"海飞丝"、优雅的"潘婷"、新一代的"飘柔"、品位代表的"沙宣"等。

采用差异化战略的优点是小批量、多品种，生产机动灵活，针对性强，能满足不同消费者的需求，特别是能繁荣市场。但是，这种战略的实施，要求企业将其资源按照不同的营销组合的需要进行配置，由于品种多，销售渠道和方式、广告宣传的多样，产品改进成本、生产制造成本、管理成本、存货成本、营销成本就会大大增加,等于将企业资源分散了,这对于资源本来就十分有限的中小企业来说,是最为不利的。因此,差异化战略并非任何企业都可以采用,只有资源十分雄厚的大型、特大型企业可以采用,中小型企业无力问鼎。

3. 集中化战略

集中化战略,又称密集型营销战略,是指企业在市场细分的基础上,选择一个或几个相似的细分市场作为目标市场,集中企业资源开展营销活动。采用这种市场战略的企业,力求能在一个或几个分市场上占有较大的份额。企业应集中优势力量,对选定的细分市场采取攻势营销战略,以取得在该市场上的优势地位。

集中化战略由于能够在较小的市场上切实满足一部分消费者的独特需求,形成经营特色和产品信誉,在市场上获得局部优势,因而能够在较小的市场上取得较大的成功。采用集中化战略也有一定的风险性,因为所选的目标市场比较狭窄,一旦细分市场发生突然变化,消费者的偏好发生转移,或出现新的更具生命力的替代产品,或出现强有力的竞争对手,这时企业如果不能随机应变,就会陷入困境,甚至会导致在竞争中失败。

小案例6-2

三胖蛋瓜子

三胖蛋瓜子成立于2010年,集中于罐装瓜子产品市场,是该细分市场的开创者与推广者,也是餐饮巨头"西贝莜面村""海底捞"的独家供应商,"罗辑思维""西贝甄选""来伊份""7-11""顺丰优选"的指定合作伙伴。其母公司三瑞种业拥有多项世界领先的葵花种子研发专利。三胖蛋瓜子打造中国原味瓜子第一品牌,一斤瓜子最高售价达100元,其品牌口号是"瓜子就是大,跟谁比都不怕"。三胖蛋瓜子在原味瓜子领域精耕细作,消费者复购率高达50%以上。

资料来源:小马宋战略咨询案例。

(二)选择目标市场战略的主要依据

企业在最终决定采用何种目标市场战略之前,应全面考虑以下因素。

1. 企业资源能力

资源能力主要指企业的人力、财力、物力、生产能力、技术能力和销售能力等。

企业需要根据自身资源能力，选择合适的目标市场战略。当企业的资源能力很强时，就可采用无差异化战略和差异化战略。若实力不足，最好采用集中化战略。

2. 产品特性

对于一些类似性很强的产品以及不同工厂或地区生产的在品种、质量方面相差较小的同类产品，宜采用无差异化战略。而另外一些产品，如照相机、服装等，消费者的要求差别很大，宜采用差异化战略或集中化战略。

3. 市场需求特点

如果一个市场中的消费者有类似的需求偏好，对营销组合有大体一致的反应，宜采用无差异化战略。否则，宜采用差异化战略或集中化战略。

4. 产品生命周期

一般来说，企业的新产品在导入期和成长期时，可采用无差异化战略，以探测市场与潜在顾客的需求，也有利于节约市场开发费用。当产品进入成熟期或衰退期时，则应采取差异化战略，以开拓新的市场；或采取集中化战略，以维持和延长产品生命周期。

5. 竞争者的市场战略

市场竞争是一个相互博弈和制衡的过程。在市场竞争激烈的情况下，企业采取哪种市场战略，往往视竞争者所采取的战略而定。如果竞争者实力较强并实施无差异化战略，那么，本企业宜采取差异化战略和集中化战略与其抗衡；如果竞争对手采取差异化战略，企业则应进一步细分市场，采取更为细致的差异化战略或者集中化战略，才能展开有效的竞争。

第三节　市场定位

企业在目标市场确定后，还要在目标市场上给本企业产品做出具体的市场定位决策，让本企业的产品在目标消费者的心中代表一种独特的观念和形象。市场细分和目标市场抉择是寻找"靶子"，而定位就是将"箭"射向"靶子"。

一、市场定位的概念与方式

（一）市场定位的概念

6-2　"定位"理论的三次进化

定位是适应市场竞争的加剧而产生的营销观念。1972 年，美国的两位广告经理艾·里斯和杰克·特劳特在《广告时代》上发表了题为"定位时代"的系列文章之后，"定位"一词开始广为流传。菲利普·科特勒认为，所谓市场定位就是对公司的产品进行设计，从而使其能在目标顾客心目中占有一个独特的、有价值的位置的行动。市场定位的实质是使本企业与其他企业严格区分开来，并使顾客明显感觉和认知这种差别。市场定位是为了影响顾客心理，增强企业产品在消费者心目中的印象，提高产品的竞争力，扩大产品销售，增加企业的经济效益。

在理解市场定位的实质时应把握以下几点。

1. 定位的目的

定位的目的在于"攻心"，即在消费者心中确立位置，而不是在某个空间定个位置。定位的实质就是在消费者心理方面下功夫，是打"攻心战"，让消费者从内心里认同和接受本企业的产品。

2. 定位的前提

定位的前提就是要周密地进行调查研究，一是调查理解消费者对某类产品各种属性的重视程度；二是调查竞争对手的目前市场位置，以便"知己知彼"。

3. 定位的手段

定位的手段就是制造差异，主要是制造与竞争对手的差异。制造区别于竞争对手的差异是有效定位的基本手段。没有这种差异，消费者心目中的印象就会模糊不清，就不利于企业取得竞争优势。

（二）市场定位的方式

1. 根据竞争定位

一方面，企业可以通过将自己同市场声望较高的某一同行企业进行比较，借助竞争者的知名度来实现自己的市场定位。例如，苏州在旅游市场上将自己定位于"东方威尼斯"，就是典型的利用竞争者定位的形式，这种做法对于企业而言也有其借鉴意义。另一方面，企业可以将产品定位于与竞争者直接有关的不同属性或利益，主要突出企业自身的优势，如技术可靠程度高、售后服务方便快捷以及其他顾客欢迎的因素等，从而在竞争市场中突出自己的形象。例如，某企业将其牛奶产品定位为不含防腐剂和抗生素，间接地暗示了其他牛奶企业可能在牛奶中添加防腐剂和抗生素，从而突出了自己的竞争优势。

2. 根据产品属性和利益定位

产品本身的属性以及由此而获得的利益能使消费者体会到它的定位。如大众汽车的"豪华气派"，丰田汽车的"经济可靠"，沃尔沃汽车的"耐用"；某冰箱在同容积冰箱中耗电最省，给顾客提供"省电"的利益。如果企业产品的一种或几种属性是竞争者所没有或有所欠缺的，同时又可以为消费者带来利益，这时采用按产品属性和利益定位的策略，往往容易收到良好效果。

3. 根据产品的用途定位

企业可以根据产品使用场合及用途定位。如"金嗓子喉宝"专门用来保护嗓子，"丹参滴丸"专门用来防治心脏疾病。另外，为老产品找到一种新用途，是为该产品创造新的市场定位的好方法。例如杜邦的尼龙最初在军事上用于制作降落伞，后来许多新的用途——作为袜子、衬衫、地毯、汽车轮胎、椅套的原料等等，一个接一个地被发现。又如网络的研究也开始于军事领域，随后广泛应用于通信、日常生活、汽车工业等。

4. 根据产品价格和质量定位

对于那些消费者对价格和质量都很关心的产品，选择两者作为市场定位的因素是突出企业形象的好方法。企业可以采用"质优价高"定位和"质优低价"定位。当企业产品价格高于同类产品时，企业总是强调其产品的高质量和物有所值，说服顾客支付溢价来购买其产品。例如海尔集团的家电产品很少卷入价格战，一直维持其在同类产品中的较高价格，但其销售一直稳定增长，就体现了其产品"优质高价"的定位。

5. 根据产品的价值定位

企业常根据产品为消费者带来的品位和价值来选择目标市场。产品的价值定位实际上是在满足人们表现身份和地位的要求，其实并不完全是产品本身能给人们带来什么具体的利益，而是产品所给人的一种心理感受，是一种品位和个性的体现。例如，鳄鱼服装在国外塑造的是一个40岁左右的成功男士形象，因此，穿鳄鱼服装，代表着一种成熟、稳重与成功，是一种追求品位和体现身份的表现，这里鳄鱼服装的定位就是以价值为导向的。

小案例6-3

妙可蓝多奶酪棒的市场定位

过去中国人很少吃奶酪。奶酪单吃口感咸腻且价格较高，更适合作为西餐食材使用，在国内的应用场景并不多，相关产品做了很多年都不温不火。

妙可蓝多奶酪棒作为国内奶酪榜代表品牌，其定位准确，产品覆盖即食营养系列、家庭奶酪系列及餐饮工业系列，包括几十款营养美味的奶酪产品。其中妙可蓝多奶酪棒、妙可蓝多马苏里拉奶酪已成为明星爆款产品，深受广大消费者喜爱。妙可蓝多公司2021年在奶酪零售端的市场占有率已超过百吉福，成为中国奶酪行业第一品牌，其产品找到了精准营销的定位——从接受能力更强的儿童消费者入手，通过糖、塑性剂、香精等来改善口味，满足消费者（儿童）的口味需求；通过"浓缩牛奶"的定位，满足消费决策者（家长）的营养需求。

资料来源：平安证券，2022年6月。

6. 根据情感心理定位

企业以市场细分为前提针对某个子市场、某些特定消费者进行促销，使这些消费者认为企业的产品是特地为他们生产而且适合他们使用，从而满足他们的心理需要，促使他们对企业产生信任感。也就是说，这是一种运用产品直接或间接地冲击消费者的感情体验而进行的定位。例如，普通手表是用来看时间的，但是如果戴一个情侣表感觉就不一样了，消费者不是为了看钟点，而是为了表达一种情感心理。

7. 多重定位方式

这是将市场定位在几个层次上，或者依据多重因素对产品进行定位，让消费者感觉到产品有很多特征、多重效能。例如，"两面针"中草药药物牙膏宣称其兼具洁齿和治病多重功效。市场定位体现的企业和产品形象，都必须是多维度、多侧面的立体，但这种方式应该避免因描述的特征过多而冲淡企业及产品的形象。

6-3 "非"定位经典案例

二、市场定位步骤

（一）识别企业的潜在竞争优势

所谓竞争优势，就是企业在市场竞争过程中相对于竞争者所表现出来的优势，具备竞争优势的产品或服务自然会受到消费者欢迎。这一步骤的中心任务是要回答以下三个问题：一是竞争对手产品定位如何？二是目标市场上顾客欲望满足程度如何以及还需要什么？三是针对竞争者的市场定位和潜在顾客真正需要的利益，企业应该及能够做什么？要回答这三个问题，企业市场营销人员必须通过一切调研手段，系统地设计、搜索、分析并报告有关上述问题的资料和研究结果。

（二）选择恰当的竞争优势

选择竞争优势实际上就是一个企业与竞争者各方面实力相比较的过程。比较的指标应是一个完整的体系，这样才能准确地选择相对竞争优势。通常的方法是分析、比较企业与竞争者在经营管理、技术开发、采购、生产、市场营销、财务和产品等方面究竟哪些是强项，哪些是弱项。借此选出最适合本企业的优势项目，以初步确定企业在目标市场上所处的位置。企业可以只推出一种产品差异，即单一差异定位。例如宝洁公司的"舒肤佳"香皂始终宣传其杀菌功能——促进全家健康。

（三）规划及落实竞争优势

选定目标市场和选择恰当的竞争优势之后，这些竞争优势不会自动在市场上得到充分的体现，企业营销人员必须制定相应的营销战略，确保传达给市场的产品定位信息都可以在目标消费群体的心目中创造预期的认知。例如通过广告传达企业的核心优势和战略地位，同时，各项促销活动及产品的销售渠道也应传递相应的信息。

6-4 丰田的品牌定位体系

三、市场定位策略

市场定位的实质是竞争定位,因此企业可以采用三种基本定位策略来应对竞争,即直接对抗定位策略、避强定位策略、重新定位策略。这三种定位均需要通过差异化手段来实现。

(一)直接对抗定位策略

直接对抗定位策略是指该企业根据自身的实力,为占据较佳的市场位置,不惜与市场上占支配地位的、实力最强或较强的竞争者发生正面竞争,从而使自己的产品进入与对手相同的市场位置。在这种策略下,企业通过与最强大竞争对手的直接较量提高自己的竞争力,赢得消费者认同。如百事可乐与可口可乐间的竞争,就是直接对抗定位的例子。

(二)避强定位策略

避强定位策略是指企业力图避免与实力最强或较强的其他企业直接发生竞争,将自己的产品定位于另一市场区域内,使自己的产品在某些特征或属性方面与最强或较强的对手有显著的差别。避强定位策略可称之为"空档定位",即寻找为许多消费者所重视,但尚未被开发的市场空间。例如,七喜面对可口可乐宣称"我不是可乐,我可能比可乐更好",以突出自己不含咖啡因的特点。

(三)重新定位策略

重新定位又称二次定位或再定位,是指企业变动产品特色以改变目标顾客群对其原有的印象,使目标顾客群对其产品新形象有一个重新的认识过程。企业实施某种定位方案一段时间之后,有可能会发现效果并不理想,或者没有足够的资源实施这一方案,此时,应对该产品重新进行定位。

6-5 揭秘中国最贵的四大战略定位咨询公司

企业在产品定位过程中应避免犯以下错误,否则都会影响企业在顾客心目中的形象。

(1)定位过低,使顾客不能真正认识到企业的独到之处;

(2)定位过高,也使顾客不能正确了解企业;

(3)定位混乱,这与企业推出的主题过多或产品定位变化太频繁有关;

(4)定位怀疑,顾客很难相信企业在产品特色、价格或制造商方面的有关宣传,对定位真实性产生怀疑。

本章小结

市场细分、目标市场选择与定位是市场营销策略的核心内容之一。2022年中央经济工作会议指出，要把恢复和扩大消费摆在优先位置，增强消费能力，改善消费条件，创新消费场景。消费市场的高质量发展有赖于科学的市场细分与定位。因此，本章通过"从三个层面拆解东方甄选的定位"案例说明了定位战略在实际企业营销活动中的应用，并对市场细分的标准，目标市场选择模式，市场定位方法、步骤与策略等内容做了全面的说明。

习 题

一、单选题

1. 在春节、中秋节、情人节等节日即将来临的时候，许多商家都大做广告，以促销自己的产品，他们对市场进行细分的方法是（   ）。
   A. 地理细分   B. 人口细分
   C. 心理细分   D. 行为细分

2. 采用（   ）模式的企业应具有较强的资源和营销实力。
   A. 市场集中化   B. 市场专业化
   C. 产品专业化   D. 市场全面覆盖

3. 下列不属于市场细分有效标志的是（   ）。
   A. 可衡量性   B. 可进入性
   C. 可盈利性   D. 可持续性

4. 对于同质产品或需求上共性较大的产品，一般宜实行（   ）。
   A. 无差异市场营销   B. 差异市场营销
   C. 集中市场营销   D. 大量市场营销

5. 某服装制造商为"时髦妇女""家庭妇女""有男子气的妇女"等分别设计和生产妇女服装。其细分市场的依据是（   ）。
   A. 受教育水平   B. 性别
   C. 消费者所追求的利益   D. 生活方式

6. 企业针对潜在顾客的心理进行营销设计，创立产品、品牌或企业在目标顾客心目中的某种形象或个性特征的做法属于（   ）。
   A. 市场细分   B. 市场定位
   C. 市场选择   D. 市场拓展

7. 市场细分的目的在于（   ）。
   A. 满足不同的需求   B. 确定目标市场
   C. 扩大产品的销路   D. 增加利润

8. 市场细分的客观依据首先是（　　）。
   A. 产品的差异性　　　　　　　　B. 价格的差异性
   C. 市场的趋同性　　　　　　　　D. 需求的差异性
9. 以下哪种商品定位采取了多重定位的方式？（　　）
   A. 飘柔洗发水强调柔顺和去屑两种功效　　B. 王老吉凉茶宣传预防上火的定位
   C. 两面针牙膏定位于预防牙龈出血的功能　　D. 沃尔沃汽车强调安全的产品定位
10. 市场定位是（　　）在细分市场的位置。
    A. 塑造一家企业　　　　　　　　B. 塑造一种产品
    C. 确定目标市场　　　　　　　　D. 分析竞争对手

二、多选题

1. 企业开展目标市场营销的主要步骤有（　　）。
   A. 市场细分　　　　　　　　　　B. 市场选择
   C. 市场定位　　　　　　　　　　D. 市场营销组合
   E. 大市场营销
2. 企业在选择目标市场战略时需考虑的主要因素有（　　）。
   A. 企业资源　　　　　　　　　　B. 产品同质性
   C. 市场同质性　　　　　　　　　D. 产品生命周期
   E. 竞争对手的战略
3. 市场定位的主要方式有（　　）。
   A. 产品特色定位　　　　　　　　B. 顾客利益定位
   C. 使用者定位　　　　　　　　　D. 使用场合定位
   E. 竞争定位
4. 在出现下列哪些情况时需考虑重新定位？（　　）
   A. 竞争者定位于企业产品附近，使本企业品牌的市场占有率下降
   B. 消费者偏好发生变化，被竞争对手夺去消费者
   C. 虽然被竞争对手夺去一部分消费者，但本企业市场占有率未变
   D. 虽出现竞争对手，但本企业市场占有率未变
   E. 虽出现竞争对手，但本企业市场占有率提高
5. 按消费者对某产品的使用率，可以将消费者划分为（　　）。
   A. 少量使用者　　　　　　　　　B. 非使用者
   C. 潜在使用者　　　　　　　　　D. 大量使用者
   E. 经常使用者

三、判断题

1. 市场细分是指反映产品的不同类型，以满足消费者群的需求。　　　　　　（　　）
2. 在当前的消费者市场中，大多数商品的市场属于同质市场。　　　　　　　（　　）
3. 企业可依据消费者购买动机来细分市场，还可以按消费者对产品的忠诚度来细分市场。　　　　　　　　　　　　　　　　　　　　　　　　　　　　　　（　　）

4. 市场定位只是企业对本身及产品的定位，与消费者的心理状态无关。（   ）
5. 每一种产品都需要一种定位策略。（   ）

四、简答题
1. 市场细分的主要变量有哪些？
2. 有效市场细分的主要标志是什么？
3. 市场细分和目标市场的关系是什么？
4. 企业选择目标市场的主要战略有哪些？
5. 市场定位的策略主要有哪些？

五、论述题
通过因特网收集资料，通过对不同年龄层次女性消费者的调查，分析这些消费者对护肤品的需求，并将她们进行市场细分。

六、案例分析

"小而美"的小红书

小红书App是年轻人的一种生活方式平台。在这里能发现真实、向上、多元的世界，找到新潮的生活方式，认识有趣的明星、创作者；在这里能发现海量美妆穿搭教程、旅游攻略、美食健身日常，还有更多生活方式。

小红书成立于2013年，以海外购物分享社区起家。在这个阶段，小红书重内容、轻达人，通过高质量的购物攻略分享，积累了第一批高黏性、具有境外购物需求的国内女性用户。

2014年，小红书发现只做内容而屏蔽一切商业信息，并不利于提升用户体验。因为小红书的内容性质是做购物分享，用户自然会激发出购物的需求，没有购物渠道的小红书无法释放用户的消费欲望。针对这个问题，小红书推出了电商板块"福利社"，解决了用户的跨境购买难题。小红书的主要定位为女性用户。其女性用户群体庞大，经过市场细分，小红书的核心用户为活跃在北上广深等一线城市的、具有良好消费能力的女性用户。小红书的产品定位于消费和分享，初期是以买手社群的形态存在，后期形成了专有的平台商城，最后进化成了社区型跨境电商。

在2015年和2016年两年的时间里，小红书开始引入第三方平台和品牌，丰富产品品类和SKU（stock keeping unit，即最小存货单位），在电商板块发力，使得小红书的用户群体开始扩大，福利社更是在半年内就拿下了2万亿元的销售额。

从2017年开始，小红书大力邀请明星入驻，并重金赞助爆款综艺。不得不说，小红书走出了正确的一步。这一步为小红书带来海量用户的同时，也把它推向了资本眼前。数据显示，小红书在2017年末的月活跃数量为2 022万，到2019年末这个数字已经涨到了8 236万。小红书在最开始就积累了大批核心粉丝，即种子用户。而且这些种子用户均是海外买手类和网红类用户，自带吸粉属性。这也是小红书的核心竞争优势，有了流量，小红书的商城闭环链就获得了足够支撑。同时，小红书在"记录生活"时，内容产生频繁，对于普通用户极具吸引力，普通用户的模仿参与和再度创作，也提升了小红书的用户活跃度。

2020年，小红书月活跃数量过亿，总用户量超3亿。这一年，小红书一直在为商业化做准备，同时正式上线创作者中心和品牌合作平台。小红书成为一个充满活力的内容电商平台。

2021年，小红书正式开启商业化进程。这一年，小红书完成了6轮融资，正式成为估值200亿元的独角兽。此后，小红书在2022年踏上了新征程。用户分享构建的社区氛围以及通过兴趣形成的强关系垂直社群使小红书和其他的社区平台区分开来，一枝独秀。小而美的小红书收获了年轻女性用户的青睐，而且用户黏性很高。数据充分证明了"种草"在新时代下对购物决策的影响，与传统电商平台的内容种草相比，小红书的种草转化需要的周期更长，但是长尾效应更好。在这样的背景下，小红书频频整治社区内容，就不足为奇了。而互联网巨头想要打破小红书构筑多年的护城河，也没有那么容易。

资料来源：小红书官网/电商报。

思考：
1. 试分析小红书市场细分的标准是什么？它是怎么进行市场细分的？
2. 试分析小红书的目标市场是什么？它按照何种模式来选择目标市场？
3. 试分析小红书的产品定位是什么？它采用了何种定位方法？

第七章 Chapter 7

产品策略

主要知识结构图

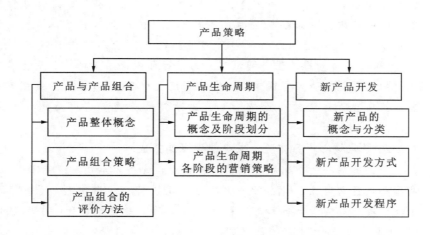

教学目标

- 帮助学生了解产品组合策略及产品不同生命周期阶段的营销策略。
- 帮助学生理解产品整体概念、新产品概念及产品生命周期概念。
- 帮助学生掌握产品组合的评价方法及新产品开发程序与策略,使学生具备识别营销机会、开展新产品开发及推广等营销管理决策的专业技能。
- 教育引导学生紧密结合中国企业营销管理的优秀理论及实践成果,帮助学生树立正确的人生观与价值观。

开篇案例

中街1946网红雪糕的用户思维

即便你没吃过中街1946,也可能在朋友圈见过,它被称为"网红雪糕"。中街1946仅用了一年半的时间,就刷新了多个纪录:4分钟卖出10万支雪糕,登上了天猫"双11"行业爆款清单宝座,成为天猫第一冰品,销售额快速突破1亿元……目前中街1946拥有近50家线下直营店,从上海、沈阳到杭州、深圳,中街1946正在创造冰品行业神话。

这支神奇的雪糕用了哪些"用户思维"新玩法,来连接消费者?

1. 品质体验第一关,抓住用户的痛点并彻底满足

"新鲜"是中街1946从始至终的品牌理念,这是该企业的核心竞争力,也是行业的痛点。在原材料上,一是把控原材料的品质,二是把控整个前端工艺链的品质。比如需要在牛乳里混入大量的巴旦木颗粒,他们的做法就是先把市面上所有的巴旦木种类全部找齐,选出较满意的种类进行"货比三家",再去考核前端的工艺链,对它的生产环境、烘焙环境、卫生条件等进行严格的考核把控。只有这样,一支保质期仅有60~90天的新鲜牛乳冰激凌才能保持住它所有食材真正最原始、最新鲜的味道。这也是消费者入口的第一关。

2. 聚焦核心产品体验,减少消费者选择成本

中国的很多大型冰激凌生产老牌企业,大多采取产品"群狼战术",竞品有哪些、什么口味、什么产品火,就会跟进什么。以伊利、蒙牛为代表,每个冰激凌产业的大公司都有上百个SKU,多口味侵蚀市场。中街1946目前的SKU不超过15种,目的是立足核心产品,减少消费者决策成本,也可以在口味上打动核心人群。

3. 营造消费场景体验,增加消费者好感

中街1946与晓风书屋进行了一次跨界合作,在杭州嘉里中心开出全国第一家"雪糕书店"。这家只送书不卖书的雪糕店一面世,就成了商场里的关注焦点,这就是增加了场景化,提升了用户的消费体验。雪糕消费满150元可在B区任意挑选书籍一本,满225元可在A区任意挑选书籍一本。店内文艺复古元素随处可见:铁链、皮箱、唱片机、煤油灯……不同时代的记忆和谐地交织在一起。用户场景和用户群体是吻合的,追求高品质雪糕产品的顾客大多也是文艺青年和精英群体,他们的消费能力、生活品质决定了两者的重合性。

4. 最快送达,强化最后一公里用户体验

冰激凌发货的时效一般不应超过48小时,而"双11"时期是众所周知的物流高峰时期，容易拥堵。此前，团队花了4个月时间，设计出无缝高密度泡沫箱，配上2千克干冰。但这还不够，他们与快递公司沟通，早早地将快递卡车停到仓库。"双11"当晚，中街1946安排的工作人员就已经出现在打包发货现场，"双11"深夜转钟1点，第一批载着雪糕的物流车不用到转运中心，而是直达各城市网点，"贴了单就拉走"。当天上午9点，不少消费者就收到了包裹，用户体验有保证。

中街1946雪糕遵循让用户"舒服"的原则，从品质出发，包装、传播、消费场景、服务等都能不夸张、不夸大、不将就，通过精益求精、不断创新，更人性化地服务好用户、打动用户，不断地迭代升级，强化体验的壁垒。

资料来源：刘雷，"网红产品的用户思维实践"，销售与市场网。

第一节 产品与产品组合

一、产品整体概念

人们通常理解的产品是指具有某种特定物质形状和用途的物品，是看得见、摸得着的东西。这是一种狭义的定义。而市场营销学认为，广义的产品是指人们通过购买而获得的能够满足某种需求和欲望的物品的总和，它既包括具有物质形态的产品实体，又包括非物质形态的利益，这就是"产品的整体概念"。

产品整体概念包含核心产品、形式产品、附加产品和心理产品四个层次，如图7-1所示。

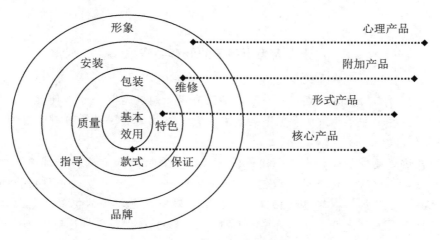

图7-1 整体产品示意图

（一）核心产品

核心产品也称实质产品，是指消费者购买某种产品时所追求的利益，是顾客真正要买的东西，因而在产品整体概念中也是最基本、最主要的部分。消费者购买某种产品，并不是为了占有或获得产品本身，而是为了获得能满足某种需要的效用或利益。因此，企业在开发产品、宣传产品时应明确产品能提供的利益，这样产品才具有吸引力。

（二）形式产品

形式产品是核心产品借以实现的形式，即向市场提供的实体和服务的形象。如果形式产品是实体物品，则它在市场上通常表现为产品质量水平、外观特色、式样、品牌名称和包装等。产品的基本效用必须通过某些具体的形式才得以实现。市场营销者应首先着眼于顾客购买产品时所追求的利益，以求更完美地满足顾客需要，从这一点出发再去寻求利益得以实现的形式，进行产品设计。

（三）附加产品

附加产品是顾客购买有形产品时所获得的全部附加服务和利益，包括提供信贷、免费送货、保证、安装、售后服务等。由于产品的消费是一个连续的过程，既需要售前宣传产品，又需要售后持久、稳定地发挥效用，因此，服务是不能少的。

（四）心理产品

心理产品指产品的品牌和形象提供给顾客的心理上的满足。产品的消费往往是生理消费和心理消费相结合的过程，随着人们生活水平的提高，人们对产品的品牌和形象看得越来越重，因而它也是产品整体概念的重要组成部分。

❓小思考

让大人为小孩子的好奇心买单

有人说，买奇趣蛋完全是奔着收集玩具去的，巧克力一般不会吃，也有人说"奇趣蛋的玩具一点都不精致，甚至有点粗制滥造"……即便如此，"过甜的巧克力＋并不精致的玩具"组合在一起，却实现了一年在全球卖出35亿个的销售成绩。

健达奇趣蛋不仅打出"一次性满足三个愿望：美味＋玩具＋惊喜"的产品卖点，小小的玩具里居然还包含了说明书，让小孩子可以动手拼装出完整的玩具。麻雀虽小，却也五脏俱全。在家长眼中，奇趣蛋的惊喜在于每次都能变出不同的玩具哄小孩，简单的DIY（do-it-yourself，即自己动手）过程对孩子开发思维有帮助，而10元左右的价格也显得亲民，几乎是最具性价比的哄小孩工具。更何况奇趣蛋推出了"男孩版"和"女孩版",瞄准不同消费者的偏好。

也许奇趣蛋的产品并不是最好的,但因为出色的定位让其在食物和玩具的交界处找到了自己的生存空间,让小孩子着迷,让家长为其买单,至今还稳稳扎根在市场上。

想一想:健达奇趣蛋整体产品的层次如何?

二、产品组合策略

(一)产品组合及其相关概念

产品组合是指企业生产经营的各种不同类型产品之间质的组合和量的比例。产品组合由全部产品线和产品项目构成。产品线是指产品在技术上和结构上密切相关,具有相同使用功能,规格不同而满足同类需求的一组产品。如施乐公司的产品线包括复印机、传真机、投影仪、电子白板、电话交换机、大型工种复印及缩影、多功能超速复印机等。产品项目是指产品线内不同品种、规格、质量和价格的特定产品。很多企业都拥有众多的产品项目,如雅芳化妆品公司有1 300个以上的产品项目,通用电器公司则有25万个产品项目。

产品组合通常用宽度、长度、深度和关联度来衡量。产品组合的宽度指企业拥有的不同产品线的数目;产品组合的长度指每条产品线内不同规格的产品项目的数量;产品组合的深度是指产品线上平均拥有的产品项目数。产品组合的关联度则是指企业各条产品线在最终用途、生产条件、分配渠道或其他方面的密切相关程度。

产品组合的宽度越大,说明企业的产品线越多;反之,宽度窄,则产品线少。同样,产品组合的深度越大,企业产品的规格、品种就越多;反之,深度浅,则产品就越少。产品组合的深度越浅,宽度越窄,则产品组合的关联度越大;反之,则关联度小。

产品组合的宽度、长度、深度和关联度对企业的营销活动会产生重大影响。一般而言,增加产品组合的宽度,即增加产品线和扩大经营范围,可以使企业获得新的发展机会,更充分地利用企业的各种资源,也可以分散企业的投资风险;增加产品组合的长度和深度,会使各产品线具有更多规格、型号和花色的产品,更好地满足消费者的不同需要与爱好,增强行业竞争力;增加产品组合的关联度,则可发挥企业在其擅长领域的资源优势,避免进入不熟悉行业可能带来的经营风险。因此,产品组合决策就是企业根据市场需求、竞争形势和企业自身能力对产品组合的宽度、长度、深度和关联度方面做出的决策。

小案例7-1

欧莱雅集团全球品牌组合

欧莱雅集团是世界著名的化妆品生产厂商，创立于1907年，业务范围涉及化妆品、染发用具、护肤品、防晒用品、彩妆、淡香水和香水、皮肤病研究、制药、高档消费品。欧莱雅集团的品牌组合按照四大事业部进行划分和管理，包括专业美发产品部、大众化妆品部、高档化妆品部和活性健康化妆品部。每个事业部拥有不同的品牌组合及产品组合。

（二）产品线策略

在规划产品线策略时，主要有三种方法：产品线延伸、产品繁殖和产品改良。通过产品线策略的制定，可以达到渗透市场、争夺市场和稳固既有市场地位的目标。

1. 产品线延伸策略

大多数公司在刚开始运营时，都是先打造少量的产品线，在一部分市场销售。当市场行情不错、有更多的机会时，公司就跨越原有范围，开始追加产品线于其他细分市场，这就是在进行产品线延伸的工作。产品线延伸有两种方式：单向延伸和双向延伸，如图7-2所示。

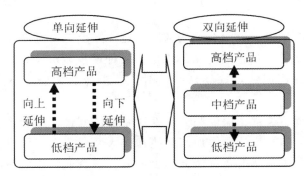

图7-2　产品线延伸策略

1) 单向延伸

单向延伸可以分为两种形态：向下延伸和向上延伸。向下延伸是在高档产品线中增加低档产品项目。实行这一决策需要具备以下市场条件之一：利用高档名牌产品的声誉，吸引购买力水平较低的顾客慕名购买此产品线中的廉价产品；高档产品销售增长缓慢，企业的资源设备没有得到充分利用，为赢得更多的顾客，将产品线向下伸展；企业最初进入高档产品市场的目的是建立厂牌信誉，然后再进入中、低档市场,以扩大市场占有率,提高销售增长率;补充企业的产品线空白。虽然新的低档产品项目可能会蚕食掉部分较高档产品项目的市场份额,但某些公司的重大成功之处就是及时填补市场上低档产品的空隙。例如,麦当劳在推出20元、30元、40元的早餐套餐之后,又成功推出了6元、10元的早餐套餐,既维持了既有的良好形象,同时也消除了一些客户关于麦当劳太贵的抱怨,从而促成更多的顾客光临。当然,实行向下延伸策略也有一定的风险。如处理不慎,会影响企业原有产品特别是名牌产品的市场形象,而且也有可能激发更激烈的竞争对抗。

向上延伸是在原有的产品线内增加高档产品项目。实行这一策略的主要条件是:高档产品市场具有较大的潜在成长率和较高的利润率;企业的技术设备和营销能力已具备加入高档产品市场的条件;企业要重新进行产品线定位。采用这一策略也要承担一定的风险,因为要改变产品在顾客心目中的地位是相当困难的,如果处理不慎,还会影响原有产品的市场声誉。

2)双向延伸

双向延伸是将产品线朝上、下两个方向伸展,以赢得更多的顾客群。前面提到的向下延伸与向上延伸需要注意的问题,企业在实施双向延伸策略时都必须事先考虑。

2. 产品繁殖策略

产品繁殖策略是指市场挑战者可以尾随市场领先者畅销的产品,相继推出不同形式、规格、包装、口味的近似产品,互相争夺市场。日本厂商都精于运用此种策略,卡西欧和夏普几乎每年都推出一系列不同样式和功能的计算机,村田和东芝在小型传真机上样式繁多,好自在公司生产日用标准型、日用标准长型、超薄型、夜用型及夜用特长型卫生棉。

7-1 产品线延伸完整示例

每一项产品只有具备足够数量的消费群才能在市场上存在,才能对企业的利润有所贡献。有些企业为了实现产品组合的完整性,尽量增加产品的种类与品质档次,这样做虽然能达成产品多样性的策略目的,但是要注意,过多的产品会给消费者带来选择上的困难,同时也会增加企业的报表填写和库存管理费用。

3. 产品改良策略

产品改良策略也称为"产品再推出策略",即将产品的某一部分进行显著变革,以便吸引新顾客、维持老顾客的营销策略。产品改良的最好办法就是对产品整体概念的不同层次进行调整。具体包括以下几个方面。

1)品质改良

品质改良是指提高产品的耐久性、可靠性、安全性等,如洗衣机制造商把普通洗衣机改为漂洗、甩干多功能的自动、半自动洗衣机等。

2)特性改良

特性改良是指增加产品新的特性(如大小、重量、材料、附加物等),以此扩大产品的多方面适用性,提高其安全性,使之更方便使用。例如,某机械厂给手扶割草机加装动力装置，使割草机加快了割草速度；而后又进行操作方面的改进，使之便于操作；后来有的制造商又在工程技术上设计出更具安全特性的产品；最后一些制造商又为该机器增加了具有转化作用的特性，使割草机又可作扫雪机。这种特性改良策略花费少、收益大，能为企业树立进步和领先的企业形象，但是易被模仿，故只有率先革新才能获利。

3）式样改良

式样改良是基于美学欣赏观念而进行款式、外观及形态的改良，形成新规格、新花色的产品，从而刺激消费者，引起新的需求。如电子表制造商将电子表机芯装在项链上变为项链电子表，装在圆珠笔上变为电子表圆珠笔等，这样使电子表销售一直处于成熟期。

4）附加产品改良

附加产品改良是向消费者提供良好服务、优惠条件、技术咨询、质量保证、消费指导等。

微阅读

长虹草莓台开启快手企业号

长虹草莓台依托长虹快益点在生活电器安装、维护、使用、服务上的专业储备，以及遍布全国的售后服务点，向粉丝传递生活电器全生命周期知识，提高粉丝的生活幸福感，并在全国范围内为用户提供高质量的售前、售中及售后服务。2020年6月底，长虹草莓台在快手开启账号，通过创新账号运营模式，经过5个月的运营，已达到在快手全网覆盖售前、售中、售后全周期服务生活家电垂类的账号目标，在每周两更的较低更新频率下，单个视频平均播放量超过2万，单条平均点赞数大于600；快益点家电清洗服务带货首次超过1 000件，直播在线人数近7万人；与四川东原物业实现"好物常新"跨界直播，做家电与物业换新知识分享；客服服务剧情短视频《当客服遇到需要讲英文》播放量近50万，点赞量超过8 000。

资料来源：eNet&Ciweek/缥缈，"2020中国数字营销案例"，硅谷动力。

三、产品组合的评价方法

产品组合策略是企业根据生产经营能力和市场环境做出的决策，即在风险情况下，考虑到利润水平和其他条件的限制，企业从多种可能的产品中选择出能使企业获利最大的部分产品进行重点投入。由于市场需求和竞争形势的变化，产品组合中的每个项目，必然会随着市场环境变化有所变化，有的快速增长，也有一些趋于衰弱。为此企业需要经常分析产品项目的发展潜力或趋势，来确定企业资源的投入方向。确定不同产品的投资策略和企业最优产品组合，可以采用三维产品组合分析法。

三维产品组合分析法以销售增长率、市场占有率和盈利率作为三维坐标，每个指标分为高、低两个层次，以此为基础进行产品组合分析。三维坐标加上高、低两个层次共得到八种不同情况的产品组合，每一种产品组合的基本投资策略都有所不同。这个八区域的产品组合，为企业进行产品经营增值决策提供了依据，如图7-3所示。

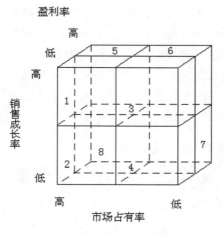

图7-3　三维产品组合分析

在图7-3中，第五区域属于最佳产品，三项指标均高，企业应该大力发展；第一、三、六区域属于前途产品，企业可进行稳定的资源投入，以充分发挥资源的效用；第二、八区域属于维持产品，应视市场需求予以改进或维持生产；第七区域属于冒险产品，企业可努力投资，冒一定风险后可能发展成为最有前途的产品；第四区域属于淘汰产品。如果企业的大多数产品项目均处于1、2、3、4号位置上，再加一定量的5号位产品，就是最佳的产品组合。企业所能要求的最佳产品组合，是在市场环境和企业资源可以预测到的变动范围内，始终使企业获得最大利润或者接近于最大利润的产品组合。它是一个动态的优化问题，只能通过不断开发新产品和剥离衰退产品来实现。

由此可见，资源集中应该以最佳产品组合为导向，在最佳产品组合的范围内优化配置各类资源，充分发挥资源的最大效用，达到最佳产品组合的动态平衡，通过资源集中效应来打造企业可持续发展的竞争优势。

第二节 产品生命周期

一、产品生命周期的概念及阶段划分

（一）产品生命周期的概念

产品生命周期理论由美国哈佛大学教授雷蒙德·弗农于1966年在其《产品周期中的国际投资与国际贸易》一文中首次提出。产品生命周期是指产品的市场寿命，即一种新产品从开始进入市场到被市场淘汰的整个过程。一种产品进入市场后，产品的销售量和利润都会随时间推移而改变，呈现一个由少到多、由多到少的过程，就如同人的生命一样，由诞生、成长到成熟，最终走向衰亡。这就是产品的生命周期现象。产品只有经过研究开发、试销，然后进入市场，它的市场生命周期才算开始。产品退出市场，则标志着生命周期的结束。

（二）产品生命周期的阶段划分

典型的产品生命周期一般可以分成四个阶段，即导入期（或进入期）、成长期、成熟期和衰退期，如图7-4所示。

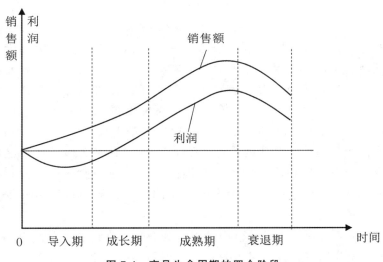

图7-4 产品生命周期的四个阶段

产品生命周期曲线呈现出如下特点：在产品开发期，该产品销售额为零，公司投资不断增加；在引进期，销售缓慢，初期通常利润偏低或为负数；在成长期，销售快速增长，利润也显著增加；在成熟期，利润在达到顶点后逐渐走下坡路；在衰退期，产品销售量显著衰退，利润也大幅度滑落。

1. 第一阶段：导入期（或进入期）

导入期（或进入期）指产品从设计投产直到投入市场进入测试阶段。新产品投入市场，便进入了介绍期。此时产品品种少，顾客对产品还不了解，除少数追求新奇的顾客外，几乎无人实际购买该产品。生产者为了扩大销路，不得不投入大量的促销费用，对产品进行宣传推广。该阶段由于生产技术方面的限制，产品生产批量小，制造成本高，广告费用大，产品销售价格偏高，销售量极为有限，企业通常不能获利，反而可能亏损。

2. 第二阶段：成长期

当产品进入导入期，销售取得成功之后，便来到了成长期。成长期是指产品通过试销，效果良好，购买者逐渐接受该产品，产品在市场上站住脚并且打开了销路。这是需求增长阶段，需求量和销售额迅速上升，生产成本大幅度下降，利润迅速增长。与此同时，竞争者看到有利可图，将纷纷进入市场参与竞争，使同类产品供给量增加，价格随之下降，企业利润增长速度逐步减慢，最后达到生命周期内的最高点。

3. 第三阶段：成熟期

成熟期指产品步入大批量生产并稳定地进入市场销售。经过成长期之后，随着购买产品的人数增多，市场需求趋于饱和。此时，产品普及并日趋标准化，成本低而产量大，销售增长速度缓慢直至转而下降。由于竞争的加剧，同类产品生产企业之间不得不在产品质量、花色、规格、包装服务等方面加大投入，在一定程度上增加了成本。

4. 第四阶段：衰退期

衰退期是指产品进入了淘汰阶段。随着科技的发展以及消费习惯的改变等原因，产品的销售量和利润持续下降，产品在市场上已经老化，不能适应市场需求，市场上已经有其他性能更好、价格更低的新产品，足以满足消费者的需求。此时成本较高的企业就会由于无利可图而陆续停止生产，该类产品的生命周期也就陆续结束，以至最后完全撤出市场。

产品生命周期是一个很重要的概念，它和企业制定产品策略以及营销策略有着直接的联系。管理者要想使他的产品有一个较长的销售周期，以便赚取足够的利润来补偿在推出该产品时所做出的一切努力和经受的一切风险，就必须认真研究和运用产品生命周期理论。此外，产品生命周期也是营销人员用来描述产品和市场运作方法的有力工具。

二、产品生命周期各阶段的营销策略

（一）导入期的营销策略

商品的导入期，一般是指新产品试制成功到进入市场试销的阶段。在商品导入期，一方面，由于消费者对商品十分陌生，企业必须通过各种促销手段把商品引入市场，力争提高商品的市场知名度；另一方面，导入期的生产成本和销售成本相对较高，企业在给新产品定价时不得不考虑这个因素。所以，在导入期，企业营销的重点主要集中在促销和价格方面。一般有四种可供选择的市场策略。

1. 高价快速策略

高价快速策略的形式是：采取高价格的同时，配合大量的宣传推销活动，把新产品推入市场。其目的在于先声夺人，抢先占领市场，并希望在竞争还没有大量出现之前就能收回成本，获得利润。适合采用这种策略的市场环境为：必须有很大的潜在市场需求量；这种商品的品质特别高，功效又比较特殊，很少有其他商品可以替代；消费者一旦了解这种商品，常常愿意出高价购买；企业面临着潜在的竞争对手，想快速地建立良好的品牌形象。

2. 选择渗透策略

选择渗透策略的特点是：在采用高价格的同时，只用很少的促销努力。高价格的目的在于能够及时收回投资，获取利润；低促销的方法可以减少销售成本。这种策略主要适用于以下情况：商品的市场比较固定、明确；大部分潜在的消费者已经熟悉该产品，他们愿意出高价购买；商品的生产和经营必须有相当的难度和要求，普通企业无法参加竞争，或由于其他原因，潜在的竞争并不迫切。

3. 低价快速策略

低价快速策略的方法是：在采用低价格的同时做出巨大的促销努力。其特点是可以使商品迅速进入市场，有效地限制竞争对手的出现，为企业带来巨大的市场占有率。该策略的适应性很广泛。适合该策略的市场环境是：商品有很大的市场容量，企业可望在大量销售的同时逐步降低成本；消费者对这种产品不太了解，对价格又十分敏感；潜在的竞争比较激烈。

4. 缓慢渗透策略

缓慢渗透策略的方法是：在新产品进入市场时采取低价格，同时不做大的促销努力。低价格有助于市场快速地接受商品；低促销又能使企业减少费用开支，降低成本，以弥补低价格造成的低利润或亏损。适合这种策略的市场环境是：商品的市场容量大；消费者对商品有所了解，同时对价格又十分敏感；当前存在某种程度的竞争。

（二）成长期的营销策略

商品的成长期是指新产品试销取得成功以后，转入成批生产和扩大市场销售额的阶段。在商品进入成长期以后，有越来越多的消费者开始接受并使用，企业的销售额直线上升，利润增加。在此情况下，竞争对手也会纷至沓来，威胁企业的市场地位。因此，在成长期，企业的营销重点应该放在保持并且扩大自己的市场份额、加速销售额的上升方面。另外，企业还必须注意成长速度的变化，一旦发现成长的速度由递增变为递减时，必须适时调整策略。这一阶段可以使用的具体策略有以下几种。

（1）积极筹措和集中必要的人力、物力和财力，进行基本建设或者技术改造，以利于迅速增加或者扩大生产批量。

（2）改进商品的质量，增加商品的新特色，在商标、包装、款式、规格和定价方面做出改进。

（3）进一步开展市场细分，积极开拓新的市场，创造新的用户，以利于扩大销售。

（4）努力疏通并增加新的流通渠道，扩大产品的销售面。

（5）改变企业的促销重点。例如，在广告宣传上，从介绍产品转为树立形象，以利于进一步提高企业产品在社会上的声誉。

（6）充分利用价格手段。在成长期，虽然市场需求量较大，但在适当时企业可以降低价格，以增加竞争力。当然，降价可能暂时减少企业的利润，但是随着市场份额的扩大，长期利润还可望增加。

（三）成熟期的营销策略

商品的成熟期是指商品进入大批量生产而在市场上处于竞争最激烈的阶段。通常这一阶段比前两个阶段持续的时间更长，大多数商品均处在该阶段，因此管理层在大多数时候是在处理成熟产品的问题。

在成熟期，有的弱势产品应该放弃，以节省费用开发新产品；同时，也要注意到原来的产品可能还有其发展潜力，有的产品就是由于开发了新用途或者新的功能而重新进入新的生命周期。因此，企业不应该忽略或者仅仅是消极地防卫产品的衰退。一种优越的攻击往往是最佳的防卫。企业应该系统地考虑市场、产品及营销组合的修正策略。

小案例7-2

2020年百事盖念店传播战役

在百事盖念店4.0的时代，百事品牌就如何面对Gen-Z一代，在坚持传递潮流文化的品牌理念下，挖掘更符合当下年轻人的洞察。

第一，融合地域特色，打造文化爆品。"百事文房四宝"，"百事京韵火锅"，"百事对弈象棋"，"百事甲骨文地毯"，"百事乾坤折扇"……一系列融合赛博科技视觉风的文化单品引爆年轻潮流圈。

第二，深入兴趣圈层，跨界潮流赋能。以跨界赋能品牌破圈力，将文化热爱精神渗透到各个领域。例如，联手大疆教育，一同呈现其RoboMaster机甲大师等系列赛事，为科技注入文化温度；联合Kappa、自然堂、Feng Chen Wang ArtsProject，推出一系列跨界潮品，继续为消费者展现共创新生的魅力。

第三，重拾文化初心，保护传统文化。百事携手环保潮流品牌——抱朴再生（BOTTLOOP），将废弃饮料瓶安全再生作为潮流单品，鼓励年轻人践行可持续生活方式，守护自然循环；携手中国妇女发展基金会"妈妈制造"项目，继续保护非遗文化，焕活非遗生命力，激发新生代热爱。

第四，网媒体曝光，构建文化圈层。杨洋、周冬雨加盟百事盖念店，演绎穿越赛博朋克潮流大片，引爆全网流量。王嘉尔在"social 平台"助力，为百事盖念店爆款商品"打 call"。陈飞宇、赵露思、明日之子学员等纷纷接力，联动全网流量，构建传播生态。

层层对接引爆，最终实现了 2020 百事盖念店传播战役的胜利。

资料来源：eNet&Ciweek/缥缈，"2020 中国数字营销案例"，硅谷动力。

1. 市场修正策略

市场修正策略即通过努力开发新的市场，来保持和扩大自己的商品市场份额。包括：

（1）通过努力寻找市场中未被开发的部分，例如，使非使用者转变为使用者；

（2）通过宣传推广，促使顾客更频繁地使用或每一次使用更多的量，以增加现有顾客的购买量；

（3）通过市场细分，例如地理、人口、用途的细分，努力打入新的市场区划；

（4）赢得竞争者的顾客。

2. 产品改良策略

企业可以通过产品特征的改良，来提高销售量。例如：

（1）品质改良，即增加产品的功能性效果，如耐用性、可靠性、速度及口味等；

（2）特性改良，即增加产品的新的特性，如规格大小、重量、材料质量、添加物以及附属品等；

（3）式样改良，即增加产品美感上的需求。

3. 营销组合调整策略

营销组合调整策略即企业通过调整营销组合中的某一因素或者多个因素，以刺激销售。例如：

（1）通过降低售价来加强竞争力；

（2）改变广告方式以引起消费者的兴趣；

（3）采用多种促销方式如大型展销、附赠礼品等；

（4）扩展销售渠道，改进服务方式或者货款结算方式等。

（四）衰退期的营销战略

衰退期是指商品逐渐老化，转入商品更新换代的时期。当商品进入衰退期时，企业不能简单地"一弃了之"，也不应该恋恋不舍，一味维持原有的生产和销售规模。企业必须研究商品在市场的真实地位，然后决定是继续经营下去，还是放弃经营。

7-2 民族企业鸿星尔克，灾情捐款 5 000 万一夜爆火，是营销还是真慈善？

1. 维持策略

维持策略即企业在目标市场、价格、销售渠道、促销等方面维持现状。由于这一阶段很多企业会先行退出市场,因此,对一些有条件的企业来说,并不一定会减少销售量和利润。使用这一策略的企业可配以延长商品寿命的策略。企业延长产品寿命周期的途径是多方面的,最主要的有以下几种:

(1) 通过价值分析,降低产品成本,以利于进一步降低产品价格;
(2) 通过科学研究,增加产品功能,开辟新的用途;
(3) 加强市场调查研究,开拓新的市场,创造新的内容;
(4) 改进产品设计,以提高产品性能、质量、包装、外观等,从而使产品寿命周期不断实现再循环。

2. 缩减策略

缩减策略即企业仍然留在原来的目标上继续经营,但是根据市场变动的情况和行业退出障碍水平在规模上做出适当的收缩。如果把所有的营销力量集中到一个或者少数几个细分市场上,以加强这几个细分市场的营销力量,也可以大幅度地降低市场营销的费用,增加当前的利润。

3. 撤退策略

撤退策略即企业决定放弃经营某种商品以撤出该目标市场。在撤出目标市场时,企业应该主动考虑以下几个问题:

(1) 将进入哪一个新区划,经营哪一种新产品,可以利用以前的哪些资源;
(2) 品牌及生产设备等残余资源如何转让或者出卖;
(3) 保留多少零件存货和服务以便在今后为过去的顾客服务。

第三节 新产品开发

一、新产品的概念与分类

市场营销学中所说的新产品可以从市场和企业两个角度来认识。对市场而言,第一次出现的产品是新产品;对企业而言,第一次生产销售的产品也是新产品。所以市场营销学中所讲的新产品同科学技术发展意义上的新产品是不相同的。市场营销学上新产品的概念指:凡是消费者认为是新的、能从中获得新的满足的、可以接受的产品都属于新产品。

新产品从不同角度或按照不同的标准有多种分类方法。常见的分类方法有以下几种。

(一) 从市场角度和技术角度分类

从市场角度和技术角度,可将新产品分为市场型新产品和技术型新产品两类。

1. 市场型新产品

市场型新产品是指产品实体的主体和本质没有什么变化，只改变了色泽、形状、设计装潢等的产品，不需要使用新的技术。其中也包括因营销手段和要求的变化而引起消费者"新"的感觉的流行产品，如某种酒瓶由圆形改为方形或其他形状，它们刚出现时也被认为是市场型的新产品。

2. 技术型新产品

技术型新产品是指由于科学技术的进步和工程技术的突破而产生的新产品。不论是功能还是质量，它与原有的类似功能的产品相比都有了较大的变化。如不断翻新的手机或电视机，都属于技术型的新产品。

（二）按新产品新颖程度分类

按新产品新颖程度，可将新产品分为全新新产品、换代新产品、改进新产品、仿制新产品和新牌子产品。

1. 全新新产品

全新新产品指采用新原理、新材料及新技术制造出来的前所未有的产品。全新新产品是应用科学技术新成果的产物，它往往代表科学技术发展史上的一个新突破。它的出现，从研制到大批量生产，往往需要耗费大量的人力、物力和财力，这不是一般企业所能胜任的。因此它是企业在竞争中取胜的有力武器。

2. 换代新产品

换代新产品指在原有产品的基础上采用新材料、新工艺制造出的适应新用途、满足新需求的产品。它的开发难度较全新新产品小，是企业进行新产品开发的重要形式。

3. 改进新产品

改进新产品指在材料、构造、性能和包装等某一个方面或几个方面，对市场上现有产品进行改进，以提高质量或实现多样化，满足不同消费者需求的产品。它的开发难度不大，也是企业产品发展经常采用的形式。

4. 仿制新产品

仿制新产品指对市场上已有的新产品在局部进行改进和创新，但保持基本原理和结构不变而仿制出来的产品。落后国家对先进国家已经投入市场的产品的仿制，有利于填补国家生产空白，提高企业的技术水平。在生产仿制新产品时，一定要注意知识产权的保护问题。

5. 新牌子产品

新牌子产品指在对产品实体微调的基础上改换产品的品牌和包装，带给消费者新的消费利益，使消费者得到新的满足的产品。

二、新产品开发方式

新产品的开发方式包括独立研制开发、技术引进、研制与技术引进相结合、协作研究、合同式新产品开发和购买专利等等。

（一）独立研制开发

独立研制开发，指企业依靠自己的科研力量开发新产品。它包括三种具体的形式：第一，从基础理论研究开始，经过应用研究和开发研究，最终开发出新产品，一般只有技术力量和资金雄厚的企业采用这种方式；第二，利用已有的基础理论，进行应用研究和开发研究，开发出新产品；第三，利用现有的基础理论和应用理论的成果进行开发研究，开发出新产品。

（二）技术引进

技术引进，指企业通过购买别人的先进技术和研究成果，开发自己的新产品，既可以从国外引进技术，也可以从国内其他地区引进技术。这种方式不仅能节约研制费用，避免研制风险，而且还节约了研制的时间，保证了新产品在技术上的先进性。因此，这种方式被许多开发力量不强的企业所采用。但这种方式难以在市场上形成绝对的优势，也难以拥有较高的市场占有率。

（三）研制与技术引进相结合

研制与技术引进相结合，指企业在开发新产品时既利用自己的科研力量研制又引进先进的技术，并通过对引进技术的消化吸收，与本企业的技术相结合，创造出本企业的新产品。这种方式使研制促进引进技术的消化吸收，使引进技术为研制提供条件，从而可以加快新产品的开发。

（四）协作研究

协作研究，指企业与企业、企业与科研单位、企业与高等院校之间协作开发新产品。这种方式有利于充分使用社会的科研力量，发挥各方面的长处，把科技成果迅速转化为生产力。

（五）合同式新产品开发

合同式新产品开发，指企业雇用社会上的独立研究的人员或新产品开发机构，为企业开发新产品。

（六）购买专利

购买专利，指企业通过向有关研究部门、开发企业或社会上其他机构购买某种新产品的专利权来开发新产品。这种方式可以大大节约新产品开发的时间。

三、新产品开发程序

开发新产品的程序因企业的性质、产品的复杂程度、技术要求及企业的研究与开发能力的差别而有所不同。一般说来要经历产生构思、筛选构思、概念发展与测试、初拟营销计划、商业分析、产品开发、市场试销和正式上市八个阶段。

(一)产生构思

新产品构思,是指新产品的设想或新产品的创意。企业要开发新产品,就必须重视寻找创造性的构思。构思的来源很多,主要有以下六个方面。

1. 顾客

生产产品是为了满足消费者的需求,因此顾客的需求是新产品构思的重要来源。了解消费者对现有产品的意见和建议,掌握消费者对新产品的期望,便于产生构思的灵感。

2. 企业职工

企业职工最了解产品的基本性能,也最容易发现产品的不足之处,他们的改进建议往往是企业新产品构思的有效来源。

3. 竞争对手

分析竞争对手的产品特点,可以知道哪些方面是成功的,哪些方面是不成功的,从而对其进行改进。

4. 科技人员

许多新产品都是科学技术发展的结果。科技人员的研究成果往往是新产品构思的一项重要来源。

5. 中间商

中间商直接与顾客打交道,最了解顾客的需求。收集中间商的意见是构思形成的有效途径。

6. 其他来源

可作为新产品构思来源的其他渠道还比较多,如大学、科研单位、专利机构、市场研究公司、广告公司、咨询公司、新闻媒体等。

小案例7-3

华为"每一刻都是伟大时刻"WATCH3奥运表盘

在2021年夏奥会比赛日的时间段里,大多数人都是在上班,不能随时随地收看奥运会比赛直播。新意互动公司基于此产出一个想法(idea):利用手表本身代表时间的特性,提醒大家时刻都可以关注奥运会,关注中国健儿的表现。表盘的设计结合夺金点,在中国奥运代表团夺得金牌的时刻,第一时间推出,向大家宣告,中国又获得了一块金牌!奥运健儿的伟大时刻,也是每个人的伟大时刻。每一刻,都是伟大时刻!

官方所有表盘视频，均赶上奥运最火赛事，官方75%的微博内容成功贴紧当天赛事热搜，阅读量及视频播放量超过平时70%。抖音UGC（user generated content，即用户生成内容）爆款引发大量自然溢出，全平台表盘相关视频累计播放量超3亿。本次运动主题表盘总下载量突破15万；表盘视频播放量突破2亿；抖音全民UGC"#最紧张的一次看表#"参与人数突破1.4亿；"#冠军戴表团#"抖音挑战赛获得6.6亿次播放，参与人数突破13.9万。抖音超品日累计实现GMV（gross merchandise volume，即商品交易总额）5 945万元，直播登上全站榜Top2、带货榜Top1，超长时间持续在榜。

资料来源：互联网周刊。

（二）筛选构思

这一阶段是将前一阶段收集的大量构思进行评估，研究其可行性，尽可能地发现和放弃错误的或不切实际的构思，以较早避免资金的浪费。一般分两步对构思进行筛选。第一步是初步筛选，首先根据企业目标和资源条件评价市场机会的大小，从而淘汰那些市场机会小或企业无力实现的构思；第二步是仔细筛选，即对剩下的构思利用加权平均评分等方法进行评价，筛选后得到企业所能接受的产品构思。

（三）概念发展与测试

产品概念是指企业从消费者角度对产品构思所做的详尽描述。企业必须根据消费者对产品的要求，将形成的产品构思开发成产品概念。通常，一种产品构思可以转化为许多种产品概念。企业对每一种产品概念，都需要进行市场定位，分析它可能与现有的哪些产品产生竞争，以便从中挑选出最好的产品概念。

（四）初拟营销计划

产品概念确定后，企业就要拟订一个初步的市场营销计划，并在以后阶段不断发展完善。

（五）商业分析

它是指对新产品的销售额、成本和利润进行分析，如果能满足企业目标，那么该产品就可以进入产品的开发阶段。

（六）产品开发

新产品构思经过一系列可行性论证后，就可以把产品概念交给企业的研发部门进行研制，开发成实际的产品实体。产品开发包括设计、试制和功能测试等过程。这一过程是把产品构思转化为在技术上和商业上可行的产品，需要投入大量的资金。

（七）市场试销

新产品开发出来后，一般要选择一定的市场进行试销，注意收集产品本身、消费者及中间商的有关信息，以便有针对性地改进产品，调整市场营销组合，并及早判断新产品的成效。值得注意的是，并不是所有新产品都必须经过试销，通常是选择性大的新产品需要进行试销，选择性小的新产品不一定试销。

（八）正式上市

如果新产品的试销成功，企业就可以将新产品大批量投产，推向市场。要注意研究选择适当的投放时机和地区、市场销售渠道以及销售促进策略。

四、新产品开发策略

（一）进攻式开发策略

进攻式开发策略又称为抢占市场策略或先发制人策略。企业抢先开发新产品，投放市场，使企业的某种产品在激烈的市场竞争中处于领先地位。这样的企业认为第一个上市的产品才是正宗的产品，具有强烈的占据市场"第一"的意识。采用这种开发策略需要满足以下几个条件：企业具有较强的科技开发能力和雄厚的财力保障；开发出的新产品不易在短期内被竞争者模仿；企业决策者具有敢冒风险的精神。

（二）防御式开发策略

防御式开发策略又称为模仿式开发策略。它不是被动性防御，而是主动性防御，企业并不投资研制新产品，而是当市场出现成功的新产品后，立即进行仿制并适当改进，消除上市产品的最初缺陷而后来居上。采用这种开发策略的企业需要满足以下条件：具有高水平的技术情报专家，能迅速掌握其他企业的研究动态、动向和成果；具有高效率研制新产品的能力，能不失时机地快速解决别人没解决的消费者关心的问题。

（三）系列化开发策略

系列化开发策略又称为系列延伸策略。企业围绕产品上下左右前后进行全方位的延伸，开发出一系列类似的但又各不相同的产品，形成不同类型、不同规格、不同档次的产品系列。如电冰箱的使用能够延伸出对电冰箱断电保护器、冰箱去臭剂、保鲜膜、冰糕盒的需求等。企业针对消费者在使用某一产品时所产生的新的需求，推出特定的系列配套新产品，可以加深企业产品组合的深度，为企业新产品开发提供广阔的天地。

（四）差异化开发策略

差异化开发策略又称为产品创新策略。市场竞争的结果使市场上产品同质化现象非常严重，企业要想使产品在市场上受到消费者的青睐，就必须创造出与众不同的、有自己特色的产品，满足不同消费者的个性需求。这就要求企业必须进行市场调查，分析市场，追踪市场变化情况。

（五）超前式开发策略

超前式开发策略又称为潮流式开发策略。消费者受流行心理的影响，往往模仿电影、戏剧、体育、文艺等明星的流行生活特征，企业可以据此开发新产品。一般商品的生命周期可以分为导入期、成长期、成熟期和衰退期四个阶段。而消费流行周期和一般商品的生命周期极为相似，包括风格型产品生命周期、时尚型产品生命周期、热潮型产品生命周期等特殊类型。

（六）滞后式开发策略

滞后式开发策略也称为补缺式开发策略。消费需求具有不同的层次，一些大企业往往放弃盈利少、相对落后的产品，必然形成一定的市场空当。如国内洗涤用品市场几乎被几个"寡头企业"所瓜分，无论在城市还是在乡村，无论在发达地区还是在欠发达地区，均可以看到"寡头企业"的知名产品，似乎其他后来者已很难进入市场。实际情况却是，在各个地方尤其是在中西部农村，一些实力偏弱的小企业的中低档次的洗涤用品仍销得很好，它们在各大品牌产品的冲击下，仍能获得可观的市场份额。具有补缺市场需求能力，而技术、资金实力相对较弱的小企业可采用这种开发策略。

本章小结

产品策略，是指企业制定经营战略时，明确企业能提供什么样的产品和服务去满足消费者的需求，它是市场营销组合策略的基础。从一定意义上讲，企业成功发展的关键在于产品满足消费者需求的程度以及产品策略正确与否。党的二十大报告指出，建设现代化产业体系，坚持把发展经济的着力点放在实体经济上。实体经济是一国经济的立身之本，是社会生产力的直接体现，实体经济的主要载体是产品。本章通过"中街1946网红雪糕的用户思维"的案例说明了产品策略对于企业营销活动的重要性，阐述了产品整体、产品组合、产品生命周期、新产品等概念，并对产品组合策略、产品生命周期不同阶段的企业营销策略、新产品策略做了较全面的说明。

习 题

一、单选题

1. （　　）是顾客购买有形产品时所获得的全部附加服务和利益，包括提供信贷、免费送货、保证、安装、售后服务等。

A. 核心产品 B. 形式产品
C. 附加产品 D. 心理产品

2. 形式产品是指（   ）借以实现的形式或目标市场对某一需求的特定满足形式。

A. 期望产品 B. 延伸产品
C. 核心产品 D. 潜在产品

3. 产品组合由全部（   ）和产品项目构成。

A. 产品品类 B. 产品型号
C. 产品数量 D. 产品线

4. （   ）是指产品线内不同规格的产品项目的数量。

A. 产品组合的宽度 B. 产品组合的长度
C. 产品组合的深度 D. 产品组合的关联度

5. （   ）是在高档产品线中增加低档产品项目。

A. 产品线向下延伸 B. 产品线向上延伸
C. 产品线双向延伸 D. 产品线繁殖与改良

6. 美的洗衣机推出了一款专门为了给宝宝洗衣服，或将内外衣分开洗而节省能耗的迷你洗衣机，这属于产品（   ）策略。

A. 品质改良 B. 特性改良
C. 样式改良 D. 附加产品改良

7. （   ）是指产品通过试销、效果良好，购买者逐渐接受该产品，产品在市场上站住脚并且打开了销路。

A. 导入期 B. 成长期
C. 成熟期 D. 衰退期

8. 采取高价格的同时，配合大量的宣传推销活动，把新产品推入市场，这属于（   ）策略。

A. 高价快速 B. 选择渗透
C. 低价快速 D. 缓慢渗透

9. 导入期选择高价快速策略是针对目标顾客的（   ）。

A. 求名心理 B. 求实心理
C. 求新心理 D. 求美心理

10. 市场竞争的结果使市场上产品同质化现象非常严重，企业要想使产品在市场上受到消费者的青睐，需要采用（   ）策略。

A. 进攻式开发 B. 系列化开发
C. 超前式开发 D. 差异化开发

二、多选题

1. 整体产品包含（   ）。

A. 核心产品 B. 形式产品
C. 附加产品 D. 心理产品
E. 产品品牌

2. 产品生命周期可以分为（　　　）四个阶段。
A. 导入期　　　　　　　　　　B. 成长期
C. 成熟期　　　　　　　　　　D. 发展期
E. 衰退期
3. 从市场角度和技术角度，可将新产品分为（　　　）。
A. 市场型新产品　　　　　　　B. 技术型新产品
C. 改进型新产品　　　　　　　D. 仿制型新产品
E. 新牌子产品
4. 新产品的构思主要来源于（　　　）。
A. 消费者　　　　　　　　　　B. 员工
C. 竞争对手　　　　　　　　　D. 咨询公司
E. 中间商
5. 衰退期的营销策略主要包括（　　　）。
A. 产品改良策略　　　　　　　B. 营销组合调整策略
C. 维持策略　　　　　　　　　D. 缩减策略
E. 撤退策略

三、判断题

1. 狭义的产品是指人们通过购买而获得的能够满足某种需求和欲望的物品的总和。（　　）
2. 产品组合的宽度越大，说明企业的产品线越多；反之，宽度窄，则产品线少。（　　）
3. 向下延伸策略是在原有的产品线内增加高档产品项目。（　　）
4. 在产品组合的评价中，盈利率、销售成长率、市场占有率都高的产品，属于最佳产品，企业应该大力发展。（　　）
5. 随着购买产品的人数增多，市场需求趋于饱和，产品普及并日趋标准化，成本低而产量大，销售增长速度缓慢直至转而下降。这是产品的成熟期。（　　）

四、简答题

1. 整体产品包括哪几个层次？请举出生活中的具体事例，说明四个层次的产品。
2. 简述产品线延伸策略的目的。
3. 分析旅游类产品的生命周期。
4. 成长期的营销策略有哪些？请举例说明。
5. 简述新产品开发策略及特征。

五、论述题

目前，很多家电生产企业会将产品进行拆件销售或者配送，如消费者购买了一台扫地机器人，他拿到产品时，只有机体及基本配件，没有边刷、滚刷、抹布等可替换的配件，请用产品整体概念来论述家电企业这一销售方式是否合理？

六、案例分析

盲盒玩具的吸引力

1. 盲盒是什么

盲盒最初诞生于日本，最初名字叫 mini figures，流行于欧美后也开始被称作 blind box，是指在一个小的纸盒子里面装着不同样式的玩偶手办。之所以称之为盲盒，是因为盒子是不透明的，只有打开才会知道，用户抽到什么全凭运气。盲盒的单价不高，一般在 30～80 元。

7-3　盲盒经济：快乐消费还是市场炒作？（视频）

目前，闲鱼上的盲盒交易已经是一个千万级的市场。购买盲盒的主要是 90 后的白领，月收入多在 8 000 元以上。2019 年，闲鱼、天猫上有 30 万以上的消费者每年花费 2 万多元在盲盒上，甚至有人一年耗资上百万。有的热门盲盒，比如泡泡玛特原价 59 元的隐藏款潘神天使洛丽，被抬升至 2 400 元，涨了近 40 倍。

2. 盲盒为何令人着迷

盲盒充满不确定性的刺激感是吸引消费者的关键。有位用户说过："因为不知道下一个会抽到什么，所以很期待，抽了一个，就想着要不再抽一个看看能抽到什么，结果最后越抽越多。"

此外，收集属性也成为盲盒备受消费者喜爱的原因之一，比如泡泡玛特每个季度推出一个系列，包括 12 个娃娃，很多玩家会想法集齐每一款娃娃，然后珍藏起来。很多年轻人把这些玩偶当作情感的承载物，以此来缓解自己现实中的工作或学习压力。

3. 商家的套路

（1）利用消费者的收藏欲望，不断推出新品系列。收集是铭刻在人类基因里的天性，商家每个季度都推出新品系列，而一个系列又有十几个款式，每个款式中的人设动作、表情、服装都有细节变动，消费者很容易陷入不断购买的陷阱中，在不断购买、收集的过程中获得满足感。

（2）饥饿营销，推出数量极少的隐藏款、限量款。除了固定系列之外，商家还会不定期推出隐藏款、限量款，这些款式被抽中的概率极低，而消费者都想试试自己的运气，一旦抽中隐藏款，在闲鱼上的交易价就能上涨几十倍。

（3）签约知名设计师、热门 IP 进行跨界合作，借此招揽更多潜在消费者。Molly 盲盒与知名设计师 Kenny Wong 合作，每一季度推出一套新品，与文创界网红故宫共同推出了联名款，与知名设计师毕奇共同打造的 Pucky 精灵系列，都是上线即火的爆品。这样做不但提高了盲盒的设计质量，而且也成功吸引了艺术爱好者以及追星族的青睐。

（4）引导消费者到社交平台交易、炫耀及交流。由于限量款、隐藏款得来不易，消费者乐于在微博、B 站等社交平台分享炫耀，甚至进行交易，这样既对产品进行了免费的推广，无形中又壮大了消费群体。

盲盒其实只是一个娱乐化的消费品，是用工业制造的方式完成的，而且盲盒娃娃的生产量完全受到企业操控，并不具有天然收藏品的自然美感或艺术大师加工的价值提升，收藏的意义并不大，很多时候价格上涨只是炒作的结果。因此，对于盲盒的消费者而言，千万不要抱着赌徒心理幻想"一夜暴富"，而应该理性消费、量力而行，别让盲盒像炒鞋、炒币一样充满风险和投机，最终给自己造成不可挽回的损失。

资料来源：快咨询，2019 年 12 月 18 日。

思考：
1. 试分析盲盒玩具为什么会在市场上存在？它利用了消费者的何种消费心理？
2. 你如何看待盲盒经济？盲盒是怎么改变新零售市场的？
3. 你觉得盲盒是赌博或投机吗？试说明理由。

第八章
Chapter 8

价格策略

主要知识结构图

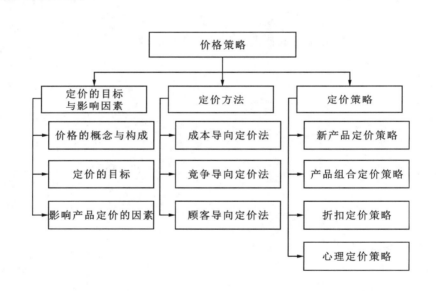

教学目标

- 帮助学生了解定价的目标以及影响定价的主要因素。
- 帮助学生掌握一般产品定价的三种方法，使学生具备产品定价的一般思维以及开展新产品定价决策的基本技能。
- 结合企业市场定价的优秀理论及实践成果，教育引导学生树立正确的市场营销价值观。

开篇案例

小天才电话手表：国际舞台中的民族之星

2022年，党的二十大胜利召开，报告中提出的创新驱动发展战略给予中国科技型企业更大的发展信心。让中国的品牌手表跳动中国"芯"、屹立于世界舞台是所有国产品牌手表的共同心愿，智能手表中的小天才用实力实现了中国愿景。据市场研究机构Counterpoint发布的数据，2021年全球智能手表市场份额前六名的品牌中有三家是中国品牌，分别是华为、imoo、Amazfit，总共占全球市场份额的18%。其中，imoo以5%的市场份额排名前四。这三家中国品牌中，华为对大家来说都很熟悉，Amazfit作为小米生态链公司华米旗下的品牌，也不算陌生，而imoo在国内还有一个更广为人知的名字：小天才电话手表。

从国内儿童手表市场的价格来看，小天才属于稳稳的第一梯队，这和小天才的一系列市场操作有很大关系。

1. 精准的市场定位是小天才获胜的关键

无论是imoo还是Amazfit，能在激烈的行业竞争中站稳脚跟，有着一条共同经验，那就是抓住细分市场，围绕自身品牌定位精耕细作。小天才的成功，首先源于其精准抓住了用户需求，填补了市场空白。

之所以选择电话手表这个定位，源于小天才"沟通是用户的核心需求"的认识。儿童手表产品最初来自家长对孩子的安全需求——家长怕丢孩子。但如果治安变好，这个需求难道就不存在了吗？所以小天才认为，市场需求的核心应该是沟通：父母与孩子的沟通，孩子与孩子的沟通。结合市场广告的助攻，小天才电话手表的市场定位深入人心，也刚好击中家长内心的需求痛点。

2. 独特的交友功能让小天才形成了天然的用户屏障

小天才打造了一个类似iOS的封闭系统，就像Android用户不能用iMessage和iOS通讯一样，只有小天才手表才能添加小天才手表为好友。由于小天才电话手表进入市场的时间较早，因此这一特定的功能更为它的市场形成了天然的用户屏障。

3. 技术引领市场需求

小天才第一款电话手表Y01，将"双向通话"功能作为产品最重要的卖点之一，父母可以设置"拒绝来电"，这样联系人之外的电话都将拒绝接听，屏蔽骚扰电话。可以说，该产品填补了当时的市场空白。由于重视儿童的沟通需求，Y01发布之后大受市场欢迎，让小天才电话手表迅速成为行业领头羊。

在 2015 年，小天才在研发投入上的事迹就被人民日报关注。据人民日报发表的一篇文章《以生活痛点作创新起点》的介绍，为了解决电话手表的电线内置问题，100 多位小天才研发人员历经半年多时间，投入逾亿元研究经费攻关，最后找到芬兰的顶尖团队，才得以解决。最终该产品申请了 114 项专利。依赖于不断进化的技术和产品创新，目前小天才在双向通话、防水、低压快充等方面的创新，都走在行业的前列。

资料来源：魏嘉宏，"2022 上半年智能手表 ZDC 报告"，中关村在线；"获人民日报表扬：小天才凭实力出圈，拿下全球儿童手表第一"，凤凰网。

第一节　定价的目标与影响因素

一、价格的概念与构成

（一）价格的概念

从狭义的角度来说，价格是对一种产品或服务的标价；从广义的角度来看，价格是消费者在交换中所获得的产品或服务的价值。在历史上，价格是通过买卖双方的协商来确定的。价格并非一个数字或一种术语，它可以用许多名目出现，大致可以分为商品的价格和服务的价格两大类。商品价格是各类有形产品和无形产品的价格，货物贸易中的商品价格称为价格；服务价格是各类有偿服务的收费，服务贸易中的商品价格称为费，如运输费或交通费、保险费、利息、学费、服务费、租金、特殊收费、薪金、佣金、工资等。

？小思考

同样的产品为什么价格会不同？

骄阳似火的海滩边，仅有一家冷饮店，一瓶冰可乐值多少钱？
如果你知道 50 米外的小超市可以便宜三分之一，你会怎么办？
如果你知道 1 公里外的大超市可以便宜二分之一，你会怎么办？

想一想：你认为消费者是如何衡量产品价格的？

（二）价格的构成

商品价格的形成要素及其组合，亦称价格组成。它反映商品在生产和流通过程中物质耗费的补偿以及新创造价值的分配，一般包括生产成本、流通费用、税金和利润四个部分。

价格＝生产成本＋流通费用＋税金＋利润

生产成本和流通费用构成商品生产和销售中所耗费用的总和，即成本。这是商品价格的最低界限，是商品生产经营活动得以正常进行的必要条件。生产成本是商品价格的主要组成部分。构成商品价格的生产成本，不是个别企业的成本，而是行业（部门）的平均成本，即社会成本。流通费用包括生产单位支出的销售费用和商业部门支出的商业费用。商品价格中的流通费用是以商品在正常经营条件下的平均费用为标准计算的。

税金和利润是构成商品价格中盈利的两个部分。税金是国家通过税法，按照一定标准，强制地向商品的生产经营者征收的预算缴款。按照税金是否计入商品价格，可以分为价内税和价外税。利润是商品价格减去生产成本、流通费用和税金后的余额。按照商品生产经营的流通环节，可以分为生产利润和商业利润。

不同类型的价格，其构成的要素及其组合状态也不完全相同。例如，工业品出厂价格是由产品的生产成本加利润、税金构成；工业品零售价格由工业品批发价格加零售企业的流通费用、利润、销售税金构成。这两种价格的各个要素所占的比重也略有不同，如工业品出厂价格中利润所占的比重一般要高于工业品零售价格中的利润比重。

8-1 "雪糕刺客"——刺中的不仅是消费者的钱包

二、定价的目标

世界著名价格学家和经济学家亚瑟·马歇尔说过："一个企业将定价权委托给谁，即意味着企业命运维系于谁。"可见，企业产品的价格不是轻而易举就可制定的，必须首先确定定价目标。定价目标是企业在对其生产或经营的产品制定价格时，有意识地要求达到的目的和标准。它是指导企业进行价格决策的主要因素。定价目标取决于企业的总体目标。不同行业的企业，同一行业的不同企业，以及同一企业在不同的时期、不同的市场条件下，都可能有不同的定价目标。企业的定价目标主要有以下几个方面。

（一）利润最大化目标

利润是企业生存和发展的必要条件，如果一个企业长期出现亏损，势必会导致资不抵债，从而使企业陷入破产、倒闭的困境。所以，从生存和发展出发，企业必须以获取最大利润为主要定价目标。但追求最大利润并不意味着将企业产品价格定得最高，它往往取决于合理价格以及由此而推动的市场需求量。从长远来看，短期的亏损是不可避免的，它是为日后长期获取最大利润服务的。比如有的企业在产品销售时，不断地降低产品的价格，有时甚至低于产品成本，以此来吸引消费者，占领市场。可见，制定价格的标准不是人们想象中的成本加利润，而是看多少钱才能卖得出去。只有这样才能刺激消费者的购买欲望，扩大销售量，求得长期利润的最大化。

小案例8-1

喜茶的高端定价

2012年，喜茶HEYTEA起源于广东江门一条名叫江边里的小巷，原名"皇茶ROYALTEA"，由于无法注册商标，故在2015年全面升级为注册品牌"喜茶HEYTEA"。

2012年，喜茶创造出第一杯芝士茶，之后陆续推出果茶家族、波波家族等众多茶饮品种，将已有技术融合到新产品中，并在每个季节推出当季水果限定系列。之后，喜茶没有将产品局限在茶饮品类，而是推出咖啡和喜茶制冰两大品种，将芝士、茶饮等与咖啡、雪糕相融合，并推出喜茶实验室系列，注册坚果、米面包等产品商标，进一步扩大产品组合。截至2020年底，喜茶已在海内外61个城市开出695家门店。

NCBD（餐宝典）评选出的"2020上半年中国十大最受欢迎茶饮品牌"，依次是喜茶、茶颜悦色、奈雪の茶、蜜雪冰城、CoCo都可、书亦烧仙草、1點點、古茗、乐乐茶、益禾堂。

喜茶在国内茶饮行业市场中一直和奈雪の茶、伏见桃山等品牌稳居高端市场的第一梯队，主流产品的市场价格基本在30元以上。2022年1月，喜茶突然宣布全面产品调价，宣布年内不再推出29元以上的饮品类新品，并且承诺现有产品在今年内绝不涨价。同时，在产品用料和品质都不改变的前提下，调价后喜茶主流门店的产品价格已全面低于30元，目前，售价在15～25元的产品已占据喜茶全部产品的60%以上。

资料来源：喜茶官网；生活日报。

（二）市场扩大目标

市场扩大目标是为企业利润最大化目标服务的。任何一个企业为了保证其生存和发展，都必须使其产品在市场上占有优势。市场份额的大小，直接关系到企业产销量和利润额。因此，市场扩大目标也是企业定价目标的内容之一，主要包括销售量的扩大和市场占有率的提高。扩大销售量，通常会使企业获取更多的利润，但销售量的扩大，往往是通过降低单位产品的市场价格来实现的。只有"薄利"才能"多销"；反过来，"多销"又为"薄利"提供了更大的可能。同时，"薄利多销"本身又是提高市场占有率的重要手段，只有当本企业销售量的扩大快于同行业竞争对手销售量的扩大时，才有可能提高市场占有率，从而使企业获得更多的发展机会和利润。

（三）稳定价格的目标

在市场经济体制下，商品的价格受供求关系的影响，会经常发生波动，这就要求任何一个具有竞争能力的企业，通过稳定价格来促进市场的稳定。这样不仅可以使价格稳定在一定的水平上，保证企业在经营中获取稳定的利润，同时也避免了在竞争中的价格战给企业带来的经营风险和财务风险。

（四）竞争目标

竞争是市场的核心，它无情地执行着优胜劣汰的原则。企业在市场中凭自己产品的优劣及价格是否合理，展开竞争，这既为企业提供了种种机会，也对企业造成种种威胁。这就要求企业经营者一方面善于抓住机遇，具有应对挑战的能力；另一方面能够在激烈的竞争中，通过扬长避短、趋利避害，来达到市场优势地位。可见，从长远考虑，企业在竞争中不是靠展开短暂的价格战获胜，而是凭优质的产品和合理的价格取胜的。

（五）信誉目标

信誉是企业的生命，一般存在于消费者的心目中。一个企业信誉的好坏，直接影响着产品的销量、市场占有率、利润的高低及竞争能力的强弱。一个有着良好信誉的企业，往往在产品价格的制定方面有其特定的要求，比如对其名贵商品的价格要求制定得高一些，对其一般商品的价格则要求制定得低一些。只有这样，才能显示出其名贵与一般的区别，也才能获取消费者的认可。可见，价格是树立企业信誉的一种有力手段；而信誉反过来为企业制定价格提供了依据，它能为企业带来丰厚的利润，是企业的一项无形财富。

三、影响产品定价的因素

影响产品定价的因素很多，有企业内部因素，也有企业外部因素；有主观的因素，也有客观的因素。概括起来，大体上可以有产品成本、市场需求、市场竞争和其他因素四个方面。

（一）产品成本

成本是企业能够为其产品设定的底价。企业想设定一种价格，既能够补偿生产、分销和直销产品的所有成本，又能够为产品生产销售过程中付出的努力和承担的风险带来可观的收益率。许多企业努力奋斗，希望成为本行业中的低成本生产商。低成本的企业能设定较低的价格，从而取得较高的销售量和利润额。在实际工作中，产品的价格是根据成本、利润和税金三部分来制定的。成本又可分解为固定成本和变动成本，产品的价格有时是由总成本决定的，有时又仅由变动成本决定。成本还分为社会平均成本和企业个别成本。就社会同类产品市场价格而言，其主要受社会平均成本影响。在竞争很充分的情况下，企业个别成本高于或低于社会平均成本，对产品价格的影响不大。企业定价时，不应孤立地对待成本，而应同产量、销量、资金周转以及影响价格的其他因素综合起来考虑。

（二）市场需求

产品价格除受成本影响外，还受市场需求的影响，更准确地说，受商品供给与需求的相互关系的影响。当商品的市场需求大于供给时，价格应高一些；当商品的市场需求小于供给时，价格应低一些。反过来，价格变动影响市场需求总量，从而影响销售量，进而影响企业目标的实现。因此，企业制定价格就必须了解价格变动对市场需求的影响程度。反映这种影响程度的一个指标就是商品的价格需求弹性系数。所谓价格需求弹性系数，是指价格的相对变动引起的需求相对变动的程度。通常可用下式表示：

$$需求弹性系数 = 需求量变动百分比 \div 价格变动百分比$$

如果我们将成本因素和需求因素综合起来考虑，并做出适当的假设，可形成下面的关于定价的理论模式。

（三）市场竞争

市场竞争也是影响企业价格制定的重要因素。按照市场竞争程度，可以将市场结构分为完全竞争、垄断竞争、寡头垄断与完全垄断四种情况。在不同市场结构下，市场竞争的程度不同，企业定价策略会有所不同。

8-2 "白菜价"汉服冲击市场，价格战后，汉服还是赚钱的好生意吗？

1. 完全竞争

完全竞争也称自由竞争，它是一种理想化了的极端情况。在完全竞争条件下，买者和卖者都大量存在，产品都是同质的，不存在质量与功能上的差异，企业自由地选择产品生产，买卖双方能充分地获得市场情报。在这种情况下，无论是买方还是卖方都不能对产品价格产生影响，只能在市场既定价格下从事生产和交易。在完全竞争的市场中，市场营销调研、产品开发、定价、广告及促销活动几乎没有什么作用或者根本不发挥作用。因此，在这些市场中的销售者没有必要在营销战略上花许多时间。

2. 垄断竞争

垄断竞争由众多按照系列价格而不是单一市场价格进行交易的购买者和销售者组成。系列价格产生的原因是购买者看到销售者产品之间的差异，并且愿意为这些差异支付不同的价格。销售者努力地开发不同的市场供应，以便适合不同顾客细分市场的需要。除了价格之外，销售者还广泛地采用品牌、广告和直销来使他们的市场供应相互区分开来。由于存在众多的竞争对手，和少数几个制造商控制的市场相比，在垄断竞争市场中，企业较少受到竞争对手营销战略的影响。

3. 寡头垄断

寡头垄断由几个对彼此的定价和营销战略高度敏感的销售者组成。产品可能均质（钢、铝）或非均质（汽车、电脑）。市场中销售者很少，因为新的销售者很难进入。每个销售者对竞争对手的战略和行动都很警觉。如果一家钢铁公司将价格砍掉10%，购买者很快便会转向这位供应商。其他钢铁生产者必须以降低价格或增加服务来做出反应。寡头垄断者从来也不能确定通过减价能得到哪些永久性的东西。相反，当一个寡头垄断者抬高价格时，它的竞争对手或许并不会跟着抬高价格，该寡头垄断者于是不得不取消涨价，否则便会面临把顾客丢给竞争对手的风险。

4. 完全垄断

在完全垄断的情况下，市场只存在一个销售者。销售者可以是政府垄断者，或私人受控垄断者（如能源公司），或私人非控垄断者（如在开发尼龙时期的杜邦公司）。这三种情况下的定价各不相同。政府垄断者可以有各种定价目标。它可以设定低于成本的价格，因为该产品对于无力支付整个成本的购买者很重要；或者设定的价格只用来抵补成本；或者用来创造良好的收益，甚至还可以通过抬高价格来减少消费。

（四）其他因素

企业的定价策略除受成本、需求以及竞争状况的影响外，还受到其他多种因素的影响。这些因素包括政府或行业组织的干预、消费者心理和习惯、企业或产品的形象等。

1. 政府或行业组织的干预

政府为了维护经济秩序，或为了其他目的，可能通过立法或者其他途径对企业的价格策略进行干预。政府的干预包括规定毛利率，规定最高、最低限价，限制价格的浮动幅度或者规定价格变动的审批手续，实行价格补贴等。例如，美国某些州政府通过租金控制法将房租控制在较低的水平上，将牛奶价格控制在较高的水平上；法国政府将宝石的价格控制在低水平，将面包价格控制在高水平；我国某些地方对暴利行业商业毛利率的限制等。一些贸易协会或行业性垄断组织也会对企业的价格策略产生影响。

8-3 市场监管总局：严查价格欺诈、未明码标价等扰乱市场价格秩序的行为

2. 消费者心理和习惯

价格的制定和变动在消费者心理上的反应也是价格策略必须考虑的因素。在现实生活中，很多消费者存在"一分钱一分货"的观念。面对不太熟悉的商品，消费者常常从价格上判断商品的好坏，从经验上把价格同商品的使用价值挂钩。消费者心理和习惯上的反应是很复杂的，某些情况下会出现完全相反的反应。例如，在一般情况下，涨价会减少购买，但有时涨价会引起抢购，反而会增加购买，例如国人买涨不买跌的心理。因此，在研究消费者心理对定价的影响时，要持谨慎态度，要仔细了解消费者心理及其变化规律。

3. 企业或产品的形象

有时企业根据企业理念和企业形象设计的要求，需要对产品价格做出限制。例如，企业为了树立热心公益事业的形象，会将某些有关公益事业的产品价格定得较低；为了形成高贵的企业形象，将某些产品价格定得较高；等等。

第二节 定价方法

定价方法是企业在特定的定价目标指导下，依据对成本、需求及竞争等状况的研究，运用价格决策理论，对产品价格进行计算的具体方法。定价方法主要包括成本导向、竞争导向和顾客导向三种类型。

一、成本导向定价法

成本导向定价法是企业定价首先需要考虑的方法。成本是企业生产经营过程中所发生的实际耗费，客观上要求通过商品的销售而得到补偿，并且要获得大于其支出的收入，超出的部分表现为企业利润。以产品单位成本为基本依据，再加上预期利润来确定价格的成本导向定价法，是中外企业最常用、最基本的定价方法。成本导向定价法又衍生出了总成本加成定价法、目标收益定价法、边际成本定价法、盈亏平衡定价法等几种具体的定价方法。

（一）总成本加成定价法

总成本加成定价法是指按照单位成本加上一定百分比的加成来制定产品的销售价格，即把所有为生产某种产品而发生的耗费均计入成本的范围，计算单位产品的变动成本，合理分摊相应的固定成本，再按一定的目标利润率来确定价格。其计算公式为：

单位产品价格＝单位产品总成本×（1＋目标利润率）

小案例8-2

采用总成本加成定价法确定价格

某汽车发动机厂每月生产 2 000 台汽车发动机，总固定成本为 600 万元，每台发动机的变动成本为 1 000 元，确定目标利润率为 25％。则采用总成本加成定价法确定价格的过程如下：

单位产品固定成本＝6 000 000÷2 000＝3 000（元）
单位产品变动成本＝1 000（元）

单位产品总成本＝单位产品固定成本＋单位产品变动成本
            ＝3 000＋1 000
            ＝4 000（元）
单位产品价格＝4 000×（1＋25%）＝5 000（元）

采用成本加成定价法，确定合理的目标利润率是一个关键问题，而目标利润率的确定，必须考虑市场环境、行业特点等多种因素。某一行业的某一产品在特定市场以相同的价格出售时，成本低的企业能够获得较高的利润率，并且在进行价格竞争时可以拥有更大的回旋空间。

在用成本加成方式计算价格时，对成本的确定是在假设销售量达到某一水平的基础上进行的。因此，若产品销售出现困难，则预期利润很难实现，甚至成本补偿也变得不现实。但是，这种方法也有一些优点：首先，这种方法简化了定价工作，便于企业开展经济核算；其次，若某个行业的所有企业都使用这种定价方法，他们的价格就会趋于相似，因而价格竞争就会减到最少；再次，在成本加成的基础上制定出来的价格对买方和卖方来说都比较公平，卖方能得到正常的利润，买方也不会觉得受到了额外的剥削。成本加成定价法一般在租赁业、建筑业、服务业、科研项目投资以及批发零售企业中得到广泛的应用。即使不用这种方法定价，许多企业也多把用此法制定的价格作为参考价格。

（二）目标收益定价法

目标收益定价法又称投资收益率定价法，即根据企业的投资总额、预期销量和投资回收期等因素来确定价格。

小案例8-3

采用目标收益定价法确定价格

假设在小案例 8-2 中，建设汽车发动机厂的总投资额为 800 万元，投资回收期为 5 年，则采用目标收益定价法确定价格的基本步骤为：第一步，确定目标收益率；第二步，确定单位产品目标利润额；第三步，计算单位产品价格。具体计算过程如下：

目标收益率＝1/投资回收期×100%＝1/5×100%＝20%
单位产品目标利润额＝总投资额×目标收益率÷预期销量
            ＝8 000 000×20%÷2 000
            ＝800（元）

单位产品价格＝企业固定成本÷预期销量＋单位变动成本＋单位产品目标利润额

$$= 6\,000\,000 \div 2\,000 + 1\,000 + 800$$
$$= 4\,800（元）$$

与成本加成定价法相类似，目标收益定价法也是一种生产者导向的产物，很少考虑到市场竞争和需求的实际情况，只是从保证生产者的利益出发制定价格。另外，先确定产品销量，再计算产品价格的做法完全颠倒了价格与销量的因果关系，把销量看成是价格的决定因素，在实际上很难行得通。尤其是对于那些需求的价格弹性较大的产品，用这种方法制定出来的价格，无法保证销量的必然实现，那么，预期的投资回收期、目标收益等也就只能成为一句空话。不过，对于需求比较稳定的大型制造业产品，供不应求且价格弹性小的商品，市场占有率高、具有垄断性的商品，以及大型的公用事业、劳务工程和服务项目等，在科学预测价格、销量、成本和利润四要素的基础上，目标收益定价法仍不失为一种有效的定价方法。

（三）边际成本定价法

边际成本是指每增加或减少一单位产品生产或销售所引起的总成本的变化量。由于边际成本与变动成本比较接近，而变动成本的计算更容易一些，所以在实际定价中多用变动成本代替边际成本，而将边际成本定价法称为变动成本定价法。

采用边际成本定价法时，企业是以单位产品变动成本作为定价依据和可接受价格的最低界限。在价格高于变动成本的情况下，企业出售产品的收入除完全补偿变动成本外，尚可用来补偿一部分固定成本，甚至可能提供利润。

小案例8-4

企业真的能亏损销售吗？

某制袜厂在一定时期内发生固定成本 80 000 元，单位变动成本为 0.7 元，预计销量为 100 000 双。在当时的市场条件下，同类产品的价格为 1 元/双。那么，企业是否应该继续生产呢？其决策过程应该是这样的：

固定成本＝80 000（元）
变动成本＝0.7×10 0000＝70 000（元）
销售收入＝1×100 000＝100 000（元）
企业盈亏＝100 000－70 000－80 000＝－50 000（元）

按照变动成本定价，企业出现了 50 000 元的亏损，但是作为已经发生的固定成本，在不生产的情况下，已支出了 80 000 元，这说明按变动成本定价时可减少 30 000 元固定成本的损失，并补偿了全部变动成本 70 000 元。若低于变动成本定价，如市场价格降为 0.7 元/双以下，则企业应该停产，因为此时的销售收入不仅不能补偿固定成本，连变动成本也不能补偿，生产得越多，亏损便越多，企业的生产活动便变得毫无意义。

边际成本定价法改变了售价低于总成本便拒绝交易的传统做法，在竞争激烈的市场条件下具有极大的定价灵活性，对于有效地对付竞争者、开拓新市场、调节需求的季节差异、形成最优产品组合可以发挥巨大的作用。但是，过低的成本有可能被指控为从事不正当竞争，并招致竞争者的报复，在国际市场则易被进口国认定为"倾销"，产品价格会因"反倾销税"的征收而畸形上升，失去其最初的意义。

（四）盈亏平衡定价法

在销量既定的条件下，企业产品的价格必须达到一定的水平才能做到盈亏平衡、收支相抵。既定的销量就称为盈亏平衡点，这种制定价格的方法就称为盈亏平衡定价法。科学地预测销量和已知固定成本、变动成本是盈亏平衡定价的前提。

在此方法下，为了确定价格，可利用如下公式：

盈亏平衡点价格（P）＝固定总成本（FC）÷销量（Q）＋单位变动成本（VC）

小案例8-5

盈亏平衡定价法的应用

某企业年固定成本为 100 000 元，单位产品变动成本为 30 元/件，年产量为 2 000 件，则该企业盈亏平衡点价格＝100 000÷2 000＋30＝80（元）。

以盈亏平衡点确定价格只能使企业的生产耗费得以补偿，而不能得到收益。因此，在实际中均将盈亏平衡点价格作为价格的最低限度，通常在加上单位产品目标利润后才作为最终市场价格。有时，为了开展价格竞争或应付供过于求的市场格局，企业采用这种定价方式以取得市场竞争的主动权。

从本质上说，成本导向定价法是一种卖方定价导向。它忽视了市场需求、竞争和价格水平的变化，在有些时候与定价目标相脱节，不能与之很好地配合。此外，运用这一方法制定的价格均是建立在对销量主观预测的基础上，从而降低了价格制定的科学性。因此，在采用成本导向定价法时，还需要充分考虑需求和竞争状况，来确定最终的市场价格水平。

二、竞争导向定价法

在竞争十分激烈的市场上，企业通过研究竞争对手的生产条件、服务状况、价格水平等因素，依据自身的竞争实力，参考成本和供求状况来确定商品价格。这种定价方法就是通常所说的竞争导向定价法。其特点是：价格与商品成本和需求不发生直接关系；商品成本或市场需求变化了，但竞争者的价格未变，就应维持原价；反之，虽然成本或需求都没有变动，但竞争者的价格变动了，则相应地调整其商品价格。当然，为实现企业的定价目标和总体经营战略目标，谋求企业的生存或发展，企业可以在其他营销手段的配合下，将价格定得高于或低于竞争者的价格，并不一定要求和竞争对手的产品价格完全保持一致。竞争导向定价主要包括以下几种定价方法。

（一）随行就市定价法

在垄断竞争和完全竞争的市场结构条件下，任何一家企业都无法凭借自己的实力而在市场上取得绝对的优势，为了避免竞争特别是价格竞争带来的损失，大多数企业都采用随行就市定价法，即将本企业某产品价格保持在市场平均价格水平上，利用这样的价格来获得平均报酬。此外，采用随行就市定价法，企业就不必去全面了解消费者对不同价差的反应，从而为营销、定价人员节约了很多时间。

采用随行就市定价法，最重要的就是确定目前的"行市"。在实践中，"行市"的形成有两种途径：第一种途径是在完全竞争的环境里，各个企业都无权决定价格，通过对市场的无数次试探，相互之间取得一种默契而将价格保持在一定的水准上；第二种途径是在垄断竞争的市场条件下，某一部门或行业的少数几个大企业首先定价，其他企业参考定价或追随定价。

8-4 电动汽车涨价潮来袭？其实这不是坏事而是好事

（二）产品差别定价法

从根本上来说，随行就市定价法是一种防御性的定价方法，它在避免价格竞争的同时，也抛弃了价格这一竞争的"利器"。产品差别定价法则反其道而行之，它是指企业通过不同的营销努力，使同种同质的产品在消费者心目中树立起不同的产品形象，进而根据自身特点，选取低于或高于竞争者的价格作为本企业产品价格。因此，产品差别定价法是一种进攻性的定价方法。产品差别定价法的运用，首先要求企业必须具备一定的实力，在某一行业或某一区域市场占有较大的市场份额，消费者能够将企业产品与企业本身联系起来。其次，在质量大体相同的条件下实行差别定价是有限的，尤其对于定位为"质优价高"形象的企业来说，必须支付较大的广告、包装和售后服务方面的费用。因此，从长远来看，企业只有通过提高产品质量，才能真正赢得消费者的信任，才能在竞争中立于不败之地。

> 小案例8-6

感谢国产！iPhone定价一年比一年低

自2008年国内手机市场进入智能手机阶段，苹果这个品牌就成为这个行业"最亮的仔"，纵观苹果手机近三四年在国内市场的售价表现，我们可以发现很多有意思的市场信息。2018年推出的iPhone XR系列起售价6 499元；2019年iPhone 11系列起售价5 499元；2020年iPhone 12系列起售价6 299元；2021年iPhone 13系列起售价5 999元；2022年iPhone 14系列起售价5 999元。想当年，苹果6、7、8（X）定价都是8 000元起步，高配的都要到9 000多元，价格算是非常高的，为什么到现在的11、12、13、14（X）之后价格会稳定在6 000元左右呢？最低的只有5 400多元，可以说低于一些国产手机。究其原因，主要是这几年国产手机有了质的突破，性能、续航、参数等等都发生了肉眼可见的提升，让苹果感到"压力山大"，特别是华为的销量暴增，苹果只能压低价格才能站稳国内市场。

资料来源："iPhone定价一年比一年低，这是什么原因呢？果粉：感谢国产！"冰河测评。

（三）密封投标定价法

在国内外，许多大宗商品、原材料、成套设备和建筑工程项目的买卖和承包，征招生经营协作单位、出租出售小型企业等业务，往往采用发包人招标、承包人投标的方式来选择承包者，确定最终承包价格。一般说来，招标方只有一个，处于相对垄断地位，而投标方有多个，处于相互竞争地位。标的物的价格由参与投标的各个企业在相互独立的条件下来确定。在买方招标的所有投标者中，报价最低的投标者通常中标，它的报价就是承包价格。这样一种竞争性的定价方法就称为密封投标定价法。

在招标投标方式下，投标价格是企业能否中标的关键性因素。高价格固然能带来较高的利润，但中标机会却相对减少；反之，低价格，利润低，虽然中标机会大，但其机会成本可能大于其他投资方向。那么，企业应该怎样确定投标价格呢？

首先，企业应根据自身的成本，确定几个备选的投标价格方案，并依据成本利润率计算出企业可能获得盈利的各个价格水平。其次，分析竞争对手的实力和可能报价，确定本企业各个备选方案的中标机会。竞争对手的实力包括产销量、市场占有率、信誉、声望、质量、服务水平等要素，其可能报价可以在分析历史资料的基础上得出。再次，根据每个方案可能的盈利水平和中标机会，计算每个方案的期望利润。每个方案的期望利润＝每个方案可能的盈利水平×中标概率（％）。最后，根据企业的投标目的来选择投标方案。

三、顾客导向定价法

现代市场营销观念要求，企业的一切生产经营必须以消费者需求为中心，并在产品、价格、分销和促销等方面予以充分体现，只考虑产品成本而不考虑竞争状况及顾客需求的定价方法，不符合现代营销观念。根据市场需求状况和消费者对产品的感觉差异来确定价格的方法叫作顾客导向定价法，又称"市场导向定价法""需求导向定价法"。其特点是灵活有效地运用价格差异，对平均成本相同的同一产品，价格随市场需求的变化而变化，不与成本因素发生直接关系。需求导向定价法主要包括理解价值定价法、需求差异定价法和逆向定价法。

（一）理解价值定价法

所谓"理解价值"，也称"感受价值""认知价值"，是指消费者对某种商品价值的主观评判。理解价值定价法是指企业以消费者对商品价值的理解度为定价依据，运用各种营销策略和手段，影响消费者对商品价值的认知，形成对企业有利的价值观念，再根据商品在消费者心目中的价值来制定价格。

理解价值定价法的关键和难点，是获得消费者对有关商品价值理解的准确资料。企业如果过高估计消费者的理解价值，其价格就可能过高，难以达到应有的销量；反之，若企业低估了消费者的理解价值，其定价就可能低于应有水平，使企业收入减少。因此，企业必须通过广泛的市场调研，了解消费者的需求偏好，根据产品的性能、用途、质量、品牌、服务等要素，判定消费者对商品的理解价值，制定商品的初始价格。然后，在初始价格条件下，预测可能的销量，分析目标成本和销售收入，在比较成本与收入、销量与价格的基础上，确定该定价方案的可行性，并制定最终价格。

8-5 小罐茶——消费者看中的不是产品本身，而是其送礼的定价

（二）需求差异定价法

所谓需求差异定价法，是指产品价格的确定以需求为依据，首先强调适应消费者需求的不同特性，而将成本补偿只放在次要的地位。这种定价方法，对同一商品在同一市场上制定两个或两个以上的价格，或使不同商品价格之间的差额大于其成本之间的差额。其好处是可以使企业定价最大限度地符合市场需求，促进商品销售，有利于企业获取最佳的经济效益。

根据需求特性的不同，需求差异定价法通常有以下几种形式。

1. 以用户为基础的差别定价

以用户为基础的差别定价是指针对不同的用户或顾客，为同一产品制定不同的价格。比如，对老客户和新客户、长期客户和短期客户、女性和男性、儿童和成人、残疾人和健康人、工业用户和居民用户等，分别收取不同的价格。

2. 以地点为基础的差别定价

以地点为基础的差别定价是指随着地点的不同而收取不同的价格。比较典型的例子是影剧院、体育场、飞机仓位等，其座位不同，票价也不一样。例如，体育场的前排可能收费较高，旅馆客房因楼层、朝向、方位的不同而收取不同的费用。这样做的目的是调节客户对不同地点的需求和偏好，平衡市场供求。

3. 以时间为基础的差别定价

同一种产品，成本相同，而价格可能随季节、日期甚至钟点的不同而变化。例如，供电局在用电高峰期和闲暇期制定不同的电费标准；电影院在白天和晚上的票价有别；对于某些时令商品，在销售旺季，人们愿意以稍高的价格购买，而一到淡季，人们的购买意愿便明显减弱。所以这类商品在定价之初就应考虑到淡、旺季的价格差别。

4. 以产品为基础的差别定价

不同外观、花色、型号、规格、用途的产品，也许成本有所不同，但它们在价格上的差异并不完全反映成本之间的差异，其主要区别在于需求的不同。例如，棉纺织品卖给纺织厂和卖给医院的价格不一样；工业用水、灌溉用水和居民用水的收费往往有别；对于同一型号而仅仅是颜色不同的产品，由于消费者偏好的不同，也可以制定不同的价格。

5. 以流转环节为基础的差别定价

企业产品出售给批发商、零售商和用户的价格往往不同，通过经销商、代销商和经纪人销售产品，因责任、义务和风险不同，佣金、折扣及价格等都不一样。

6. 以交易条件为基础的差别定价

交易条件主要指交易量大小、交易方式、购买频率、支付手段等。交易条件不同，企业可能对产品制定不同价格。比如，交易批量大的价格低，零星购买的价格高；现金交易的价格可适当降低，支票交易、分期付款、以物易物的价格适当提高；预付定金、连续购买的价格一般低于偶尔购买的价格。

（三）逆向定价法

逆向定价法主要不是考虑产品成本，而是重点考虑需求状况。依据消费者能够接受的最终销售价格，逆向推算出中间商的批发价和生产企业的出厂价格。这种定价方法的特点是：价格能反映市场需求情况，有利于加强与中间商的良好关系，保证中间商的正常利润，使产品迅速向市场渗透，并可根据市场供求情况及时调整，定价比较灵活。

第三节 定价策略

一、新产品定价策略

新产品定价关系到新产品能否顺利进入市场，企业能否站稳脚跟，能否取得较大的经济效益。常见的新产品定价策略主要有三种，即撇脂定价策略、渗透定价策略和满意定价策略。

（一）撇脂定价策略

撇脂定价指新产品上市之初，将其价格定得较高，以便在短期内获取厚利，迅速收回投资，减少经营风险，待竞争者进入市场，再按正常价格水平定价。这一定价策略有如从鲜奶中撇取其中所含的奶油一样，取其精华，所以称为"撇脂定价"策略。实行这种策略必须具有以下条件：第一，新产品相比市场上现有产品有显著的优点，能使消费者"一见倾心"；第二，在产品最初上市阶段，商品的需求价格弹性较小或者早期购买者对价格反应不敏感；第三，短时期内由于仿制等方面的困难，类似仿制产品出现的可能性小，竞争对手少。此策略的优点是快速达到短期最大利润目标，有利于企业竞争地位的确立。但这种策略的缺点也很明显，即由于定价过高，有时得不到渠道成员的支持或消费者的认可；同时，高价厚利会吸引众多的生产者和经营者转向此产品的生产和经营，加速市场竞争的白热化。

（二）渗透定价策略

渗透定价是与撇脂定价相反的一种定价策略，即企业在新产品上市之初将其价格定得较低，吸引大量的购买者，借以打开产品销路，扩大市场占有率，谋求较长时期的市场领先地位。当新产品没有显著特色、竞争激烈、需求弹性较大时宜采用渗透定价法。其优点包括：低价可以使产品迅速为市场所接受，并借助大批量销售来降低成本，获得长期稳定的市场地位；微利可以阻止竞争对手的进入，减缓竞争，获得一定市场优势。其缺点是投资回收期较长，见效慢，风险大。利用渗透定价的前提条件有：新产品的需求价格弹性较大；新产品存在着规模经济效益。对于企业来说，采取撇脂定价还是渗透定价，需要综合考虑市场需求、竞争、供给、市场潜力、价格弹性、产品特性、企业发展战略等因素。

（三）满意定价策略

满意定价策略又称为适中定价策略，是一种介于撇脂定价与渗透定价之间的定价策略，以获取社会平均利润为目标。它既不是利用价格来获取高额利润，也不是让价格帮助占领市场，而是尽量降低价格在营销手段中的地位，重视其他在产品市场中更有效的营销手段，是一种较为公平、正常的定价策略。当不存在适合于采用撇脂定价或渗透定价的环境时，企业一般采取满意定价。其优点是产品能较快为市场接受且不会引起竞争对手的对抗；可以适当延长产品的生命周期；有利于企业树立信誉，稳步调价并使顾客满意。其缺点是，虽然与撇脂定价或渗透定价相比，满意定价策略缺乏主动进攻性，但并不是说正确执行它就非常容易。满意定价没有必要将价格定得与竞争者一样或者接近平均水平。与撇脂价格和渗透价格类似，满意价格也是参考产品的经济价值决定的。当大多数潜在的购买者认为产品的价值与价格相当时，纵使价格很高也属适中价格。

二、产品组合定价策略

当产品只是某产品组合的一部分时，企业必须对定价方法进行调整，使整个产品组合的利润实现最大化。因为各种产品之间存在需求和成本的相互联系，而且会带来不同程度的竞争，所以定价十分困难。产品组合定价是指企业为了实现整个产品组合（或整体）利润最大化，在充分考虑不同产品之间的关系，以及个别产品定价高低对企业总利润的影响等因素基础上，系统地调整产品组合中相关产品的价格。主要的策略有：产品线定价、任选品定价、连带品定价、分级定价、副产品定价、产品捆绑定价。

（一）产品线定价

产品线定价又称产品大类定价，是指企业为追求整体收益的最大化，为同一产品线中不同的产品确立不同的角色，制定高低不等的价格。若产品线中的两个前后连接的产品之间价格差额小，顾客就会购买先进的产品，此时若两个产品的成本差额小于价格差额，企业的利润就会增加；若价格差额大，顾客就会更多地购买较差的产品。如某品牌西服有300元、800元、1 500元三种价格。产品线定价策略的关键在于合理确定价格差距。

（二）任选品定价

任选品是指那些与主要产品密切相关的可任意选择的产品。如在饭店，饭菜是主要产品，酒水为任选品。不同的饭店定价策略不同，有的可能把酒水的价格定得高，把饭菜的价格定得低；有的把饭菜的价格定得高，把酒水的价格定得低。

（三）连带品定价

连带品（又称互补品）是指必须与主要产品一同使用的产品，如刮胡刀与刮胡刀片、隐形眼镜与消毒液、饮水机与桶装水等。许多企业往往是将主要产品（价值量高的产品）定价较低、连带品定价较高，这样有利于整体销量的增加，增加企业利润。

（四）分级定价

分级定价，又称分部定价或两段定价法。服务性企业经常收取一笔固定的费用，再加上可变的使用费。如在某些高档的餐厅用餐，除了要支付餐费外，还需要支付一定比例的服务费。

（五）副产品定价

在生产加工肉类、石油产品和其他化工产品的过程中，经常有副产品。如果副产品价值过低，处理费用昂贵，就会影响到主产品的定价。制造商确定的价格必须能够弥补副产品的处理费用。如果副产品对某一顾客群有价值，就应该按其价值定价。副产品如果能带来收入，将有助于公司在迫于竞争压力时制定较低的价格。

（六）产品捆绑定价

产品捆绑定价又称组合产品定价。企业经常将一些产品组合在一起定价销售。完全捆绑是指公司仅仅把它的产品捆绑在一起。在一个组合捆绑中，卖方经常比单件出售要少收很多钱，以此来推动顾客购买。如对于成套设备、服务性产品等，为鼓励顾客成套购买，以扩大企业销售，加快资金周转，可以使成套购买的价格低于单独购买其中每一产品的费用总和。最常见的就是在化妆品销售过程中，成套的化妆品中的某个产品价格比单买这个产品的价格要低得多。

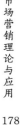

小案例8-7

吉列产品的组合定价

20世纪初期，吉列凭借着"剃刀和刀片定价策略"坐拥全球80％的剃须品市场。所谓"剃刀和刀片定价策略"，是指生产商以低价出售剃须刀，而对与之配套的刀片则收取高价。吉列刚推出这种模式时，以55美分的价格销售成本2.5美元的刀架，而把成本1美分的刀片卖到了5美分，这种定价策略帮助吉列垄断剃须刀市场数十年。自此，吉列每年从剃刀和刀片这一产品组合中获得大约40亿美元的收入，其全球市场份额比最为接近的竞争对手多六倍。

资料来源：李平，"挑战吉列模式"，21世纪商业评论。

三、折扣定价策略

折扣定价策略是企业为调动各方面积极性或鼓励顾客做出有利于企业的购买行为的常用策略，常用于生产厂家与批发企业之间，批发企业与批发企业之间，批发企业与零售企业之间,批发、零售企业与消费者之间。常见的折扣定价策略有以下四种:数量折扣、现金折扣、功能折扣与季节折扣。

(一) 数量折扣

数量折扣指按购买数量的多少,分别给予不同的折扣,购买数量愈多,折扣愈大。其实质是企业给那些大量购买某种产品的顾客的一种减价,以鼓励大量购买或集中向本企业购买。数量折扣包括累计数量折扣和一次性数量折扣两种形式。数量折扣具有如下优点:促销作用非常明显,企业因单位产品利润减少而产生的损失完全可以从销量的增加中得到补偿;销售速度的加快,使企业资金周转次数增加,流通费用下降,产品成本降低,从而导致企业总盈利水平上升。

(二) 现金折扣

现金折扣是给予在规定的时间内提前付款或用现金付款者的一种价格折扣,其目的是鼓励顾客尽早付款,加速资金周转,降低销售费用,减少财务风险。采用现金折扣一般要考虑三个因素:折扣比例、给予折扣的时间限制与付清全部货款的期限。例如"2/10,n/30",表示付款期是30天,但如果在成交后10天内付款,给予2%的现金折扣。许多行业习惯采用此法以加速资金周转,减少收账费用和坏账。

(三) 功能折扣

功能折扣也叫贸易折扣或交易折扣,由于中间商在产品分销过程中所处的环节不同,其所承担的功能、责任和风险也不同,企业据此给予不同的折扣。这是制造商给予某些批发商或零售商的一种额外折扣,促使他们执行某种市场营销功能如推销、储存、服务等。其目的在于鼓励中间商大批量订货,扩大销售,争取顾客,并与生产企业建立长期、稳定、良好的合作关系;同时对中间商经营的有关产品的成本和费用进行补偿,并让中间商有一定的盈利。功能折扣的比例,主要考虑中间商在分销渠道中的地位、对生产企业产品销售的重要性、购买批量、完成的促销功能、承担的风险、服务水平、履行的商业责任、产品在分销中所经历的层次和在市场上的最终售价等等。

(四) 季节折扣

季节折扣是企业鼓励顾客淡季购买的一种减让,以使企业的生产和销售在一年四季能保持相对稳定。有些商品的生产是连续的,而其消费却具有明显的季节性。为了调节供需矛盾,生产企业对在淡季购买商品的顾客给予一定的优惠,使企业的生产和销售在一年四季能保持相对稳定。例如空调生产厂家对在冬季进货的商业单位给予大幅度让利,保暖内衣生产企业则为夏季购买其产品的顾客提供折扣,旅馆和航空公司在它们经营淡季期间也提供优惠。季节折扣比例的确定,应考虑成本、储存费用、基价和资金利息等因素。季节折扣有利于减轻库存,加速商品流通,迅速收回资金,促进企业均衡生产,充分发挥生产和销售潜力,避免因季节需求变化所带来的市场风险。

四、心理定价策略

心理定价是根据消费者不同的消费心理而制定相应的产品价格,以引导和刺激购买的价格策略。常用的心理定价策略有数字定价策略、声望定价策略、招徕定价策略、习惯定价策略等。

(一)数字定价策略

数字定价,又称零数定价、奇数定价、非整数定价,指企业利用消费者求廉的心理,制定非整数价格,而且常常以零数作尾数。例如某种产品定价为19.99元而不是20元。使用尾数定价,可以使价格在消费者心中产生三种特殊的效应:便宜、精确、中意,一般适应于日常消费品等价格低廉的产品。

> **微阅读**
>
> **消费心理学中的心理定价**
>
> 心理学家的研究表明,价格尾数的微小差别,能够明显影响消费者的购买行为。一般认为,5元以下的商品,末位数为9最受欢迎;5元以上的商品,末位数为95效果最佳;100元以上的商品,末位数为98、99最为畅销。尾数定价法会给消费者一种经过精心计算的、最低价格的心理感觉;有时也可以给消费者一种原价打了折扣、商品便宜的感觉;同时,顾客在等待找零钱的期间,也可能会发现和选购其他商品。
>
> 资料来源:"消费心理学的典型案例",法律快车。

与尾数定价相反,整数定价针对的是消费者的求名、自豪心理,将产品价格有意定为整数。对于那些无法明确显示其内在质量的商品,消费者往往通过其价格的高低来判断其质量的好坏。但是,在整数定价方法下,价格的高并不是绝对的高,而只是凭借整数价格来给消费者造成高价的印象。整数定价常常以偶数,特别是"0"作尾数。整数定价策略适用于需求的价格弹性小、价格高低不会对需求产生较大影响的中高档产品,如流行品、时尚品、奢侈品、礼品、星级宾馆、高级文化娱乐城等。整数定价的好处在于,可以满足购买者显示地位、崇尚名牌、炫耀富有、购买精品的虚荣心;另外利用高价效应,在顾客心目中树立高档、高价、优质的产品形象。

除此之外,还有愿望数字定价策略。由于民族习惯、社会风俗、文化传统和价值观念的影响,某些数字常常会被赋予一些独特的含义,企业在定价时如能加以巧用,则其产品将因之而得到消费者的偏爱。当然，某些为消费者所忌讳的数字，如西方国家的"13"、日本的"4"，企业在定价时则应有意识地避开，以免引起消费者的厌恶和反感。

（二）声望定价策略

声望定价策略指根据产品在顾客心中的声望、信任度和社会地位来确定价格的一种定价策略。对一些名牌产品，企业往往可以利用消费者仰慕名牌的心理而制定大大高于其他同类产品的价格，例如国际著名的欧米茄手表，在我国市场上的销价从一万元到几十万元不等。消费者在购买这些名牌产品时，特别关注其品牌、标价所体现出的炫耀价值，目的是通过消费获得极大的心理满足。声望定价的目的在于通过高价显示其产品的名贵优质，满足某些顾客的特殊欲望，如显示地位、身份、财富、名望和自我形象。声望定价策略适用于一些知名度高、具有较大市场影响、深受市场欢迎的驰名商标产品。

（三）招徕定价策略

招徕定价又称特价商品定价，是指企业将某几种产品的价格定得非常之高，或者非常之低，在引起顾客的好奇心理和观望行为之后，带动其他产品的销售，加速资金周转。这一定价策略常为综合性百货商店、超级市场甚至高档商品的专卖店所采用。值得注意的是，企业用于招徕的降价品，应该与低劣、过时商品明显地区别开来，必须是品种新、质量优的适销产品，而不能是处理品。否则，不仅达不到招徕顾客的目的，反而可能使企业声誉受到影响。

（四）习惯定价策略

习惯定价策略是指根据消费市场长期形成的习惯性价格定价的策略。对于经常性、重复性购买的商品，尤其是家庭生活日常用品，在消费者心理上已经"定格"，其价格已成为习惯性价格，并且消费者只愿付出这么大的代价。有些商品，消费者在长期的消费中，已在头脑中形成了一个参考价格水准，个别企业难于改变。降价易引起消费者对品质的怀疑，涨价则可能受到消费者的抵制。企业定价时常常要迎合消费者的这种习惯心理。

本章小结

党的二十大报告提出，要构建高水平社会主义市场经济体制，充分发挥市场在资源配置中的决定性作用。价格是市场调节的关键指标，对于构建健康有序的市场环境具有重要的风向标价值。从狭义的角度来说，价格是对一种产品或服务的标价；从广义的角度来看，价格是消费者在交换中所获得的产品或服务的价值，对于企业的产品品质、品牌、服务等都有重要的市场指引作用，因此对于企业的市场化经营结果具有重要价值。本章通过"小天才电话手表：国际舞台中的民族之星"案例展现了产品价格与市场、品牌、品质之间的重要关联性，阐述了定价的目标及影响因素、三种常用的企业定价方法，并对新产品定价、产品组合定价、折扣定价以及心理定价的相关策略进行了详细说明。

习 题

一、单选题

1. 准确地计算产品所提供的全部市场认知价值是（　　）的关键。
   A. 理解价值定价法　　　　　　　　B. 逆向定价法
   C. 需求差异定价法　　　　　　　　D. 成本导向定价法

2. 企业利用消费者具有仰慕名牌商品或名店声望的某种心理，对质量不易鉴别的商品的定价最适宜用（　　）法。
   A. 尾数定价　　　　　　　　　　　B. 招徕定价
   C. 声望定价　　　　　　　　　　　D. 逆向定价

3. 当产品市场需求富有弹性且生产成本和经营费用随着生产经营经验的增加而下降时，企业便具备了（　　）的可能性。
   A. 渗透定价　　　　　　　　　　　B. 撇脂定价
   C. 尾数定价　　　　　　　　　　　D. 招徕定价

4. 当企业有意愿和同行和平共处而且自身产品成本的不确定因素较多时，企业往往会采取（　　）定价方法。
   A. 逆向　　　　　　　　　　　　　B. 投标
   C. 诊断　　　　　　　　　　　　　D. 随行就市

5. 投标过程中，投标商对其价格的确定主要是依据（　　）制定的。
   A. 对竞争者的报价估计　　　　　　B. 企业自身的成本费用
   C. 市场需求　　　　　　　　　　　D. 边际成本

6. 企业因竞争对手率先降价而做出跟随竞争对手相应降价的策略主要适用于（　　）市场。
   A. 同质产品　　　　　　　　　　　B. 差别产品
   C. 完全竞争　　　　　　　　　　　D. 寡头

7. 非整数定价一般适用于（　　）的产品。
   A. 价值较高　　　　　　　　　　　B. 高档
   C. 价值较低　　　　　　　　　　　D. 奢侈

8. 在折扣与让价策略中，（　　）折扣并不是对所有商品都适宜。
   A. 交易　　　　　　　　　　　　　B. 季节
   C. 数量　　　　　　　　　　　　　D. 现金

9. 在商业企业，很多商品的定价都不进位成整数，而保留零头，这种心理定价策略称为（　　）策略。

A. 尾数定价 B. 招徕定价
C. 声望定价 D. 习惯定价

10. 在经济比较发达、国民教育程度比较高、社会风气比较好的地区成功推行（　）策略的可能性较高。
A. 撇脂定价 B. 顾客自行定价
C. 疯狂减价 D. 逆向提价

二、多选题

1. 影响企业定价的主要因素有（　）等。
A. 定价目标 B. 产品成本
C. 市场需求 D. 经营者意志
E. 竞争者的产品和价格

2. 企业定价目标主要有（　）等。
A. 维持生存 B. 当期利润最大化
C. 市场占有率最大化 D. 产品质量最优化
E. 成本最小化

3. 只要具备了（　）这一条件时，企业就可以考虑通过低价来实现市场占有率的提高。
A. 市场对价格反应迟钝
B. 生产与分销的单位成本会随生产经验的积累而下降
C. 市场对价格高度敏感
D. 低价能吓退现有的和潜在的竞争者
E. 产品质量优良

4. 当出现（　）情况时，商品需求可能缺乏弹性。
A. 市场上存在竞争者或替代品
B. 市场上没有竞争者或者没有替代品
C. 购买者改变购买习惯较慢，也不积极寻找较便宜的东西
D. 购买者对较高价格不在意
E. 购买者认为产品质量有所提高，或者认为存在通货膨胀时，价格较高是应该的

5. 心理定价的策略有（　）。
A. 声望定价 B. 分区定价
C. 尾数定价 D. 基点定价
E. 招徕定价

三、判断题

1. 撇脂定价法就是在产品上市初期将价格定得较高。（　）
2. 理解价值定价法的关键是顾客对价值的认知，而不是销售成本。（　）
3. 随行就市定价法是异质产品市场的惯用定价方法。（　）

4. 企业创造条件让顾客愿意买且买得起,这些措施通常称为"创造需要"。
（   ）
5. 产品的最低价格取决于产品的成本费用。（   ）

四、简答题

1. 产品定价的目标有哪些？请举出身边的案例说明。
2. 简述影响企业定价的因素。
3. 简述成本导向定价法、顾客导向定价法、竞争导向定价法的具体表现形式及适用条件。
4. 新产品定价策略有哪三种？试进行比较。
5. 简述身边常见的定价技巧的应用。

五、论述题

目前，互联网中的直播营销变得越来越普遍，想想为什么直播间会越来越受到消费者喜爱？在直播营销中有哪些方式可以让产品价格看起来更为合理？

六、案例分析

你愿意为超前点播多付费吗？

随着网络电视的不断发展，网络视频端的视频内容不断丰富，在家观看网络视频电视成为当代大多数人不可或缺的日常娱乐方式。CNNIC 数据显示，截至 2021 年 6 月，中国网络视频（含短视频）用户规模达 9.44 亿，占网民整体数量的 93.4%，较 2020 年 12 月增长 1 707 万。其中以腾讯视频、爱奇艺、优酷、芒果 TV 等为代表的视频网站坐拥大量视频用户，形成以"腾爱优芒"为主的网络影视格局。此外，标记"年轻""潮流""鬼畜"等特色的哔哩哔哩、致力打造中国领先的海外视频观看点的人人视频和热衷独播、独制剧的搜狐视频等也紧跟其后，行业竞争激烈。

8-6 薅羊毛的超前点播还能走多远？

2015 年，爱奇艺上线了自制剧《盗墓笔记》，由于原著拥有强大的粉丝群体以及该剧主演杨洋、唐嫣等当红明星的流量加持，该剧一上映就受到了极大关注，爱奇艺也顺势开启了自制内容与会员付费相结合的赢利模式，随后腾讯、优酷等强势平台也加入进来，国内网络视频平台开始进入会员付费时代。根据公开数据，会员和广告是视频网站的主要营收来源，以爱奇艺为例，2021 年第二季度总营收为 76 亿元，其中会员服务营收 40 亿元，占据收入的一半以上，在线广告服务营收 18 亿元，订阅会员规模高达 1.062 亿。由此可见，会员付费对于平台至关重要，是平台经营发展的支柱。

2019年，会员付费已经成为各大平台赢利渠道的常态化模式，在这种情况下，为了进一步挖掘会员的商业价值，腾讯视频首创再付费模式。在热映剧《陈情令》播至大结局前夕，腾讯视频宣布，VIP会员可以花费单集6元的价格提前观看最后6集，也可以花30元直通大结局，自此拉开了视频网站"超前点播"的帷幕。据悉，腾讯视频在付费点播的首晚，就获得了超过1亿元的收入。11月，借由与腾讯视频联播《从前有座灵剑山》《庆余年》，爱奇艺成为第二个开启"付费超前点播"模式的视频平台，延续更早更快的观看模式，付费门槛也从30元提高到50元。从2020年3月起，优酷和芒果TV也逐渐对于开播新剧采取了"付费超前点播"的方式。

　　很多网友质疑付费超前点播并提出不满，甚至有律师对这种消费模式提起了诉讼，而后各大平台开始优化营销模式，将会员模式进行分级，会员付出更多的钱升级为星钻会员后就能看到更多的内容。

资料来源：《民主与法制》周刊2021年第37期。

思考：
1. 你认为超前点播符合产品的市场化价值设定吗？请说明理由。
2. 你如何看待分级会员制的付费模式？
3. 你觉得超前点播或者分级会员应该被取消吗？试说明理由。

第九章
Chapter 9

分销渠道策略

主要知识结构图

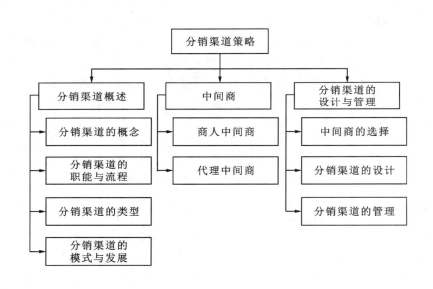

教学目标

• 帮助学生了解分销渠道的定义与职能,分销渠道的流程、类型及其模式。

• 帮助学生理解、熟悉各种中间商的区别。

• 帮助学生掌握分销渠道长度和宽度的设计。

• 帮助学生了解分销渠道决策和管理的基本方法及窜货问题的处理。

• 教育引导学生建立正确的渠道观念,合理处理渠道冲突,树立健康的渠道建设与营销伦理。

开篇案例

元气森林的渠道布局

元气森林，一个刚刚满7岁的年轻品牌，拥有超过1 000位经销商、100万个终端零售网点，营收达到约70亿元。作为一个年轻的互联网快消品牌，元气森林是如何铺设渠道的呢？

1. 让利终端渠道

2018年，一箱元气森林气泡水的零售价是82.5元，厂家给经销商的进货价是38元，经销商给终端的上货价是55元。这意味着，每卖出去一箱，经销商可以赚17元，终端店老板可以赚27.5元。相比元气森林更愿意让利给经销商，农夫山泉不管是水还是饮料，经销商每卖出一箱，利润不超过5元，只有新品才有可能超过这个数字。除此之外，卖不出去的元气森林由厂家回收，并给予50%的补助。每一年年终，完成任务的经销商可以获得一定比例的总销售额返点。元气森林的返点比农夫山泉高大约三分之一。元气森林每箱17块钱的利润空间，扣掉回收成本1元，业务员提成1元，陈列费、运输费、装卸费、货损等，整体利润在每箱13元左右，高于农夫山泉的大部分产品。同时，依靠互联网的打法——品牌传播＋社区种草，在快消行业，元气森林几乎拥有最快的成长速度。

2. 布局冰柜

除经销商外，元气森林对冰柜也寄予了厚望，冰柜是陈列在超市、夫妻店里的普通冰柜。元气森林在全国投放的8万台智能冰柜，不只售卖水饮，元气森林孵化的北海牧场酸奶，投资的辣条和白酒，甚至还有其他品牌的产品，都可以出现在其中，因为元气森林目前的产品品种已经足以撑起一台冰柜。

在冰柜上，元气森林给零售终端的支持也属于最高级别：别的公司投冰柜，一台冰柜收取两三千元的押金，而后分三四年返还给零售终端；元气森林投冰柜，返还是5∶4∶1的组合——投放合格返50%，三四个月后依然合格返40%，最后剩余的10%就与押金相抵，在5年后返给零售终端，相当于终端一年内就收回了冰柜投入的成本。

3. 抢占自贩机终端

2021年，元气森林收购自动贩卖机企业"魔盒"。2022年上半年，元气森林在北上广深和苏州、重庆、成都等城市的商场和写字楼中率先铺开自贩机，元气森林规定，业务员底薪为6 000元，每铺设一台机器，有700元奖金。对元气森林来说，战役不仅仅局限在气泡水上，更重要的纲领是："抢战竞品冰柜，买回我司冰柜。"除此之外，元气森林也积极抢占高校的自贩机终端。

作为快消品,渠道的铺设要充分考虑生产、批发、零售各环节利润的合理分配;站在品牌角度,渠道应该从用户需求的角度出发重新构建,让其想得到、买得到、乐得买,这样才能培育其渠道优势。

资料来源:"元气森林'鲶鱼'失速案例整理汇编",每日人物 App。

第一节　分销渠道概述

一、分销渠道的概念

在市场营销理论中,经常会使用到两个与渠道有关的术语:市场营销渠道与分销渠道。

(一)市场营销渠道

市场营销渠道,是指所有配合生产、销售和消费某种产品和服务的企业和个人的统称。也就是说,市场营销渠道包括某种产品供、产、销过程中的所有企业和个人,如供应商、生产者、经销商、代理商、辅助商以及最终消费者或顾客。

(二)分销渠道

分销渠道是指产品或服务从生产商转移到消费者或使用者过程中所经过的通道,即某种产品和服务在从生产者向消费者转移过程中,取得这种产品或服务的所有权或帮助所有权转移的所有企业和个人。

在产品的流通过程中,生产者出售产品或服务是渠道的起点,消费者购进产品或服务是渠道的终点。因此,分销渠道包括取得所有权的经销商和帮助转移所有权的代理商,还包括处于渠道起点和终点的生产者和最终消费者。但是,分销渠道不包括供应商、辅助商。分销渠道是否得当,将直接影响企业营销目标的实现。因而,分销主要包括以下两方面的内容。

1. 商流

所谓商流,是指产品或服务的所有权的转移流程。所有权从生产者转到中间商,再转到顾客,最终实现商品的价值,而企业获得回报。

2. 物流

所谓物流,是指产品或服务的实际移动流程。这种移动总是伴随着商流的发生而发生的,当然,两者的转移、流动次数是不相等的。

二、分销渠道的职能与流程

（一）分销渠道的职能

分销渠道对产品从生产者转移到消费者所必须完成的工作进行组织，其真正目的就是消除产品或服务与消费者之间在时间、地点和所有权上的分离。因而，分销渠道的职能主要可以概括为以下几个方面。

（1）促销：中间商的主要任务之一是设计创意营销策划方案并执行之，对消费者进行说服性沟通，以促进产品或服务的销售。

（2）接洽：中间商在研究、了解市场的基础上，努力寻找消费者，当客户咨询时做好接待并进行沟通。

（3）配合：中间商要配合生产商，使其所提供的产品或服务符合消费者的要求，同时还要配合生产商做好营销管理工作。

（4）谈判：为了销售并转移产品或服务的所有权或使用权，与客户就其价格及其有关事项进行谈判并达成最后协议，以达到锁定消费者成交的目的。

（5）研究市场：中间商专业能力较强，比较了解市场需求变化及其消费者的心理，因而，中间商不仅销售商品，还要研究市场，收集制定营销策略所必需的信息。

（6）融资：获得和使用资金，补偿分销渠道的成本。

（7）风险承担：承担与从事渠道工作有关的全部风险。

（8）实体分销：从事商品的运输、储存、配送等相关工作。

（二）分销渠道的流程

产品在从生产领域进入消费领域的过程中，只有经过销售这一环节之后，才能够完成实物及（或）其所有权的转移，这个转移过程就是渠道的流程。整个渠道流程工作是由扮演不同角色的中间机构或个人承担的。为了使产品的这一转移过程能够顺利完成，在销售渠道中，通常有六大流程发生，即实体流程、所有权流程、付款流程、促销流程、信息流程及服务流程。

1. 实体流程

实体流程是指实体原料及成品从制造商转移到最终客户的过程。有些商品的实体如房地产是不能移动的，因此并不存在实物的移动，这时的"实体"流程是指客户购买房地产之后从开发商手中直接或间接地接受"转移"的过程。实体流程如图9-1所示。

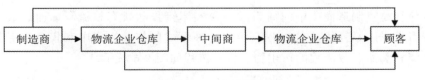

图9-1 实体流程

2. 所有权流程

所有权流程是指商品的所有权从制造商或中间商手中直接或间接地转移到消费者手中的过程。所有权流程如图 9-2 所示。

图 9-2　所有权流程

3. 付款流程

付款流程是指消费者购买某种商品的款项从消费者流向各个分销机构的过程。付款流程如图 9-3 所示。

图 9-3　付款流程

4. 促销流程

促销流程是指广告、公共关系、人员推销、宣传、促销等活动由商品制造商或中间商流向消费者的过程。促销流程如图 9-4 所示。

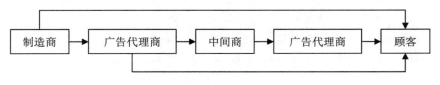

图 9-4　促销流程

5. 信息流程

信息流程包括两层含义：一是指制造商和中间商之间相互传递信息以及向消费者传递信息的过程；二是指消费者了解制造商和中间商的信誉和有关产品情况、价格水平、品牌等信息的过程。信息流程如图 9-5 所示。

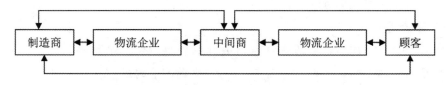

图 9-5　信息流程

6. 服务流程

服务流程是指制造商或中间商为了加快实体流程和所有权流程，而最大可能地为最终消费者提供一系列服务的过程。例如各种形式的售前、售中和售后服务等，可以说是实体流程和所有权流程的衍生物。服务流程如图 9-6 所示。

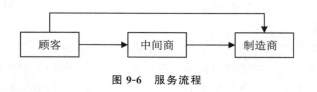

图 9-6 服务流程

三、分销渠道的类型

（一）分销渠道的长度

分销渠道的长度是指在产品所有权向最终消费者转移过程中所经过的中间环节数目。按照商品在流通过程中是否有中间环节，可以将分销渠道划分为直接渠道和间接渠道；按照中间环节数目的多少，可以将分销渠道分为零级、一级、二级、三级等，即为不同长度的分销渠道。不同类型的商品往往采用长短不同的分销渠道。

9-1 OPPO 的优势是渠道，劣势也是渠道

1. 短渠道

短渠道指生产者自己直接销售产品或仅使用一个中间环节来销售产品的分销渠道。生产者自己直接销售产品给消费者，没有经过任何中间环节转手的渠道是最短的，即零级渠道或直接渠道。

一般销售批量大、市场比较集中或者技术性强的商品，需要较多相关服务的产品以及保鲜要求高的产品需要使用较短的分销渠道。直接渠道通常都是工业品分销的主要渠道类型，如大型设备、专用工具及技术复杂需要提供专门服务的产品通常都是采取直接渠道。也有部分消费品采用直接渠道，如鲜活商品。目前在消费品市场，直接渠道有逐渐扩大的趋势，具体形式有企业直接销售、销售人员上门推销、邮购、电话销售、电视直销和网上销售等。

短渠道具有以下优点：第一，流通环节比较少，可以使商品迅速到达消费者手中，节约流通费用，减少商品使用价值的损失；第二，信息反馈迅速且准确，有利于生产者、中间商及消费者之间形成比较密切的联系；第三，有利于开展销售服务工作，提高企业信誉。

短渠道的不足之处在于：第一，产品销售范围受到一定的限制，难于向市场大范围扩张，市场覆盖面积小；第二，渠道分担风险的能力下降，加大了生产者的风险。

2. 长渠道

长渠道是指产品从生产者转移到消费者手中经过至少两个或更多层级的中间商的分销渠道。显然，产品经过环节、层级越多，销售渠道就越长，如一级、二级、三级等就代表分销渠道越来越长。

一般销售量较大、销售范围广的产品宜采用长渠道，比如大多数消费品。具体来说，一级渠道包括一个中间商，在消费者市场，这个中间商通常是零售商，而在工业市场，它常常是一个销售代理商或经销商；二级渠道包括两个中间商，在消费者市场，它们一般是一个批发商和一个零售商，在工业市场，它们可能是一个工业分销商和一些经销商；三级渠道包括三个中间商，通常由一个代理商、一个中转商（专业批发商）和一个零售商组成。

长渠道具有以下优点：第一，由于分销渠道长、分布比较广，能有效覆盖市场；第二，可以充分利用各类中间商的职能，发挥他们各自的优势，扩大销售。

长渠道的不足在于：第一，销售环节多，流通费用的增加会使商品价格提高，价格策略选择余地变小；第二，信息反馈变慢且失真率增加，不利于企业进行正确的决策。

常见的消费品分销渠道模式如图9-7所示，其中零级分销、一级分销为短渠道，二级分销、三级分销为长渠道。

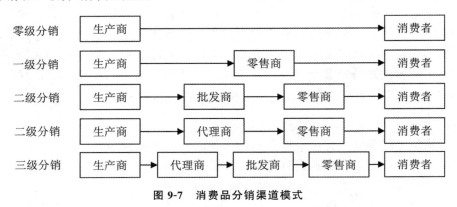

图 9-7 消费品分销渠道模式

（二）分销渠道的宽度

分销渠道的宽度是指商品流通过程中的每个层次使用的同种类型中间商的数目多少。按分销渠道的宽度可将分销渠道分为宽渠道和窄渠道。在市场上覆盖面广的产品，比如毛巾、牙刷、水杯等日用消费品，生产者使用的同类中间商多为宽渠道，常由多家批发商经销，又转卖给更多的零售商，容易与消费者接触，从而实现大批量的销售。反之则为窄渠道，一般适用于专业性强或贵重耐用的商品，多由一个中间商统包，再分成几家经销。

分销渠道的宽度与分销策略有关。企业的分销渠道策略通常分为三种，即密集分销、选择分销和独家分销。

1. 密集分销

密集分销是指在一定的市场区域内，生产企业利用尽可能多的中间商来销售商品，只要他们具有起码的销售该商品的经营能力和经营意愿。采用密集分销渠道的着眼点就是提高销售渠道网点在目标市场上的覆盖密度，让商品最大限度地接近每一个顾客，方便顾客随时随地进行购买。

密集分销的优点是能够帮助生产企业很快打开广阔的产品销路，扩大销售。

密集分销的不足是生产企业不易控制中间商，经常出现压价倾销、窜货等扰乱市场秩序的经销行为，且中间商的忠诚度较低。

密集分销的适用范围主要有：顾客反复购买频数高的商品；顾客购买前较少选择的商品；不宜长时间存放的商品。

2. 选择分销

选择分销是指制造商在某一地区只选择少数精心挑选的中间商推销产品的策略。采用选择性分销渠道的基本目的是提高商品形象价值、强化推介力度、增加商品选购率。

选择分销的优点主要有：相对于密集分销而言，能够取得经销商的更大支持；比独家分销能够给消费者带来更大的方便，在扩大商品销售的同时保持并提高本产品的形象。

选择分销的不足在于较难确定区域经销商的重叠度。区域重叠度决定着在某一区域内选择分销与独家分销、密集分销的接近程度。高重叠率带给消费者方便的同时会造成经销商之间的一些冲突；低重叠率会增加经销商的忠诚度，却降低了消费者的方便性。

选择分销的适用范围主要有：耐用品；同类产品质量差异较大的产品；具有较强实用性的新产品；档次和价格较高的产品；技术性强的产品。

3. 独家分销

独家分销是指制造商在一定地区只选择一家中间商销售其商品的策略。

独家分销的优点是可以确保经销商的利益，能够充分调动其积极性，便于制造商有效管理和控制经销商。

独家分销的不足在于缺乏竞争会导致经销商力量减弱，出现市场空白点，丧失大量销售机会；此外，如果市场掌握在经销商手中，可能会出现经销商反过来要挟制造商的情形。

独家分销的适用范围主要有：高档消费品，特殊消费品。

四、分销渠道的模式与发展

随着市场经济的发展，分销渠道也在不断发生各种各样的变化，新型的批发机构和零售机构不断涌现。在发达国家，一些渠道正在逐渐走向现代化和系统化，全新的渠道系统正在逐渐形成。根据分销渠道成员之间相互联系的紧密程度的不同，我们可以观察到各不相同的分销渠道模式，总体上可以概括为传统分销渠道和分销渠道系统两大类。

9-2 新渠道归类的几种方式

（一）传统分销渠道

传统分销渠道模式是由众多独立的生产者、批发商和零售商组成的松散的分销组织形态。每个渠道成员都是作为一个独立企业实体，追求自身利润的最大化，即使它是以损害系统整体利益为代价也在所不惜。传统分销渠道模式中的任何一个渠道成员对于其他成员都不具有全部的或者足够的控制权。

传统分销渠道比较适合资金实力有限的小型企业，它们的产品类型和标准多处于不稳定的状态，渠道需要根据产品变化不断发生变革。对于小规模生产的企业而言，它们的产品数量比较少，因而也适合采用传统分销渠道模式。

（二）分销渠道系统

分销渠道系统是指渠道成员为提升渠道竞争力，降低不必要的渠道开支费用，共同为顾客服务，实行纵向或横向联合，或利用多渠道联合形成分销渠道系统以到达同一目标市场，最终共同取得规模经济效益。联合组成的分销渠道系统主要有三种：垂直分销渠道系统、水平分销渠道系统和多渠道分销系统。

1. 垂直分销渠道系统

垂直分销渠道系统是由生产者、批发商和零售商所组成的一种统一的联合体。它是作为传统分销渠道的对立面而出现的，是近年来分销渠道最重大的发展之一，这种系统的特征在于专业化管理和集中执行的网络组织，渠道成员有计划地取得规模经济和最佳市场效果。垂直分销渠道系统有利于控制渠道行动，消除渠道成员为追求各自利益而造成的冲突。他们能够通过其规模、谈判实力和重复服务的减少而获得效益。垂直分销渠道系统可分为以下三种类型：公司式、管理式和契约式垂直分销渠道系统。

1）公司式垂直分销渠道系统

公司式垂直分销渠道系统是指某一家公司拥有或统一管理多个工厂、批发商和零售商等，控制市场分销渠道的多个层次，甚至控制整个市场营销渠道，综合经营生产、批发和零售业务。在公司式垂直分销渠道系统中某一环节占主导地位的渠道成员，即是渠道领袖。渠道领袖可以凭借优势地位，联合或支配渠道其他成员共同开拓某种产品的产销通道；可以控制渠道中其他成员的行为，减少分销渠道的冲突，更好地协调产品疏通。

2）管理式垂直分销渠道系统

管理式垂直分销渠道系统是指渠道中的成员凭借某方面的规模和权力来协调整个生产和销售通路的渠道方式。拥有优势品牌的生产商可以得到转卖中间商的强有力的合作和支持。例如柯达、吉利和宝洁等公司能够在有关商品展销、货柜位置、促销活动和定价政策等方面取得其经销商的积极合作。

3）契约式垂直分销渠道系统

契约式垂直分销渠道系统是指不同层次的独立制造商和经销商为了获得单独经营达不到的经济利益而以契约为基础实行的分销渠道集合体。在这样的渠道系统中，各个渠道成员之间的依赖关系是依靠合同建立的。契约式垂直分销渠道系统近年来获得了很大的发展，成为市场营销活动中最引人瞩目的发展之一。契约式垂直分销渠道系统可以有三种形式。

（1）批发商自愿连锁组织。一个批发商组织与多个独立的零售商成立自愿连锁组织，帮助他们和大型连锁组织抗衡。批发商制定一个方案，根据这一方案，独立零售商的销售活动得以标准化，并获得采购经济的好处，这样就能使该群体有效地与其他连锁组织进行竞争。

（2）零售商合作组织。零售商合作组织是指由零售商自己带头组建的能够开展批发业务和其他可能的生产活动的合作组织。各个零售商成员通过合作组织进行集中采购，联合进行广告宣传，有时还进行某些生产活动。利润按照成员的购买量进行分配，其他非成员零售商也可以通过零售商合作组织采购，但是不能分享利润。

（3）特许经营组织。特许经营是近年来发展最快和最令人感兴趣的零售形式之一。根据特许者和被特许者的不同，其方式可分为三种：第一种是制造商创办的零售特许经营系统，如福特公司特许经销商出售它的汽车，这些经销商都是独立的经销企业，但是遵守各项销售和服务的条件和规定；第二种是制造商创办的批发特许经营系统，如可口可乐饮料公司授权给各个市场上的装瓶商购买其浓缩饮料，然后由装瓶商充碳酸气、装瓶，再把它们出售给本地市场的零售商；第三种是服务企业创办的零售特许经营系统，由一个服务企业组织整个系统，以便将其服务有效地提供给消费者，这种形式多数出现在出租汽车行业、快餐服务行业和旅馆行业。

2. 水平分销渠道系统

水平分销渠道系统是由两个或两个以上的相互无关联的企业自愿联合开拓新的分销机会的分销渠道模式。这些企业自身缺乏资本、技能、生产或分销资源来独自进行商业市场的进一步开拓，或发现与其他企业联合开发可以产生最佳的协同效果。企业之间的水平分销渠道系统可以是暂时性的，也可以是永久性的。

3. 多渠道分销系统

多渠道分销系统是指一个企业建立两条或更多的分销渠道以到达一个或更多的顾客细分市场的做法。通过多渠道分销系统，企业可以获取更重要的利益：增加市场覆盖面，降低渠道成本和更趋向顾客化营销，如增加乡村代理商以进入人口稀少地区的农业顾客市场，或利用电话销售而不是人员访问客户，或利用技术型推销员销售较复杂的设备。

9-3　全渠道解析

从某种意义上来说，渠道成员的利润，归根结底是通过渠道终端的产品销售才能实现的。虽然渠道成员之间存在事实上的买卖关系，但更多的是大家都有共同的利益：使终端能够尽量多地将共同经营的产品销售出去。现在，越来越多的企业认识到多渠道分销系统这一现代理念，并逐渐结成良好的合作伙伴关系，共同为顾客服务。

第二节　中间商

中间商是指在生产者与消费者之间参与商品交易业务，促使买卖行为发生和实现的法人组织或个人。中间商是商品生产和流通社会化的必然产物，在商品流通过程中，中间商是生产者和消费者之间的纽带与桥梁。中间商按其是否拥有商品所有权可以分为经销商和代理商。

一、商人中间商

商人中间商又称经销商,是指从事商品交易业务,在商品买卖过程中拥有商品所有权的中间商。正是因为中间商拥有产品的所有权,他们在销售过程中要承担相应的经营风险。经销商按其在流通过程中所起的作用不同可以分为批发商和零售商。

(一)批发商

所谓批发是指将一切物品或服务销售给为了转卖或者作为工业用途的组织或个人的活动。批发商是指那些主要从事批发业务的公司,其与零售商的主要区别是它一端直接联系生产商,另一端联系众多的零售商,具有吞吐量大、地区分布广等特点。批发商主要有商人批发商、制造商的分销机构和销售办事处等。

1. 商人批发商

商人批发商是指自己进货、取得产品所有权后再批发出售的商业企业,也就是人们通常所说的独立批发商。商人批发商是批发商最主要的类型。

商人批发商按照所经营商品的范围可以分为以下三类。

(1)普通商品批发商。普通商品批发商经营普通货物,经营范围比较广泛,涉及的商品种类繁多,如家具家电、服装纺织品、药品、化妆品、汽车设备等。

(2)单一种类商品批发商。单一种类商品批发商经营的商品仅限于某一类商品及关联产品,但覆盖此类商品的各个品种、花色、品牌等,非常齐全。如蜂蜜产品批发商通常不仅经营各种特色的蜂蜜,还经营蜂花、蜂胶等很多关联商品。

(3)专业批发商。专业批发商一般只经营某一类商品中的某种商品,如食品行业中的专业批发商专营糖类产品,或者专门经营杏仁核桃等干货类产品,或专营进口零食等。

商人批发商按照职能和提供的服务是否完全可分为以下两种类型。

(1)完全服务批发商。这类批发商执行批发商业的全部职能,他们提供的服务包括保持存货、雇用固定的销售人员、提供信贷、配送货物和协助管理等。完全服务批发商按照销售对象的不同分为批发商人和工业分销商两种,前者主要是向零售商销售并提供广泛的服务,后者可向制造商而不是零售商销售产品。

(2)有限服务批发商。这类批发商为了减少成本费用,降低批发价格,在批发商业中只执行一部分服务职能。

2. 制造商的分销机构和销售办事处

制造商的分销机构和销售办事处是属于制造商所有、专门经营其产品批发销售业务的独立商业机构。分销机构和销售办事处有所不同,前者执行产品储存、销售、配送和服务等职能,后者没有仓储和产品库存,主要从事产品销售业务。

(二)零售商

零售是指所有向最终消费者个别地、直接地、重复地销售商品和服务,用于个人及非商业性用途的活动。零售商是指从事这种销售活动的组织和个人。随着社会经济的发展、城市的变迁以及人们消费行为习惯的变化,零售商的形式也发生了各种各样的变化。目前我国存在的零售商形式大体上可分为两种类型:有门市的零售商、无门市的零售商。

1. 有门市的零售商

有门市的零售商,按照零售形式的不同可以分为以下几种类型。

1)专用商品店

专用商品店经营的产品线比较狭窄,但是每种产品的品种、规格、颜色、式样等非常齐全,主要以经营某一类商品为主。如体育用品商店、摄像器材店、鞋帽商店等。

2)百货商店

百货商店经营的商品种类繁多且品种比较齐全,既有优质、高档、新潮的商品,也有日常、低廉的生活必需品,通常都是以较低的进货价格大量采购和销售,商品周转快,每年销售总额大。由于百货商店具有以上特点,其竞争力往往比较强。一般百货商店分为两类:其一是独家经营方式,没有下属门店,通常规模不大;其二是连锁经营方式,往往一家百货公司下设数个甚至数十个分支商店,规模比较大。

3)超级市场

超级市场是指规模巨大、商品价格低廉、薄利多销、自动销售、一次结算、自我服务的经营机构。超级市场主要是采取连锁经营方式,总店下设多家分店,经营的商品逐渐向多品种、大型化方面发展,价格在中低水平,且商品包装比较讲究,以便于顾客挑选并吸引其购买。近年来超级市场的发展越来越快,竞争愈加激烈,一些超级市场还专门建了自己的停车场;还有的超级市场为了树立品牌和信誉,定期推出各种特色活动和服务,吸引顾客。

4)便利店

便利店是设在居民区内及其附近、经营周转率高的日用品且营业时间较长的一种小型商店。它能够补充百货商店和超级市场的不足,可以在购买场所、购买时间、商品品种上为周边的顾客提供极大的方便,成为人们日常生活中不可缺少的一种购买形式。

5)折扣店

折扣店是一种以低价销售标准化商品的商店,这对大多数消费者来说具有很大的吸引力。折扣店多位于租金便宜、交通便利的地段,以低价销售大量全国性品牌产品,且品质齐全,保证商品质量,它的经营以毛利低、费用节省、商品周转快而著称。近年来,折扣店已逐步从经营普通商品发展到经营专门商品,出现了体育用品折扣店、图书折扣店、电子产品折扣店等。

小案例9-1

安井渠道制胜

2022年，安井预计实现营业收入约121.75亿元，同比增长约31.30%；预计净利润为10.60亿～11.10亿元，较上年同期增加3.78亿～4.28亿元，同比增长55.43%～62.76%。

安井从创立开始就在三全和思念两巨头竞争的夹缝中求生，安井的前身是华顺民生食品集团，起初也和三全一样生产汤圆与馄饨，但眼前的巨头早已遥遥领先，安井在产能、产品与渠道方面先天不足，无法补齐。如何破局？安井的崛起得益于渠道上的一次奇袭。

安井以"农村包围城市"的渠道策略，成功绕开了与巨头们的直接竞争。鉴于三全与思念在传统商超渠道的强势地位，安井将渠道开发的重心放在了农贸市场、中小餐饮店等巨头们忽略的渠道上。

为什么这么做？一个最大的原因是，作为典型的封闭式渠道，传统KA（key account，重要客户）渠道太难进，议价权往往掌握在零售端。典型的案例就是三全，三全花了巨大的人力与财力成本，通过建立直营模式，不断提高高端产品比重，才将渠道费用逐渐摊薄。

安井所瞄准的小B渠道则不同，由于规模大，分散性强，更看重产品的性价比与标准化，小型餐饮店与夫妻店的要求是SKU越多越好，价格越低廉越好。这是一块更广阔的市场，但同样也是一块难啃的骨头，巨头不愿意做的原因是利润低且极其考验一线团队的"作战能力"，而这恰恰是安井的优势所在。安井在内部构建了一套"用心去做、马上去做"的作风，强调贴身服务、狼性和铁军文化，同时在不同区域采取"因地制宜"的渠道策略，比如在某些地区采取密集分销策略，在一些省会城市则采取超市经销商和农贸批发经销商并存的办法。

资料来源：金融界，2023年1月10日。

2. 无门市的零售商

无门市的零售商指不经过店铺销售商品的零售形式，按照零售形式的不同可以分为以下几种类型。

1）直接销售

直接销售是指生产者自己或通过直销员向消费者销售商品，简称直销。直销包括集市摆卖、上门推销、举办家庭销售会等。集市摆卖是我国和东南亚国家的农民及小工业生产者的传统自销方式。上门推销源于古代和中世纪时期，如今依然普遍使用，如雅芳公司通过雅芳小姐推广其"家庭主妇的良友、美容顾问"概念，在全世界约有100万名直销商，每年创造10亿美元以上的销售额，成为全世界最大的化妆品公司和头号直销商。

2）邮寄销售

邮寄销售是指向特定的潜在顾客邮寄信函、折叠广告、商品目录甚至音像产品等宣传品，或通过报纸、杂志、电视、广播等媒介向顾客传达商品信息，顾客收到并做出购买决定后，可以通过公司设立的免费电话选购所需商品，公司派人送货上门或者通过邮局进行商品销售。

3）网络销售

网络销售是指生产者通过计算机网络发布商品信息，顾客了解其宣传介绍后如果决定购买，即可通过网上直接订购并网上付款，公司能实时获取有关订购信息，确认后即送货上门。在网络销售过程中，生产者使用生动的文字、丰富的图片及配合动画、声音、Flash等形式向顾客传达全面的商品信息并吸引购买。如戴尔是国际上个人电脑销售排名第一的公司，除了在门店直接销售个人电脑外，其最主要的营销方式就是网络营销。戴尔利用互联网在近些年实现了大规模客户化加工，不仅本土产量超过了其他厂家，成为市场中的佼佼者，而且因形成更好的客户集成而获得了更高的产品利润。

4）自动售货

自动售货是指通过自动售货机销售商品和服务。自动售货是第二次世界大战以后零售设施的一项重要发展，主要用于一些具有高度方便价值的购买品，如饮料、香烟、糖果、报纸、书籍、化妆品、唱片等。自动售货机在西方国家随处可见，昼夜服务，为消费者带来了极大便利。不过由于销售成本较高，自动售货价格比一般商店价格高15%～20%。近年来，自动售货机不仅在有形商品的零售中迅速发展，还发展到服务行业如自动洗衣机、自动取款机、自动交费机及自动点唱机。

5）购货服务

购货服务是一种专为某些特定的顾客服务的零售形式，通常由学校、医院、政府机关等大单位派采购人员参加购货服务组织，该组织选择一些零售商与之建立长期业务关系，对组织成员凭购货证给予价格优待。

二、代理中间商

代理中间商简称代理商，是指从事商品交易业务，接受生产者委托，但不具有商品所有权的中间商。他们从事代销、代购或提供信息、咨询服务等，促成商品交易的实现，从而获得一定的服务手续费或佣金。

（一）制造商的代理商

制造商的代理商是指受制造商委托签订销货协议，在一定区域内负责代理销售生产企业产品的中间商。制造商利用这种代理商推销机器设备、汽车产品、电子器材、家具家电、服装、食品等各种商品。

制造商的代理商通常和几个制造商签订长期代理合同，在一定地区按照这些制造商规定的销售价格或价格幅度及其他销售条件，替这些制造商代理销售全部或部分产品，而制造商按销售额的一定百分比付给佣金，以鼓励这些代理商积极扩大推销，获得最好的价格。制造商的代理商不需要提供资金，也不必承担任何风险，实际上类似于产品的初级推销员，可以使产品尽快地推向市场并进行市场开拓。

（二）销售代理商

销售代理商是受生产者委托，全权负责、独家代理生产者的全部产品的一种独立的中间商。销售代理商的销售范围不受地区限制，并拥有一定的售价决定权，双方关系已经确定，生产企业自身不能再直接进行相关销售活动。销售代理商要对生产企业承担较多的义务，在销售协议中，一般会规定一定期间内的推销数量，并为生产企业提供市场调查、预测的情报，负责进行商品宣传促销等活动。纺织、木材、某些金属制品、食品或服装等行业的制造商以及一些不能为自己推销产品的小制造商较多地使用销售代理商。

（三）采购代理商

采购代理商一般与顾客有长期的关系，代他们进行采购，往往负责为其收货、验货、储运，并将商品转移到顾客手中。采购代理商中比较常见的一种即服饰市场的常驻采购员，他们为大量服饰零售商采购畅销的服饰产品。采购代理商大多消息灵通，善于捕捉市场动态，可以向客户提供有价值的市场信息，而且还能以低廉的价格买到好的商品。

（四）经纪商

经纪商是指既不拥有产品所有权、又不控制产品实物价格以及销售条件，只是在买卖双方交易洽谈时起媒介作用的中间商。经纪商联系面广，与许多买主和卖家同时保持联系，了解不同的买主和卖家的需要，他们能够顺利地替买主寻找到卖家，或替卖家寻找到买主，把两者结合到一起，并介绍和促成双方买卖成交。交易达成后，由卖家直接把货物运给买主，而经纪人向委托人收取一定的佣金。

（五）佣金商

佣金商是指对委托销售的商品实体具有控制力并参与商品销售谈判的代理商。大多数佣金商从事农产品的委托代销业务，其与委托人的业务通常覆盖一个收获季节或一个销售季节。

佣金商通常备有仓库，可以替委托人储存、保管货物，还具有替委托人发现潜在买主、获得最好价格、分等、打包、送货、给委托人和购买者以商业信用（预付货款和赊销）、提供市场信息等职能。佣金商对委托代销的货物通常有较大的经营权利，可以直接以

9-4 可口可乐的22种渠道

自己的名义出售货物，以免经营的易腐品变质造成损失，销售所得扣除佣金和其他费用后即将余款交给委托人。

第三节　分销渠道的设计与管理

一、中间商的选择

分销渠道从某种意义上来说是由中间商构成的。在任何一种分销渠道的设计方案中，都必须把中间商的选择放在首要和核心的位置。中间商的选择涉及使用哪些类型的中间商、使用多少个中间商以及对中间商的评价三个方面。

（一）中间商的类型

上一节内容对中间商的类型已经做了详细的介绍。企业在选择中间商类型时，需要深入分析如下几个问题：
(1) 明确市场中的中间商的特性及其功能；
(2) 认清产品市场中存在多少种类型的中间商；
(3) 哪几种中间商最能配合企业销售的需要；
(4) 使用各种中间商的成本和效益如何。

（二）中间商的数目

在确定了中间商的类型之后，需要进一步确定不同层次中间商的数目。各种不同类型的分销渠道所使用的中间商数目的多少，即分销渠道的宽度，应根据商品在市场中的地位和展露程度来决定。

分销渠道的宽度与分销策略有关，上一节内容对不同的分销策略已经做了介绍，密集分销、选择分销和独家分销这三种方法各有其优缺点和适用范围。

（三）对中间商的评价

生产制造企业对中间商的全面评价是选择中间商的中心环节，也是一项非常细致复杂的工作，一般可采用加权评分法。加权评分法就是对拟选择为渠道成员的各个中间商，按其从事商品分销的能力和条件进行加权打分评价，并按得分的多少进行取舍。下面结合 ZL 肉食公司关于中间商选择的案例，说明运用加权评分法选择中间商的具体步骤。

小案例9-2

ZL肉食公司的中间商选择

ZL肉食公司希望在WH市选择一家电器批发企业为其渠道成员，经过考察，初步选出A、B、C三家比较合适的候选企业，公司希望从中选出相对理想的一家企业作为渠道成员。按照加权评分法，具体步骤如下。

第一步，选择中间商的评价因素。评价中间商的因素有很多，但主要有以下八个方面。

（1）市场覆盖范围。市场是选择中间商的关键。首先，要考虑所选中间商的经营范围所覆盖的地区与企业产品的预期销售地区是否一致；其次，中间商的销售对象是否与企业所希望的潜在顾客群存在重叠。

（2）信誉。在目前市场游戏规则不甚完善的情况下，中间商的信誉显得尤为重要。信誉不仅直接影响回款情况，还直接关系到市场的网络支持。一旦经销商中途有变，欲退不能，不得不放弃已经开发起来的市场，而重新开发，往往需要付出双倍甚至更高的代价。

（3）历史经验。许多企业在决定某中间商是否可以承担分销商的重任时，往往会考察分销商的一贯表现和赢利记录。若中间商以往经营状况不佳，则将其纳入渠道成员可能会承受较大的风险。一般来说，长期从事某种商品销售的中间商，通常会积累比较丰富的专业知识和经验，因而在市场变化中能够掌握经营主动权，保持销售业绩稳定或乘机扩大销售量。此外，经营历史比较长的中间商已经拥有一定的市场影响和一批忠实的顾客群，往往是周边顾客的首选。

（4）合作意愿。分销商与企业合作得好，会积极主动地推销企业的产品，这对双方都有利。有些中间商希望生产企业也参与促销，以扩大市场需求，他们认为这样会获得更高的利润。因此，生产企业应根据产品销售的需要，确定与中间商合作的具体方式，考察备选中间商对企业产品销售的重视程度和合作态度，然后再选择最理想的中间商进行合作。

（5）产品组合情况。在经销产品的组合关系中，一般认为，如果中间商经营的产品与自己的产品是竞争产品，应避免选用；如果其产品组合存在较大的空档，或者自己产品的竞争优势非常明显，可以考虑选取。这需要依靠细致、翔实的市场考察才能掌握。

（6）财务状况。生产企业倾向于选中资金雄厚、财务状况良好的分销商，因为他们不但能保证及时回款，还可能在财务上向企业提供一些帮助，包括分担一些销售费用，提供部分预付款或者直接向顾客提供某些资金融通，如允许顾客分期付款等,从而有助于扩大产品的生产和销售。如中间商财务状况不佳,则可能会拖欠货款。

(7) 区位优势。理想的中间商的位置应该是顾客流量大的地点。对于批发商的选择,则要考虑其所处的位置是否有利于产品的批量储存与运输,通常以交通枢纽为宜。

(8) 促销能力。中间商推销产品的方式、运用促销手段的能力直接影响其销售规模。要考虑到中间商是否愿意承担一定的促销费用,有没有必要的物质、技术基础和相应的人才。选择中间商之前,必须对其所能完成某种产品销售的市场营销政策和技术的现实可能程度做出全面的评价。

第二步,根据不同评价因素对分销渠道的功能建设的重要程度差异,分别赋予各评价因素一定的权重。如表9-1所示,"信誉"权重为0.14,"合作意愿"权重为0.07。

表9-1 评价中间商的加权评分法

评价因素	权重	A		B		C	
		打分	加权分	打分	加权分	打分	加权分
市场覆盖范围	0.2	85	17	80	16	84	16.8
信誉	0.14	78	10.92	85	11.9	86	12.04
历史经验	0.16	90	14.4	90	14.4	74	11.84
合作意愿	0.07	76	5.32	74	5.18	92	6.44
产品组合情况	0.06	73	4.38	68	4.08	77	4.62
财务状况	0.18	77	13.86	66	11.88	86	15.48
区位优势	0.12	90	10.8	67	8.04	88	10.56
促销能力	0.07	74	5.18	82	5.74	78	5.46
合计	1	643	81.86	612	77.22	665	83.24

第三步,按照不同的评价因素,对A、B、C三家候选中间商分别进行打分,并计算各评价因素的加权分(见表9-1)。

第四步,计算总得分。按照不同的候选对象,将各评价因素的加权得分汇总后即得各中间商的总分。

第五步,比较总得分。C得分最高,所以ZL肉食公司应该首选C中间商作为其渠道成员。

资料来源:作者根据以往工作实例自主整理。

二、分销渠道的设计

（一）分销渠道的长度设计

分销渠道的长度是由企业分销渠道中间环节（中间商）数目的多少决定的。商品在分销中经过的环节越多，分销渠道就越长；反之则越短。关于分销渠道的各种不同的类型，在上一节我们已经做过介绍。

在分析与选择分销渠道长度时，企业需要考虑许多影响因素，主要有市场、购买行为、产品、中间商及企业自身等方面。

1. 市场因素对渠道长度的影响

分销渠道长短的选择受市场规模大小、居民居住集中与分散等市场因素的影响。

第一，市场规模大，适合选用较长的分销渠道；市场容量十分有限，厂商可选择较短的分销渠道，把产品直接出售给零售商或最终消费者。

第二，顾客居住的集中程度形成了高低不同的聚集度。市场聚集度强，此时产品就有可能直接出售给目标顾客，渠道具有短的特征；市场聚集度弱，意味着目标顾客居住分散，涉及的空间范围广，适合采取长渠道的方法，利用批发商、代理商、零售商来分销产品。

2. 购买行为因素对渠道长度的影响

（1）顾客购买量。顾客购买量越大，单位分销成本越低，因此有条件将批量性产品直接出售给顾客。诸如一些办公用品与设备，常有厂商直接向各团体单位销售。

（2）顾客购买频度。顾客购买频度越高的产品，一次购买量越少，产品价值越低，因此越需要利用中间商进行分销。对于那些购买频度低的产品，可选择短渠道。例如消费者几年才买一次的家具，厂家就可以向他们直接销售。

（3）顾客购买季节性。顾客购买季节性较强的产品，表明市场对产品的需求不是常年均衡的，厂商自己很难在短时间内达到铺货率，因此适合选用较长的分销渠道，大多利用批发商和零售商出售，诸如夏冬季节商品、节日商品等。

（4）顾客购买探索度。顾客购买探索度可以有两个方面的内容：一是购买之前比较研究的程度；二是购买过程中付出精力的多少。对于日常生活用品，人们在购买之前较少进行分析比较，在购买时也不愿意花费很多时间和跑很远的路，希望在住处或工作地点附近完成购买，因此适合较长的分销渠道。而对于时装、电器、家具等产品，人们在购买之前要跑许多地方、看许多产品，进行比较选择，购买时不惜花费较多时间和跑较远的路，因此可选择较短的分销渠道。

3. 产品因素对渠道长度的影响

（1）技术性。产品的技术性越强，需要经常或特殊的技术服务，应选择较短的分销渠道，如工业品、家用电器等；技术性弱的产品则需要较长的渠道。

（2）耐用性。产品越耐用，应采用越短的渠道，如房地产、汽车等；不耐用的产品，则需要较长的渠道，如日用品。

(3) 规格化。产品越是非规格化，渠道越短；规格化的产品则需要长渠道。

(4) 重量。产品越重，分销渠道越短；产品越轻则渠道越长。

(5) 价值。产品价值越大，渠道越短；价值越小的产品则需要越长的渠道。

(6) 易腐性。产品越易腐，分销渠道越短；不易腐烂的产品则需要较长的渠道。

(7) 生命周期。产品生命周期越短，分销渠道越短；那些生命周期较长的产品则需要比较长的渠道。

4. 中间商因素对渠道长度的影响

在确定渠道长度的时候，企业还应该考虑中间商的因素，中间商的可利用性以及选择该中间商企业应付出的成本都是企业应该考虑的。

中间商愿意经销厂商的产品，同时不对厂商提出过多、过分的要求，会使企业更容易利用中间商，因此企业可选择长渠道的做法。越是市场紧俏畅销的产品，中间商参与的积极性就越高，反之就越低。有时，某类产品非常适合某些批发商或零售商经营，但这些中间商正经营着同类型的竞争产品，不愿意再多经营新的对抗性产品，那么厂商只好把产品直接出售给最终消费者。如雅芳公司的化妆品，当初就是因为打不过百货商品而被迫走上直销之路的。

如果中间商的成本太高，或是中间商压低采购价格，或是中间商要求的上架费太多，厂商就应考虑采取较短的渠道。

中间商的功能就是帮助厂商把产品及时、准确、高效地送到消费者手中。厂商在选择分销渠道时，要对中间商的服务水平进行评价，具体内容包括是否有良好的信誉足以吸引客流，是否有较强的营销能力把产品销售出去，是否能为该产品提供广告、展览等方面的促销活动，是否可以及时结算货款等。如果能得到肯定的答案，就可以选择较长的渠道，否则将选择较短的渠道。

5. 企业自身因素对渠道长度的影响

企业自身也是渠道长度设计时的考量因素之一，具体而言，需要考虑的因素有以下几个方面。

(1) 财务能力。企业财务能力会影响企业所选择渠道的长度。如果厂商采用直接销售渠道的做法，则需要有足够的资金支付市场调查、广告、推销人员工资和产品运输等方面的费用，因此必须有较强的财务能力。对于那些财务能力非常弱的企业来说，即使产品适合选用直接渠道，也不得不放弃这种思路，因为店铺投资额巨大。

(2) 渠道管理水平。一般来说，假如厂商在销售管理、储存安排、零售运作等方面缺乏经验，自身人员素质不适合从事广告、推销、运输和储存等方面的工作，那么最好选择较长渠道。如果厂商熟悉分销运作，具有一定时期的产品销售经验，并具有较强的销售力量和储存能力，也可选择短渠道。

(3) 渠道控制力。企业渠道控制力度的强弱也影响渠道的长度。如果厂商想对分销渠道进行高强度的控制，同时自身又有控制能力，一般采取较短渠道的做法。如果采用中间商，一方面会削减厂商的渠道控制权力，市场调查、储存、运输、广告、零售的功能大多由中间商完成，极可能导致厂商受制于中间商；另一方面会使厂商分销受到限制。

（二）分销渠道的宽度设计

在分析与选择分销渠道宽度时，企业需要考虑许多影响因素，主要有市场、购买行为、产品、中间商及企业自身等方面。

1. 市场因素对渠道宽度的影响

分销渠道宽窄的选择受市场规模大小、居民居住集中与分散等市场因素的影响。首先，市场规模越大，渠道越宽；市场规模越小，渠道越窄。其次，市场聚集度越弱，渠道越宽；市场聚集度越强，渠道越窄。

2. 购买行为因素对渠道宽度的影响

（1）顾客购买量。顾客购买量越大，单位分销成本越低，因此有条件将批量性产品直接出售给顾客，可以考虑窄渠道。顾客一次购买量少，一般会利用更多的中间商，即使用宽渠道。

（2）顾客购买频度。顾客购买频度越高的产品，产品价值越低，因此越需要利用中间商进行分销，即使用宽渠道。否则可选择窄渠道。

（3）顾客购买季节性。顾客购买季节性较强的产品，厂商在应季时要求短时间内达到一定的铺货率，因此适合选用较宽的分销渠道，利用尽量多的批发商和零售商，诸如夏冬季节商品、节日商品等。而对于那些季节性不强的商品，从时间上不要求快速上市、快速销售，因此厂商有机会通过窄渠道向消费者出售产品。

（4）顾客购买探索度。对于日常生活用品，人们在购买之前较少进行分析比较，在购买时也不愿意花费很多时间和跑很远的路，希望在住处或工作地点附近完成购买，因此适合较宽的分销渠道。而对于时装、电器、家具等产品，人们在购买之前要跑许多地方、看许多产品，进行比较选择。购买时不惜花费较多时间和跑较远的路，因此可选择较窄的分销渠道。

3. 产品因素对渠道宽度的影响

（1）技术性。产品技术性越强，渠道越窄；技术性弱的产品则需要较宽的渠道。

（2）耐用性。耐用品一般适合较窄的渠道，如住房、汽车、家具以及一些家用电器等；非耐用品一般适合较宽的渠道，如日常生活用品和小商品。

（3）规格化。产品越是非规格化，渠道越窄；规格化的产品则需要宽渠道。

（4）重量。产品越重，分销渠道越窄；产品越轻则渠道越宽。

（5）价值。产品价值越大，渠道越窄；价值越小的产品则需要越宽的渠道。

（6）易腐性。产品越易腐，分销渠道越短；不易腐烂的产品则需要较宽的渠道。

（7）生命周期。产品生命周期越短，分销渠道越窄；那些生命周期较长的产品则需要比较宽的渠道。

4. 中间商因素对渠道宽度的影响

（1）有助于产品广泛分销。中间商在商品流转的始点同生产者相连，在其终点与消费者相连，从而有利于调节生产与消费在品种、数量、时间与空间等方面的矛盾，更能使产品实现广泛分销，巩固已有的目标市场，扩大新的市场。

（2）缓解生产者人、财、物等力量的不足。中间商购走了生产者的产品并交付了款项，就使生产者提前实现了产品的价值，开始新的资金循环和生产过程。此外，中间商还承担销售过程中的仓储、运输等费用，也承担着其他方面的人力和物力开支，这就弥补了生产者营销力量的不足。

（3）间接促销。消费者往往是货比数家后才购买产品，而一位中间商通常经销众多厂家的同类产品，中间商对同类产品的不同介绍和宣传，对产品的销售影响甚大。

5. 企业自身因素对渠道宽度的影响

选择宽渠道的产品，通常市场需求广泛，产品辐射面大，与宽渠道的特征相吻合；而短渠道产品技术性强，需求专业化，因此适合较窄的渠道。

如果厂商想对分销渠道进行高强度的控制，一般采取较窄渠道的做法；如果厂商不想或者没有能力对分销渠道进行高强度的控制，那么可以选择相对较宽的分销渠道。

小思考

水果和蔬菜是标准的易腐烂产品，按照常规的逻辑，越易腐烂，渠道就应该设计得越短。而事实上，现在市场上的水果和蔬菜销售主要以长而宽的渠道为主。

想一想：
1. 这种现象背后的原因是什么？
2. 市场上水果和蔬菜的短渠道模式中有没有成功的代表？如果有，试举例说明，并分析他们成功的深层次原因。

三、分销渠道的管理

（一）评估分销渠道成员

生产企业要定期评估分销渠道成员的经营业绩，包括销售配额完成情况、平均存货水平、与生产企业促销活动的配合情况、向顾客提供的服务如何以及货款的支付是否及时等。如果某一中间商的经销状况不能令生产企业满意或者明显低于事先规定的标准线，则有必要帮助其分析原因，并采取改进措施。

通过对分销渠道成员的评估，可以及时发现渠道中存在的问题，并适时加以修正和调整。

（二）激励分销渠道成员

激励分销渠道成员是指生产企业激发渠道成员的动机，使其产生内在动力，朝着企业所期望的目标前进的活动过程，目的在于调动分销渠道成员的积极性。企业通常采用的激励分销渠道成员的方式有直接激励和间接激励两种。

1. 直接激励

直接激励是指通过给予中间商实物或资金的方式来激发其积极性，从而实现生产企业的销售目标，主要有返利和价格折扣两种形式。

1）返利

（1）返利的标准。生产企业制定返利的标准时要参考竞争对手的做法，并考虑现实的可能性以及对抛售、倒货的防范，在此基础上，按照不同品种、数量和等级确定返利额度。

（2）返利的形式。返利的形式可以是现价返，或是货物返，也可以两者结合，但一定要事先注明。如以货物返利，能否作为下一个计划期的任务数，也要事先注明。

（3）返利的周期。返利以月返、季返或年返为周期都可以，应根据产品特性、货物流转周期来确定。

（4）返利的附带条件。为保证返利能促进销售且不产生负面影响，一定要注明返利的附带条件，如严禁跨区域销售、严禁擅自降价、严禁拖欠货款等，一经发现，取消返利。

2）价格折扣

根据不同情况，生产企业给予中间商一定的价格折扣，以鼓励中间商销售更多的产品。价格折扣包括数量折扣、现金折扣、季节折扣等。

2. 间接激励

间接激励是指通过帮助中间商获得更好的管理和销售，从而提高销售绩效。间接激励通常有以下几种做法。

（1）帮助经销商建立进销存报表，做好安全库存数和先进先出库存管理。进销存报表的建立，可以帮助经销商了解某一周期的实际销售数量和利润；安全库存数的明确，可以帮助经销商合理安排进货；先进先出库存管理，可以减少即将过期产品的出现。

（2）帮助零售商进行零售终端管理。终端管理的内容包括铺货和商品陈列等。通过定期拜访，帮助零售商整理货架，设计商品陈列形式。

（3）帮助经销商管理其客户网。具体来说，企业可以帮助经销商建立客户档案，包括客户的名称、地址和电话等，并根据客户的销售量将他们分成不同等级，据此告诉经销商对待不同等级的客户应采取的不同支持方式，从而更好地服务于不同性质的客户，提高客户的忠诚度。

（4）伙伴关系管理。从长远看，实施伙伴关系管理，也就是制造商和中间商结成合作伙伴，风险共担，利益共享。在现实经济生活中，分销渠道的作用正在逐渐增强，渠道联盟、分销商合作、厂商合作等战略越来越普遍。

（三）分销渠道冲突的处理

分销渠道冲突是指分销渠道中的某一成员对另一成员进行伤害，设法阻挠其正常经营活动或者在损害该成员的基础上获得稀缺资源的活动。生产企业必须对渠道冲突加以重视，防止渠道关系恶化甚至整个渠道体系的崩溃。当然，并非所有的冲突都会降低渠道效率，适当冲突的存在会增强渠道成员的忧患意识，刺激渠道成员的创新。所以，企业应该把渠道冲突控制在一个适当的可控范围之内，善加利用。同时，坚决制止会导致渠道成员关系破裂的高水平渠道冲突。处理分销渠道冲突可以采取如下主要对策。

1. 销售促进激励

要减少渠道成员的冲突，有时候，成员组织的领导者不得不对其政策、计划进行折中，对以前的贸易规则进行修改。这些折中和修改是为了对渠道成员进行激励，以物质利益刺激他们求大同、存小异。如价格折扣、付款信贷、基于业绩的奖励制度、分销成员的培训或旅游等。

2. 组织协商谈判

协商谈判是为了解决冲突而进行的讨论沟通，是分销渠道管理中经常使用到的方法。成功的协商谈判能够将原本可能中断的渠道关系引向新的发展，某些对手也会因此成为长久的合作伙伴。所以，在冲突发生时，协商谈判被认为是渠道成员自我保护和提高自身地位的有效手段。

3. 清理渠道成员

对于不遵守贸易规则、屡次不改的渠道成员，应该重新进行审查。若确认为不合格，则及时予以清除处理。如对那些通过肆意跨地区销售、打压价格进行恶性竞争的分销商，或长时间未实现规定销售目标的分销商，都可以采取清理的方法。

4. 使用法律手段

在渠道系统冲突发生时，一方渠道成员按照合同或协议的规定可以采取法律仲裁手段要求另一方行使既定行为。比如在特许经营体系中，特许经营商认为特许总部不断新添加的加盟商侵蚀了他们的利益，违反了加盟合同中的地理区域限定，这时就可以采取法律手段来解决这一纷争。

小思考

渠道冲突并不一定总是恶性的，有时候，提高渠道效率的良性冲突也常常存在。试举例说明，在日常营销活动中，渠道冲突如何提升效率？

（四）分销渠道窜货及整治

1. 窜货

窜货是指渠道成员为了自身利益，违反合同约定的经营区域而进行的越区销售。窜货是分销渠道冲突的一种典型的表现形式。当然，窜货有时并非恶性的，比如，在相邻市场边界自然而然发生跨区域销售现象；企业在市场开发初期，一些经销商跨区域将产品推向空白市场。只有那些为获取非正当利益，蓄意向自己辖区以外的市场倾销产品的行为，才是恶性窜货。恶性窜货会扰乱企业整个渠道网络的价格体系，引发价格战；使经销商对产品失去信心，丧失积极性，严重时会放弃产品的经销；混乱的价格也会导致消费者对企业的产品、品牌的不信任。

2. 窜货的整治

1）签订不窜货乱价协议

生产企业与经销商、代理商之间要签订不窜货乱价协议，在合同中注明"禁止跨区销售"的条款及违反此条款的惩处措施，为整治窜货问题提供法律依据。

2）加强销售通路管理

销售管理人员具有销售通路管理的职责。规范销售通路应该做到以下几点：第一，积极主动，加强监控，特别要关注销售终端，关注零售市场信息；第二，要有一个畅通的平台能让窜货双方及时反馈信息，并进行沟通，以便及时掌控市场窜货状况；第三，公平处理问题，一旦确认窜货问题，应该根据规章制度予以惩罚，甚至取消代理资格等，绝不姑息。

3）外包装区域差异化

生产企业对销往不同地区的产品可以在外包装上进行区别，主要措施如下：第一，给予不同编码，大件商品如汽车、摩托车、家电等都是一件商品一个编号，日用品则采用批次编号；第二，利用条形码，对销往不同地区的产品在外包装上印刷不同的条形码；第三，使用特殊的文字标识，当某种产品在某地区的销量达到一定程度，并且外包装又无法回收利用时，可在每种产品的外包装上印刷"专供××地区销售"字样；第四，使用颜色各异的商标，在保持其他标识不变的情况下，在不同地区将同种商品的商标采用不同颜色加以区别。

4）建立合理的差价体系

企业的价格政策要有一定的灵活性，要有调整的空间，并且每一级代理的利润设置不可过高或过低，以有利于防止窜货。若利润设置过高，则容易引发降价竞争，造成窜货；若利润设置过低，则难以调动经销商的积极性。

小案例9-3

超霸电池防窜货案例

超霸电池隶属金山工业（集团），专注技术研发超过50年，并以产品多元化、系列化驰名中外，成为亚洲前五位及世界前十位电池制造商之一。在防窜货方面，超霸电池从多方面采取了相关措施，具体如下：

(1) 通过防伪物流套标，多级产品数据精准关联，确保数据准确性；
(2) 实现经销物流管控，实时窜货预警，避免市场窜货，优化市场渠道；
(3) 建立经销渠道营销体系，营销精准触达，刺激销售，减少核销成本；
(4) 消费者可通过标签快速验证产品真伪，抵制假货。

资料来源："超霸电池渠道管理案例"，HiMarking，2022年4月。

5）管好促销价

每个厂家都会做一些促销活动，促销期间价格一般较低，经销商要货较多。经销商可能将其产品以低价销往非促销地区，或在促销活动结束后以低价销往其他地区，从而形成窜货。所以，厂家对促销时间和促销货品的数量应严加控制。

本章小结

分销渠道是指产品或服务从生产商转移到消费者或使用者过程中所经过的通道，即某种产品和服务在从生产者向消费者转移过程中，取得这种产品或服务的所有权或帮助所有权转移的所有企业和个人。分销渠道策略是市场营销组合策略的重要组成部分。党的二十大报告强调，营造市场化、法治化、国际化一流营商环境。本章通过"元气森林的渠道布局"案例说明了分销渠道策略在企业实际营销活动中的应用，通过案例阐述了批发商、代理商等相关概念，并对分销渠道的模式与发展、中间商的选择、分销渠道的设计与管理等内容做了全面的说明。

习 题

一、单选题

1. 消费品分销渠道按中间商的多少分为五种渠道模式，其中最直接、最简洁的分销渠道模型是（　　）。

A. 零级渠道　　　　　　　　　　B. 一级渠道
C. 二级渠道　　　　　　　　　　D. 三级渠道

2. 一级渠道是指在销售中只经过一类中间商，这类中间商是（　　）。

A. 代理商　　　　　　　　　　　B. 批发商
C. 零售商　　　　　　　　　　　D. 生产者

3. 批发商最主要的种类是（　　）。

A. 商人批发商　　　　　　　　　B. 经纪人
C. 代理商　　　　　　　　　　　D. 制造商销售办事处

4. 在分销渠道的"长度"理论中，不属于产品因素影响条件的是（　　）。
   A. 产品的属性　　　　　　　　　　　　B. 产品的时尚性
   C. 产品的技术性　　　　　　　　　　　D. 产品所惹起的竞争
5. 在分销渠道的"宽度"理论中，（　　）不属于这种理论种类。
   A. 密集型分销渠道　　　　　　　　　　B. 特殊型分销渠道
   C. 选择型分销渠道　　　　　　　　　　D. 独家分销渠道
6. 下列不属于窜货现象发生的主要原因的是（　　）。
   A. 利用客户类别价格差实施窜货
   B. 较大地域价格差致使产品从高价区向廉价区流动
   C. 生产者拟订过高的年销售目标任务
   D. 奖赏制度设置不合理
7. 关于那些单价高、需要提供售后服务的产品，如大型成套设施，需选择（　　）模式。
   A. 零级渠道　　　　　　　　　　　　　B. 一级渠道
   C. 二级渠道　　　　　　　　　　　　　D. 三级渠道
8. 下列不属于零售新形态的是（　　）。
   A. 连锁商铺　　　　　　　　　　　　　B. 百货商铺
   C. 连锁超市　　　　　　　　　　　　　D. 商业街
9. 根据市场因素选择渠道长度，下列选项中不属于市场因素的是（　　）。
   A. 国家经济政策　　　　　　　　　　　B. 市场的集合程度
   C. 消费者的购置习惯　　　　　　　　　D. 需求的季节性
10. 为刺激中间商，调动中间商的积极性，可采取的举措不包括（　　）。
    A. 向中间商提供物美价廉、适销对路的产品
    B. 合理分派收益
    C. 授予独家经营权
    D. 投入足够多的资本

二、多选题

1. 经销商与代理商的主要区别在于（　　）。
   A. 是否拥有品牌　　　　　　　　　　　B. 获取收益的方式不同
   C. 是否拥有商品所有权　　　　　　　　D. 规模与实力的大小
2. 下列属于渠道冲突的是（　　）。
   A. 连锁店总公司与各分店之间的冲突
   B. 某产品的制造商与零售商之间的冲突
   C. 玩具批发商与制造商之间的冲突
   D. 同一地区麦当劳各连锁分店之间的冲突

3. 分销渠道包括（　　）。
A. 辅助商　　　　　　　　　　　　B. 生产者
C. 代理中间商　　　　　　　　　　D. 商人中间商
4. 分销渠道的功能和作用包括（　　）。
A. 分销渠道是实现产品销售的重要途径
B. 分销渠道是帮助公司掌握市场需求的重要手段
C. 分销渠道是提高公司经济效益的重要手段
D. 分销渠道能够减少销售时间过程
5. 批发商的作用包括（　　）。
A. 提高销售效果，交流产销信息　　B. 有效集散产品
C. 储藏产品，保证运输　　　　　　D. 帮助资本融通，为零售商服务

三、判断题

1. 分销渠道就是为了达成产品从生产者到消费者的转移，起到桥梁作用。分销渠道联结生产者和消费者，既是生产者的"排水渠"，又是消费者的"引水渠"。（　　）
2. 零级渠道又称直接渠道，是最直接、最简洁的分销渠道模式。这种渠道有利于降低流通成本和专业化分工，公司在人力、财力上的投资较少。（　　）
3. 直接营销是指借助各种双向交流的广告媒体向顾客传达信息并接受顾客订货，公司以邮寄、送货上门方式完成商品运送，最终达成交易。（　　）
4. 在窄渠道结构中，同层次的分销渠道成员很少，多为垄断性独家经营；但缺点是竞争激烈，极易爆发渠道矛盾。（　　）
5. 批发商的交易对象一般比较稳定，他们对交易产品的规格、性能等有比较深刻的认识，但不一定具备相应的专业知识。（　　）

四、简答题

1. 什么是分销渠道？分销渠道分别有哪几个流程？
2. 分销渠道分为哪些类型？常见的分销渠道模式有哪几种？
3. 什么是批发商和零售商？
4. 分销渠道的设计包括哪些步骤？如何进行分销渠道方案的评估和决策？
5. 分销渠道的管理包括哪些方面？窜货的整治方法有哪些？

五、论述题

选择某种日常生活用品（如热水瓶）或高档商品（如珠宝首饰）为分析对象，试用所学相关知识论述这些产品的分销渠道长度结构和宽度结构，以及设计这种分销渠道结构的原因。

六、案例分析

格力渠道冲突引关注

2022年9月,河北盛世欣兴格力贸易有限公司发布《河北2 300万格力消费者告知书》称,其售后服务平台突然被格力电器关闭,已无法再接到派工信息,无法再上门维修。此前,也就是8月22日,格力电器突然宣布授权格力空调在河北省新的代理商。经销商与格力电器"撕破脸",渠道冲突持续发酵,格力曾经引以为傲的营销渠道体系正面临挑战。

为迎合互联网时代用户的消费需求,格力开始逐渐发力线上销售,随着线上销售不断扩大,线下渠道的生存空间被严重挤压。特别是2020年格力抓住直播风口,董明珠一年下来13场直播累计销售额高达476亿元,占到了全年公司总营收的28%。直播销售额的迅速增长源于超低价政策,这引发了线下经销商的严重不满。从2020年至今,多个格力电器经销商被曝倒戈竞争对手。有鉴于此,哪些措施可以避免渠道冲突呢?

第一,缓解线上线下的对抗。首先,架构线上线下互动体系,譬如用线上渠道宣传商品信息、促销动态和企业文化;利用线下渠道提升用户体验,为用户提供更多样的服务内容。其次,以同价的方式,减少线上低价竞争对品牌建设的影响。

第二,构建差异化的管理策略。差异化策略主要指品牌商将不同渠道的商品在客户定位、品质定位、品种定位上进行差异化处理。譬如线下以新品为主,线上以库存商品为主,使用户在商品选择上更好地利用线上或线下渠道,满足自身的发展需求。除此之外,线上渠道应以外地消费者为主,线下渠道以本地消费者为主,并根据消费者的地域特征,制定与之相对应的服务策略。

第三,构建科学合理的利益共享机制。首先,品牌商应从宏观的层面出发,在确保各方利益的前提下,实现盈利能力和品牌竞争力双双提升的发展目标,形成切实有效的分配体系,即根据不同渠道主体的贡献度,制定利润让渡和分配机制。其次,品牌商必须深入了解电商平台的发展机制和传统渠道的发展特点,通过构建合理的渠道管理体系,更好地分配和共享线上线下渠道的利润收益。

第四,转变线下渠道的职能。分销的宗旨是货流畅通,线下渠道拥有各地的销售网点和配送中心,并且拥有丰富的服务经验,能够有效地提升线上服务的效率。所以品牌商在线上线下渠道管理中,可以使线下渠道的职能延伸到信息服务和物流服务上。

第五,建设数字一体化供应链体系。在供应链层面要以应用数据为目标,要求企业能够快速地获得消费者数据,能够和下游的经销端、零售端以及线上的平台端打通链接,形成一体化的数据反馈体系,将离线的行为变成数据,反馈给营销和生产端，形成决策闭环。组织层面要能够在数字化基础上对员工实现组织赋能，多部门协同。

资料来源："格力渠道冲突引关注"，CMA 官方订阅号，2022 年 9 月 16 日。

思考：
1. 试论述格力渠道冲突的成因与表现。
2. 结合课堂所学知识，试分析应该如何解决格力目前的渠道冲突。
3. 谈谈你对这句话的理解：转变线下渠道的职能。并试着结合格力案例，从转变线下渠道职能的角度，向其他面临线上线下渠道冲突的企业提供合理化建议。

第十章

Chapter 10

整合传播与管理

主要知识结构图

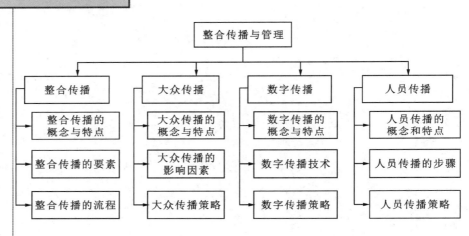

教学目标

• 帮助学生了解整合营销的基本概念、特点和要素以及人员传播的特点和步骤。

• 帮助学生熟悉数字传播的概念与相关技术，理解大众传播的特点与影响因素。

• 帮助学生掌握整合传播、大众传播、数字传播、人员传播的方法及策略，具备解决营销传播实践中实际问题的能力。

• 引导学生深刻理解并自觉实践营销职业精神和职业道德，帮助学生强化对中华优秀传统文化的认知，增强学生的文化自信。

> 开篇案例

国货洗护第一品牌阿道夫的整合营销

在2021年亚洲市场品牌足迹报告中，国货品牌阿道夫凭借14.5%的消费者触及数增长率位列洗护类目第一。2019年，阿道夫的销售额就已突破150亿元，2020年的"双11"当天更是热销3.28亿元。在国内市场，洗护品类一度都是国际品牌的天下，作为"国货之光"的阿道夫究竟是如何突出重围，在高端洗护市场中开辟一片新天地的呢？

1. 借助终端资源，完成线下渠道铺设

据阿道夫官方信息，阿道夫线上销售占比仅为全年销售额的30%，表明阿道夫的销售渠道主要依靠线下。那么，70%的线下销售额是通过什么方式来实现的呢？这得益于阿道夫所属集团线下门店的渠道资源优势，使其在两年内进驻全国4 000余家终端门店，并与终端之间建立密切的连接，再通过给代理商、终端巨大的利润空间以刺激动销。在免费领取试用装、买一赠一等促销活动的作用下，阿道夫快速地积累了一批种子用户，这批种子用户通过自己的亲身试用，在效果良好的情况下，达到了口碑传播的目的，同时也为阿道夫的微信社群、微信公众号私域流量的积累起到了关键的引流作用。

2. 全渠道数据融合，沉淀自有数据资产

在互联网时代，线上流量的重要性毋庸置疑。为此，阿道夫除了以网剧插播广告、冠名热门综艺、美妆时尚媒体推广曝光等多种形式为品牌进行宣传之外，还拓展了微博、微信、抖音、小红书、天猫淘宝、京东、网易考拉、唯品会等线上渠道。从社交媒体到各大电商平台，均铺设了大量的流量入口，并将分散于各个渠道、各个场景下的碎片化数据沉淀积累，挖掘自有数据资产，从中发掘营销机会，精准开展营销活动，延伸线下客户体验的触角，使客户对品牌的理解和感知更加深刻，促进更高效率的传播转化，实现数据驱动的精细化运营，从而将品牌数据价值转化为商业价值。

3. 洞察客户需求，培育客户忠诚度

对于任何一个品牌来说，了解用户、满足他们不断变化的消费需求都是品牌成功的关键。洞察用户的特征可以帮助品牌商制定行之有效的营销策略，这就需要运用大数据为用户"画像"。阿道夫通过画像数据，对不同客户群体的喜好、购买力、消费习惯等信息进行精准把握，通过有针对性的营销活动深度连接目标客户，提升消费体验，提高营销效果，形成口碑效应，实现客户的留存、激活、转化、持续裂变与拉新。

资料来源："2021年亚洲市场品牌足迹"，搜狐咨询。

第一节 整合传播

一、整合传播的概念与特点

（一）整合传播的概念

整合传播是 20 世纪 90 年代初首先在美国提出的，这是一种由国际广告业衍生的现代广告新概念。美国广告协会对整合传播的定义是："这是一种营销传播计划的概念，它要求充分了解用于制定整合计划的各种能够增加价值的传播手段，例如广告、销售推广和公共关系等，并将其结合起来，以提供清晰、一致的信息，使传播影响最大化。"

整合传播的中心思想是以满足顾客需求为价值取向，通过企业与顾客的沟通，确定企业统一的促销策略，协调使用综合性的传播手段，发挥传播各种工具的优势，从而实现促销宣传的低成本化和传播影响力的最大化。与传统营销理论相比，整合传播的革命性体现在两个方面：一是使营销从以产品或企业为中心的导向，转变为以消费者为中心的导向，寻求内外结合的双向互动沟通；二是反对传统分散、不聚焦的传播模式，要求企业或品牌的传播要形成"同一种声音、同一种形象、同一种理念"，以此强化协同性。

（二）整合传播的特点

1. 整合传播是一项综合性的营销传播计划

整合传播是一项由企业推动实施的计划，它是企业根据经营目标设计的、需要达到一定效果的传播计划。不过，企业一般需要在计划的刚性和整合营销传播的实时性之间找到平衡，只有这样才能够在保持稳定性的基础上快速地对市场做出反应。

2. 整合传播是一个有增值价值的传播过程

企业采用不同的传播手段来传播同一件事情的时候，往往能够产生比单个媒体传播倍增的效果。产生倍增效果的原因是，顾客多次的信息触达和多视角的信息认知比单一的信息触达和单视角的信息认知有更好的效果。因此，当多个不同的媒体和广告协同传播时就可能产生交互作用，从而提升整体的传播效果。

3. 整合传播必须提供清晰的、一致的信息

传播的一致性在整合营销传播过程之中是必须遵循的原则，特别是在当前信息过载，注意力资源、认知资源和记忆资源都稀缺的环境下，更不允许传播不统一甚至存在矛盾的信息。因此，企业在整合营销传播过程中要做到多个方面的一致和统一，才能够获得良好的传播效果。

4. 整合传播需要关注如何整合

整合营销传播需要综合评价各种传播手段的作用，因为不同的媒体有着不同的传播效果。例如，电视广告的传播特征与报刊广告的传播特征是不一样的，前者比较适合做知晓传播，后者适合做精细加工传播。这时，在制定整合营销传播计划时就需要考虑将不同媒体投放到不同的情景下，充分考虑到时间、地理、人群、认知等各方面的互补性和协同性。

二、整合传播的要素

整合传播并不是单纯的多渠道传播，而是通过对渠道、人员、内容、目的等多方位的整合，以产生协同效应，达到 1+1>2 的效果，降低内耗，节省成本。

（一）渠道的整合

不同的传播渠道能带来不同的传播效果，选择适合的渠道，可以事半功倍。通过整合企业掌握的推广渠道，同时扩展新的营销渠道，实现多渠道间相互配合，以此来减少各渠道的内部消耗。

（二）内容的整合

传播的内容与内容之间也可以相互配合，使资源利用最大化。例如一篇文案可以发在不同的平台中，获取更多的曝光量。不同的关键词选择不同的渠道曝光，以获得更多的流量，再运用推广文章加以整合，将流量汇总，取得更好的传播效果。

（三）人员的整合

传播人员在各司其职的同时也需要相互配合，朝着统一的目标共同奋进，实现人员资源利用最大化。

（四）目标的整合

整合传播必须以消费者为中心，确定统一的传播目标，协同各种传播手段，建立畅通的信息渠道，从而强化信息的整体传播强度和一致性。

小案例10-1

"过吉祥年，喝王老吉"，整合营销初识味

2011年春节期间，王老吉投放了一则"过吉祥年，喝王老吉"的主题广告。通过节日营销手法，王老吉运用电视、网络、移动端等多个渠道，上演了一场整合营销。在大众眼里，红罐王老吉本身就自带吉庆属性，配合春节吉祥如意的气氛，王老吉更是将这方面的属性放大到极致。活动期间，通过将回家、团聚、购年货、送礼四个场景进行联合，进一步激发群众的情感共鸣，让最终的营销效果反响剧烈。春节期间是一段较为特殊的日子，频繁的外出率让移动浏览的功效迅速放大，通过网络以及移动设备等多渠道的整合模式，企业的品牌形象得到了充分的传播，从而促进产品转化。

资料来源：搜狐网。

三、整合传播的流程

（一）整合营销传播计划

整合营销传播计划的制定需要考虑传播目标、目标顾客分析、传播定位、媒体计划、内容计划、整合计划、预算制定等方面的问题。

1. 传播目标

传播目标的设定是整合营销传播的起点。企业整合营销传播的目标往往是综合的，例如，企业会将品牌形象建设、产品销售、反击竞争对手、季节性推广、实现品牌忠诚等目标综合起来进行整合营销传播。在大的目标制定之后，还需要分解出具体的小目标，每一种传播媒体可能对应的是不同的目标和不同的消费行为，例如在电视广告的目标可能是获得顾客的认知和兴趣，但在卖场内的传播目标可能是获得销售的提升。另外，具体的销售目标和品牌形象目标（如认知度）也将是传播目标设计时需要考虑的问题。

2. 目标顾客分析

目标顾客分析是整合营销传播的基础。进行目标顾客分析的主要目的是确定传播的目标市场，精准地向目标顾客传播信息。传统的目标市场研究是通过顾客细分分析来进行的，细分过程中可以采用人口统计特征、地理纬度等非常简单的细分标准，也可以采用生活形态、价值观等抽象的细分标准。随着电子商务时代的到来，传统的市场细分方式已经逐渐被精准的目标顾客画像所替代，企业可以通过更加精准的方式向目标顾客传播信息，例如阿里巴巴平台就会向商家提供达摩盘的客户标签，商家可以选择客户标签精准地向目标顾客传播信息。

3. 传播定位

传播定位是整个整合营销传播的聚焦点。由于消费者很难在信息过载的今天注意和记忆品牌或产品的信息，企业就需要在传播之前很好地设计传播的定位。传播定位的目的包括以下几个方面。一是与竞争对手的品牌和产品相区隔。传播的定位可以通过品牌定位的差异化使顾客更加容易识别和记忆品牌或产品信息。二是持续强化的品牌定位。品牌定位获得顾客的认知甚至使其产生联想并不是一件非常容易的事情，它往往需要企业进行长期的艰苦努力。通过整合营销传播的定位不断强化品牌定位是一种建立品牌联想行之有效的方式。三是获取有限的认知资源。由于市场竞争的激烈，顾客的认知资源越来越稀缺，这时就需要通过整合营销定位来争夺认知资源。例如在品牌定位的基础上通过建立耳熟能详的品牌口号使消费者的认知努力最小化，从而使顾客从大量信息中快速识别品牌。

4. 媒体计划

媒体计划是指企业通过时间、空间、人群、行为、预算等方面的分析来选择营销传播的媒体。

5. 内容计划

内容计划是在媒体计划的基础上，确定每个媒体需要采用的传播内容，这些内容既要保持品牌信息的一致性（例如品牌定位需要保持一致），又要体现出对媒体特征的适应性（例如电视广告的内容包含声音、图像，而户外广告内容仅包含图像）。

6. 整合计划

整合计划指在营销传播过程中需要进行的资源整合，例如内部组织与外部合作伙伴之间的协调配合。

7. 预算制定

预算制定是营销传播过程中最为关键的因素之一，它往往与营销传播的效果之间挂钩并动态进行调整。企业的营销传播预算可以采用自上而下的方式制定，由高管下拨各项营销费用；也可以采用自下而上的方式来确定，由各个部门申报资金。

（二）整合营销传播执行

在完成了整合营销传播的计划之后，接下来就是按照计划执行整合营销传播的方案。在执行过程中，将会涉及内部组织管理、外部伙伴管理、创意和内容制作、媒体选择与排期、传播监控等方面的工作。

1. 内部组织管理

内部组织管理的重点是建立与传播活动相匹配的项目团队和组织。对于一些大型的整合营销传播活动而言，建立跨部门的项目制组织体系是十分必要的。内部的组织管理不但需要协调内部的研发、生产、营销、销售等方面的关系，还要协调与外部合作伙伴之间的关系。同时，整合营销项目团队也需要根据整合营销传播计划的要求组织各类公共关系、广告、销售促进等活动。

2. 外部伙伴管理

外部伙伴管理是指在整合营销传播过程中协调和管理外部的合作伙伴，从而顺利地完成整合营销传播过程中的外包性或合作性工作。要完成整合营销传播的全过程，就需要得到各种合作伙伴的帮助，这些合作伙伴包括市场研究公司、广告公司、内容制作方、媒体和传播资源、受赞助方、代言人、经销商、销售终端等。一些企业在整合营销传播过程中主要依赖广告公司协助完成市场研究、传播定位、内容制作、媒体选择等工作；另一些企业会将整合营销传播工作分解为不同的部分，只让合作伙伴参与其中的某一部分工作。外部伙伴的合作与管理往往决定了整合营销传播的效果。

3. 创意和内容制作

创意和内容制作是营销传播的重点和基础之一。创意和内容的制作有两个方面的重要作用。一方面，它可以用于增强顾客的信息加工。创意和内容制作是品牌信息在众多的信息中脱颖而出的关键，它可以有效地促进本公司品牌信息触达顾客，同时，好的创意和内容可以增强顾客对品牌的认知和记忆。另一方面，创意和内容已经成为营销传播的核心要素。随着社交媒体的兴起，内容为王的传播时代已经来临，人际传播成为社交媒体传播的主要形式。在这种环境下，好的内容可以通过人际传播快速提升信息的触达率，从而达到良好的传播效果。

10-1 喜茶创意营销：《出其不意，就有灵感》（视频）

4. 媒体选择与排期

媒体选择与排期的操作是整合营销传播得以产生其效果的关键。在选择媒体时，首先需要考虑所选媒体是否与整合营销传播的目标受众相匹配，其中需要特别关注目标顾客的行动路径和触点。由于整合营销传播需要多种媒体组合起来传播，因此，在媒体选择过程中还需要考虑不同媒体在不同时间、不同顾客触点、不同认知过程中的作用，同时也需要考虑媒体的规模、时长和位置。在不同媒体上的投放需要进行媒体的排期，媒体排期不仅需要按照时间统筹安排各种媒体，更需要考虑在不同认知阶段投放不同的媒体。媒体的排期有着不同的策略，包括连续性排期策略、脉冲式排期策略和间歇式排期策略。

5. 传播监控

传播监控已经成为整合营销传播过程中必须关注的问题，只有有效的传播监控才能够保证传播达到预期的效果和性价比。之所以要进行传播监控，是因为传播过程中广告主、广告公司、媒体之间往往存在着不同的传播计量方式，因此需要在传播过程中确认播放次数、播放时长、版面大小、点击次数等指标，以便确保传播合同的有效执行。一般而言，传播的效果需要由第三方进行监控，特别是在网络媒体的投放过程中，很多企业都会选择第三方公司来监控媒体的传播。目前，市场上已经出现了很多独立的广告传播监控公司，例如北京秒针公司，它们的主要作用是站在独立的立场上对媒体传播进行相应的监控。

（三）整合营销传播效果评价

整合营销传播效果的评价可以采用三种不同的方式，分别是媒体效果评价、心理效果评价和销售效果评价。

1. 媒体效果评价

媒体效果评价是整合营销传播评价时最为常用的指标。在传统的整合营销传播过程中，媒体效果评价主要关注的是信息的到达率、到达频次和到达成本，数据大多依靠调查和估算。但在电子商务的环境下，媒体效果评价发生了一些变化，出现了千人点击率成本（CPC）等一些新的指标。同时，在电商环境下所有的评价均可以数字化，这使企业可以非常容易地追踪营销传播的效果。例如，企业非常容易监控一个网络名人的信息传播带来了多少点击、多少转播等。由于数字化时代的到来，媒体效果的评价逐渐成为一种主流的传播效果评价方法。

2. 心理效果评价

心理效果评价主要关注在整合营销传播过程中顾客心理的变化，例如，比较传播之前和传播之后品牌提及率、品牌认知、品牌态度、购买意愿等方面的变化。心理效果评价既可以用于整合营销传播之前的样片测试，也可以用于全面地评价整合营销传播效果。不过，心理效果评价也有很多不足之处，例如样本选择偏差、不能直接测量传播效果、操作困难等。尽管如此，心理效果对整体的传播效果测量以及长期的传播效果测量还是非常有价值的。

10-2 百吉福芝力整合营销，重塑"动"与"吃"（视频）

3. 销售效果评价

销售效果评价关注的是整合营销传播过程带来的销售效果。销售效果评价一般关注的是短期的、直接的销售结果。传统上，可以通过计量经济模型测算广告投放与销售之间的关系，从而评价哪些媒体产生了销售效果。

第二节 大众传播

一、大众传播的概念与特点

（一）大众传播的概念

传播学发展至今，对于大众传播的定义，不同学者有着不同的解释。例如，刘建明在《宣传舆论学大辞典》（1993）中提到，大众传播是人类社会信息交流的方式之一，这种信息交流是指专业工作者（记者、编辑）通过机械媒体（印刷媒体、电子媒体）公开并定期向公众传递各类信息。

美国社会学家梅尔文·德弗勒认为，大众传播是专业传播者通过机械媒体广泛、迅速和持续传播信息的过程。传播者的目的是向受众分享传播内容，并通过这种方式来影响受众。

美国传播学家莫里斯·杰诺维茨认为，机构和技术构成了大众传播，专业化群体通过机构和技术借助媒介（如报刊、广播、电视等）将符号内容传递给大量不同且分布广泛的受众。

综合以上概念，可以归纳出有关大众传播概念中的一些相同点：第一，大众传播中的传播者是有组织的群体，是职业传播者；第二，传播的渠道是大规模的、以先进技术为基础的扩散设备和扩散系统；第三，信息的接收者是人数众多的受众。因此，本书认为，大众传播是指专业化的媒介组织运用先进的传播技术和产业化手段，以社会上一般大众为对象而进行的大规模的信息生产和传播活动。

（二）大众传播的特点

1. 传播者多为专业性媒介组织

大众传播中的传播主体多为专业性媒介组织，它们的主要任务可以概括为进行信息采集、制作与发布。常见的专业性媒介组织包括报社、电台、电视台、通讯社、出版社以及批量开展音乐和影像制作的文化传播公司等。在西方发达国家，这类主体主要包括公共法人和企业法人；在我国则主要为"事业性质、企业管理"的媒介组织。同时，普通民众也成为信息发布的重要主体。

2. 传播内容具有商业和文化双重属性

大众传播的信息具有商业和文化的双重属性。这是因为：一方面，受众在获取媒介组织生产的信息时，需要付出相应的费用，在市场经济的背景下，这使得信息产品成了能够进入市场进行交换的产品；另一方面，信息产品不同于满足物质需求的商品，人们对信息产品的消费主要是为了满足精神需求，即意义的消费，意义又是社会文化的产物，具有鲜明的文化属性。

3. 传播渠道具有技术性和产业性

大众传播的开展需要借助先进的通信技术和产业手段来实现信息的采集、制作与发布。大众传播的发展和变革更是离不开印刷技术和通信产业。如今，数字排版、机器编辑、人工智能和数字多媒体技术不断扩展着大众传播的规模，提高了大众传播的速度和效率，使得大众传播越来越成为现代信息产业的重要组成部分。

4. 传播对象为社会大众

大众传播的对象是社会大众。社会大众是一个集合概念，它并未特指某个阶层或群体，而是指社会中所有普通人。任何人，无论性别、年龄、职业和学历，只要能够接触大众传播的信息，便能成为受众。受众的广泛性意味着大众传播是一种旨在满足社会大多数人的信息需求的大规模传播活动，这也意味着大众传播有广泛的社会影响力，能够对不同的群体产生影响。

二、大众传播的影响因素

（一）传播者

传播者就是信息源发布者。西方学者霍夫兰等人曾经提出"可信度效果"的概念，即信源的可信度越高，其说服效果越大。而可信度包括两个要素：一是传播者的信誉；二是专业权威性。受传者在接收信息时存有求真心理，即要求信息真实可信。因此，传播者的信誉以及专业权威性直接影响着大众传播的效果，传播者的可信度越高，则说服效果越好。

> 小案例10-2

舒肤佳的专家说服策略

在舒肤佳的营销传播中，以"除菌"为轴心概念，诉求"有效除菌护全家"，并在广告中通过踢球、挤车、扛煤气罐等场景告诉大家生活中会感染很多细菌。然后，舒肤佳再通过"内含抗菌成分'迪保肤'"之理性诉求和实验来证明舒肤佳可以让你把手洗"干净"。另外，舒肤佳还通过"中华医学会验证"增强了品牌信任度，在"舒肤佳保护全中国孩子"的广告中，舒肤佳首席科学家、北大博士王小勇带领一批研发人员共同呼吁使用舒肤佳守护孩子的健康，专业的权威性为舒肤佳的广告增添了良好的说服效果。

资料来源：搜狐网。

（二）传播对象

传播对象即为受众，其性别、年龄、文化程度、职业、个人情感与经历等都在一定程度上影响着自身对信息的理解，最终对传播效果造成影响。例如，受传者的个性会决定传播效果，根据贾尼斯提出的"自信心假说"，自信心的强弱与可说服性的高低之间存在密切的关系，自信心越强，可说服性越低；自信心越弱，可说服性越高。此外，受众在接受信息的过程中可以自由地选择传播媒介及传播内容，还会因各种原因主动地寻求和使用信息。因此，受众接受信息的心理过程即为选择性理解与记忆的过程。

（三）传播媒介

不同的媒介带来的传播效果是不同的，只有找准诉求点、诉求对象，合理地选择传播媒介进行信息传播，才能取得良好的传播效果。如针对中老年人的药品和保健品就应当选择电视或者报纸，针对社会精英的广告就应选取专业的杂志周刊，甚至针对不同职业人群的广告也可以相应地在不同类型的专业网站上做宣传。

三、大众传播策略

（一）统一宣传口径

为了保证信息的传播效果，就必须努力排除选择性因素对受众的干扰。例如，一件新生事物出现后，受众对其不了解，一般持中立态度。如果这时所有大众媒介都统一宣传口径，宣传该事物的优点，那么只要受众周围的人不与大众传播媒介持相反意见，受众就会认同大众传播媒介的观点。同时为了加深印象，媒介必须在一定时间内集中宣传。调查研究显示，当同一个广告在各类媒体上反复出现六次以上时，才能给消费者留下最初的印象。许多企业在自己的新产品问世之初，不惜投入巨额广告费用。因此在重大信息发布时，为了取得最佳的传播效果，可以利用各大众传播媒介联动，多时段在各类媒体上进行密集型宣传。

（二）树立典型发挥示范效应

通过对典型人物的宣传，充分发挥榜样的力量，可以起到引领作用，但典型人物的选取非常关键。例如推销健身器材的广告，可以挑选一名身材肥胖者作为模特，通过这名模特在使用健身器材前后一段时间的体型对比来显示健身器材的性能，使那些渴望减肥的消费者都跃跃欲试。这个广告传播的成功之处就在于模特和潜在消费者具有可比性，即他们都有肥胖的共性。如果挑选一名本来身材就十分匀称的模特来做这则广告，那么传播的效果就要大打折扣。同样，媒体中经常用到的对先进典型的宣传也要注意其普遍性，如果选择的榜样在受众心目中遥不可及，那么再怎么引导受众向榜样学习，受众也没有信心和兴趣。

> **微阅读**
>
> **以榜样精神砥砺前行**
>
> 由中共中央组织部、中央广播电视总台联合推出的专题节目《榜样3》在全党全社会引发强烈反响，令人感触颇深。专题片中选取的榜样人物都不是名人，他们就在我们的身边，和我们一样从事着平凡的工作。90岁高龄老人宋书声专心编译马列著作，忠诚执着，传播真理；80后赤脚医生贺星龙，在贫瘠偏远的吕梁山南麓，以一名医生的一己之力，竭力守护着黄河岸边28个村的百姓；虎胆英雄、缉毒先锋印春荣，用28年的人生在漫长的云南边境线上和毒贩较量。节目通过讲述宋书声、贺星龙、印春荣等一批先进典型人物的简单而不平凡的故事，令受众备受感动、潸然泪下。
>
> 资料来源：中国青年网。

（三）合理引导受众诉求

已有传播学的研究成果表明，受众如果本来就有自己的观点，在其观点的外围存在一定的"可接受范围"，传播内容若在这个范围内，是比较容易被接受的。因此大众传播要能把握受众的信息接受范围，在此中寻找话题，选择诉诸理性或诉诸感情的诉求法，让受众乐意接受并积极采纳传播者的观点。

第三节 数字传播

一、数字传播的概念与特点

（一）数字传播的概念

数字传播是数字信息技术发展条件下的一种新的传播方式。一般而言，数字传播是指以数字化传播媒介，如电脑、智能手机、平板等为主体，以多媒体为辅助，提供多种网络传播方式的信息传播活动，它能够把各种数据与文字、图示、动画、音乐、语言、图像、电影和视频等信息组合在一起，并在此基础上展开互动。

与传统的传播方式相比，数字传播的内涵体现在以下几个方面。

1. 传播媒体的数字化

数字传播以数字化的声音、图像、视频和文字等方式进行传播，与传统的口述、现场表演和纸质图书等内容呈现形式有显著不同。某种意义上可以说，数字化媒体是决定数字化传播效果的关键所在。

2. 呈现方式的数字化

数字传播依托手机终端、电脑屏幕以及其他显示设备等方式予以展示。形态各异的屏幕将成为数字化传播的主阵地，与传统的呈现方式有极大的不同。

3. 连接方式的数字化

数字传播通过互联网等渠道进行数字内容的传输，确保传输内容的精准和快速，更好地满足远程、大容量数据传输需要。

4. 交互空间数字化

数字化传播在数字空间中展开，受众通过各种终端设备登录各种数字空间，比如微信、微博、头条和抖音等，并通过点赞、留言和转发等方式进行反馈和互动，他们在数字空间获得全新的交互体验，拓展传统交互空间的边界。

5. 传播资源的数字化

在数字传播的背景下，传播的资源都是以数据的形式存在，原创且具有影响力的传播数据资源，是传播成败的"秘密武器"。

6. 传播目标的多元化

与传统的传播方式相比，数字化传播可以克服时空的障碍，做到多维以及多场景的展示，提高传播的精准度和匹配度，进一步确保传播的成效。

> 小案例10-3

数字中国科技馆重塑文化体验：首个真实沉浸科普场景上线

2022年，重启世界上线了数字版中国科学技术馆，以此为开端，一个全民共创、共享的"文化元宇宙"蓝图徐徐铺开。当前阶段，重启世界把中国科技馆"挑战与未来"主题展厅太空探索展区作为第一站，对之进行数字化复刻，集中展现新中国成立以来我国在航天领域的科技成就，观众使用手机、平板或者个人电脑就能在真实沉浸的互动体验中，探索地球与太空奥秘，领略科学精神。在展区入口，观众可以更换航天服，模拟太空环境下的"失重"遨游体验。不仅如此，观众还能亲自扮演操作员，按照指引完成火箭点火发射，直观感受航天科技，"触摸"遥不可及的深空繁星。进入数字中国科技馆，第一幕场景即1∶1还原我国第一艘无人试验飞船——神舟一号及其返回舱（于1999年发射，这是中国载人航天工程的首次飞行，标志着中国在载人航天飞行技术上的重大突破）。

数字中国科技馆的打造为中华优秀文化提供了一个更具活力、更具开放性的展示、体验、传承、创新平台，同时为中华文化打开了一个全球化传播窗口，让全球用户领略中华文化动人心魄的魅力。

资料来源：新浪网。

（二）数字传播的特点

1. 传播的范围显著扩大

数字化传播突破了传统的地域界线，传播范围不再受空间限制，而是通过网络突破疆域，可以在全国乃至全球范围内得到广泛的传播。毫无疑问，传播范围的扩大，将使传播的发展空间和影响程度得到大幅的提升。

2. 传播的时间不受限制

长期以来，传统的传播无法突破"人传人"和"面对面"的局限，即使采用广播电视等传播手段，仍受到较大的时间限制。而数字化传播可以根据受众的需要确定传播的时间，即使是网络直播也可以根据需要进行在线回看，摆脱对传播时间的依赖。

3. 传播的交互方式发生变化

传统条件下，传播的交互性受到较大的局限，特别是纸质媒体和广电等媒体无法实现有效的交互。而数字化传播既可利用触屏实现有效精准的交互，又可通过弹幕等方式进行同屏互动，同时还能突破"一对一"和"一对多"的限制，形成更为紧密和更具个性化的"多对多"的联系，使交互的效果得以显著提升。

4. 传播的重点转向数字媒体的创作

数字化传播通过数字化媒体的方式在网上传播，数字媒体是其基本的存在形态和价值来源，因此创作高水平的数字媒体作品是确保数字化传播的关键所在，必须将其作为重点任务予以落实。

二、数字传播技术

数字传播技术的发展离不开基础科学技术的支持。目前，数字传播技术主要是通过现代计算和通信手段，综合处理文字、声音、图形、图像等信息，使抽象的信息变得可感知、可管理、可交互，涉及的技术主要包括以下几类。

（一）计算机技术

计算机技术是现代媒体发展的根本技术支持。计算机技术通过芯片的复杂逻辑运算，依靠软件技术的智能化处理，模拟人脑的思维能力，对大量的传感器获得的数据进行快速处理、记录、传播。

（二）数字技术

数字技术是一项与电子计算机相伴相生的科学技术，它是指借助一定的设备将各种信息，包括图、文、声、像等，转化为电子计算机能识别的二进制数字"0"和"1"后，进行运算、加工、存储、传送、传播、还原的技术。

（三）网络通信技术

网络通信技术是指通过计算机和网络通信设备对图形和文字等形式的资料进行采集、存储、处理和传输等，使信息资源达到充分共享的技术。随着4G、5G等移动网络通信技术日渐成熟，移动通信的信号质量、传输速度和存储容量大幅提升，满足了人们对移动通信网络的高质量要求。

（四）虚拟现实技术

虚拟现实技术（virtual reality，VR），简单概括就是通过数字化途径模拟出逼真的场景，能够通过先进的计算机算法，对用户的视觉、听觉、嗅觉、触觉进行数字化编码和处理，并且可以进行再设计后反馈给用户逼真的感官体验。它可以不受时间限制地观察虚拟空间中的事物，让用户体验这种感觉。

10-3 增强现实（AR）和虚拟现实（VR），你知道区别吗？

（五）增强现实技术

增强现实技术（augmented reality，AR）是一种将虚拟信息与真实世界巧妙融合的技术，它将计算机生成的文字、图像、三维模型、音乐、视频等虚拟信息模拟仿真后，应用到真实环境中，对真实环境深层内容或者关联内容进行扩展和补充，从而起到扩大用户认知范围的作用。

三、数字传播策略

（一）树立数字营销理念

企业在日常运营中需要强化数字化思维，树立数字营销理念，全面提升员工的数字技能、管理水平和数字化素养，通过理论、实践、创新等多个维度，坚持数字营销建设。首先，企业要完善人才引进、培养体系，从制度上保证与数字化转型需求相适应的人才供给，建立高水平的数字营销队伍。其次，企业要不断更新数字学习理念，认识到技术正在不断进化，打造全新的作业模式。最后，企业要进一步强化全流程数字化管控，以更好地适应市场变化，对接消费群体，挖掘潜在顾客。

（二）完善数字营销基础设施

范围广、投入大是数字化基础设施建设的特点，因此，企业要加大对数字营销系统和技术的资金投入，关注市场动态，建立相应的配套体系，通过数据挖掘预测消费者的需求和偏好，进一步减少冗余环节，提高消费者购买的便捷度。企业可以利用物联网、区块链、5G网络等信息技术，对商品、门店等物质设施进行数字化改造升级，比如进行商品全链条追踪、门店数字化管理等，通过数字营销平台，主动下沉市场布局，创造更多价值。

（三）整合数字传播渠道

企业可以通过整合各个传播渠道、平台，以视频、图片、文字、音频等多种形式，持续布局投放，形成全渠道、全方位、全时段"环绕"，以提升数字传播的广度与深度。企业还可以通过对平台大数据的统计和智能分析，打通各部门之间的数字化壁垒，建立共享、协作、联动机制，更好地推进数据应用，确保数据安全，进行精准化、个性化的信息推送等，实现全渠道协同并进，在产品和服务层面进一步精确匹配消费者的需求，提升消费者的满足感。

第四节　人员传播

一、人员传播的概念和特点

（一）人员传播的概念

人员传播是指推销人员直接与顾客进行交谈，以推销商品、促进销售的一种方式。

人员传播是一项专业性很强的工作，它必须同时满足买卖双方的不同需求，解决各自不同的问题。传播人员只有将传播工作理解为顾客的购买行为，即帮助顾客购买的过程，才能使传播工作进行得卓有成效，达到双方满意的目的。当销售活动需要更多地去解决问题和进行说服工作时，人员传播是上佳选择。

（二）人员传播的特点

1. 信息的传递具有双向性

人员推销不仅仅能够让客户们更好地了解企业产品以及相关服务，推销人员也能在这个过程中更加了解客户并且为他们提供服务，这就是人员推销的双向信息传递性，企业可以通过人员推销来了解客户从而制定更好的产品生产以及营销策略。

2. 信息传播过程更加灵活

人员传播这种形式意味着专门与客户们直接接触，推销人员可以面对面地与客户们沟通交流。人员推销的针对性是比较强的，推销人员可以真正了解到顾客们的需求，从而有针对性地推销合适的产品以及服务，及时抓住机会就能推销成功。而且人员推销还能深度了解客户们的行为，可提供售后服务和追踪，及时发现并解决产品在售后使用及消费时出现的问题，满足他们在不同阶段的需要。

3. 管理成本较高

人员传播需要耗费企业大量的人力、物力、财力和时间等资源，对推销人员的要求也较高，他们不仅要具备良好的人际交往能力，还要熟悉产品的功能、作用、特点、使用方法等，这也为企业带来了较高的管理成本。

二、人员传播的步骤

（一）识别潜在客户

推销人员首先要寻求机会，发现潜在客户，创造需求，开拓市场。所谓潜在客户就是既可以获益于某种推销的商品，又有能力购买这种商品的个人或组织。

（二）前期准备

推销人员在推销前必须要征得客户的同意。在确定访问对象后，推销人员应先邀约并做好相关资料的准备，重点要熟知产品知识，如该产品能给客户带来什么好处、它的用途和使用方法、它与其他同类产品之间的比较、有哪些售后服务及如何进行财务结算等。

（三）接近客户

接近客户是正式接触客户的第一步。在这个过程中，第一印象非常重要，推销人员一定要选择合适的接近方式，获取信任。

小思考

接近客户的方法有哪些？假设你是一名推销人员，你会如何接近客户？

（四）应对异议

异议就是购买双方对某些问题有不同的意见。面谈中顾客往往会提出各种购买异议，如需求异议、权利异议、价格异议、货源异议、购买时间异议等。推销人员在处理购买异议时应注意语言技巧，耐心细致地将客户的异议当面解决。

（五）达成交易

达成交易即推销人员要求对方采取订货购买的行动阶段。推销人员一旦发现对方有购买意愿，应立即抓住时机成交，不失时机地为顾客办理成交手续。此时，推销人员为促成交易，还可提供一些最后保留的优惠条件，以达到双赢的目的。

（六）跟踪服务

交易达成并不意味着推销的结束。如果推销人员希望客户满意并重复购买其产品，并为企业传播好名声，则必须做好老客户维护工作，如帮助客户解决产品使用问题，收集客户的意见和建议，深入满足客户个性化需求，建立客户数据库，培养忠诚客户资源等。

小案例10-4

推销人员的沟通技巧

推销人员要想实现与客户的有效沟通，要拥有积极的心态，能够换位思考，还要掌握各种交流沟通的技巧，善于倾听、言语得当、长于提问、精于说服。

(1) 始终保持热情的态度。热情是一种具有感染力的情感，可以带动周围人的情感交流。通常，当推销人员非常热情地去和客户交流时，客户也会礼貌地回应。

(2) 保持思路的清晰。推销人员在和客户进行沟通时，一定要形成清晰的思路，这样才可以保证自己占据主导地位，在不断沟通的过程中提高成交率。沟通艺术的难点就在于有效沟通，最佳的沟通方法就是先听取客户的意见，让自身和客户都清晰认知沟通的内容。

（3）解读客户的内心。在沟通的过程中，要学会解读客户的内心，站在客户的角度上去思考问题，这样可以有效提高成交率。销售员可以先预想一下今天会遇到什么样的客户，遇到棘手的问题时该怎么解决，对于不同的客户采取的解决方式也是不一样的。

（4）给客户合理的建议。优秀的推销人员不仅要给客户推销不同类型的产品，提供优质的服务，得到客户认可和接受，还要保证推销的效果。在和客户沟通完以后，要根据客户的疑问和需要，给客户提出有价值的、合理的建议，让客户感到贴心的服务。

资料来源：王常文.销售人员的沟通技巧[J].中外企业家，2014（12）：137.

三、人员传播策略

（一）试探性策略

试探性策略是指通过与顾客的"溶透式"交谈，观察其反应，试探其具体要求，然后根据顾客的反应进行宣传，刺激其产生购买动机，引导产生购买行为。这种策略的特点是事先尚不了解顾客的需求，通过试探性的交谈了解顾客的需求后，根据顾客的需求反应以刺激顾客的购买欲望和形成购买行为。

（二）针对性策略

针对性策略又称"启发—配合"策略，指推销人员事先已了解了顾客的某些具体要求，针对这些要求积极主动地与之交谈，引起对方的共鸣，从而促成交易的商品促销策略。这种策略的特点在于事先基本了解客户某些方面的需要，然后进行有针对性的"说服"，当讲到"点子"上引起顾客共鸣时，就有可能促成交易。

（三）诱导性策略

诱导性策略又称"需求—满足"策略，指推销人员通过与顾客交谈，引起顾客对所推销的商品或服务的需求欲望，促使顾客把满足其需求的希望寄托在推销员身上，这时推销员再说明自己正好有能够满足其需求的商品或服务，使顾客产生购买兴趣，以实现购买行为的促销策略。诱导性策略是一种创造性推销策略，即首先设法引发客户需要，再说明所推销的服务或产品能较好地满足这种需要。这种策略要求推销人员有较高的推销技巧，能在不知不觉中促成交易，但一定要注意宣传内容的真实性，不能为了实现销售目的而进行虚假宣传。

10-4 诈骗团伙虚构人设、夸大疗效，诱骗老人高价购买"保健品"（视频）

本章小结

党的二十大报告提出，要增强中华文明传播力影响力，坚守中华文化立场，讲好中国故事、传播好中国声音，展现可信、可爱、可敬的中国形象，推动中华文化更好走向世界。对于企业而言，整合传播与管理也是市场营销中的关键环节，直接决定了营销活动的效果。整合传播要求企业把各自分散开展的传播活动联结起来，实现高效传播，从而建立并长期维持与客户之间的良好关系，使企业获得竞争优势，得以持续发展。本章主要介绍了整合传播、大众传播、数字传播和人员传播四种传播方式，阐述了每种传播方式的概念和特点，并对相应的传播策略进行了说明。

习 题

一、单选题

1. 传播一致的产品信息，实现与消费者的双向沟通，建立产品与消费者长期密切的关系，更有效地达到广告传播和产品销售的目的，这属于（   ）。

    A. 大众传播　　　　　　　　　　B. 整合传播
    C. 数字传播　　　　　　　　　　D. 人员传播

2. 传统的传播媒介不包括（   ）。

    A. 报纸　　　　　　　　　　　　B. 杂志
    C. 广播　　　　　　　　　　　　D. 互联网

3. 霍夫兰等学者提出，传播者的（   ）越高，则说服效果越好。

    A. 学历　　　　　　　　　　　　B. 专业权威性
    C. 社会地位　　　　　　　　　　D. 收入水平

4. （   ）是人员传播的第一步。

    A. 识别潜在客户　　　　　　　　B. 接近客户
    C. 跟踪服务　　　　　　　　　　D. 前期准备

5. 整合传播必须以（   ）为中心，确定统一的传播目标，协同各种传播手段。

    A. 企业发展　　　　　　　　　　B. 消费者
    C. 员工　　　　　　　　　　　　D. 管理者

6. 整合营销传播的起点是（   ）。

    A. 传播目标的设定　　　　　　　B. 目标顾客分析
    C. 传播定位　　　　　　　　　　D. 传播监控

7. 数字传播依托手机终端、电脑屏幕以及其他显示设备等方式予以展示，形态各异的屏幕将成为数字化传播的主阵地，这体现了数字传播（   ）特征。

    A. 交互空间的数字化　　　　　　B. 连接方式的数字化
    C. 呈现方式的数字化　　　　　　D. 传播资源的数字化

8. 巧妙融合虚拟信息与真实世界，将计算机生成的文字、图像、三维模型、音乐、视频等虚拟信息模拟仿真后，应用到真实环境中的技术是（   ）。
   A. 虚拟现实技术　　　　　　　　　　B. 增强现实技术
   C. 模拟现实技术　　　　　　　　　　D. 增强虚拟技术
9. 对于事先已经基本了解其需求的客户，推销人员应该采用（   ）。
   A. 试探性策略　　　　　　　　　　　B. 针对性策略
   C. 诱导性策略　　　　　　　　　　　D. 诱骗性策略
10. 先引起顾客对所推销的商品或服务的需求欲望，再进行推销的策略是（   ）。
   A. 针对性策略　　　　　　　　　　　B. 试探性策略
   C. 诱导性策略　　　　　　　　　　　D. 诱骗性策略

二、多选题
1. 整合营销效果的评价维度包括（   ）。
   A. 媒体效果评价　　　　　　　　　　B. 心理效果评价
   C. 销售效果评价　　　　　　　　　　D. 整合效果评价
2. 下列关于大众传播的说法正确的是（   ）。
   A. 传播者多为专业性媒介组织
   B. 传播内容具有商业和文化双重属性
   C. 传播渠道具有技术性和产业性
   D. 传播对象不是社会大众
3. 数字传播的特点包括（   ）。
   A. 传播的范围显著扩大
   B. 传播的时间不受限制
   C. 传播的交互性增强
   D. 传播的重点转向数字媒体的创作
4. 下列属于数字传播技术的是（   ）。
   A. 计算机技术　　　　　　　　　　　B. 网络通信技术
   C. 虚拟现实技术　　　　　　　　　　D. 增强现实技术
5. 人员传播的主要特点包括（   ）。
   A. 信息传递具有双向性　　　　　　　B. 信息传播更加灵活
   C. 管理成本更高　　　　　　　　　　D. 管理成本更低

三、判断题
1. 整合营销就是对企业销售渠道的整合。（   ）
2. 受众接受信息的心理过程即为选择性理解与记忆的过程。（   ）
3. 不同的媒介带来的传播效果是不同的，只有找准诉求点、诉求对象，合理地选择传播媒介进行信息传播，才能取得良好的传播效果。（   ）
4. 创作高水平的数字媒体作品是确保数字化传播的关键。（   ）

5. 人员传播的试探性策略是指事先尚不了解顾客的需求，通过试探性的交谈了解顾客的需求后再进行推销。（   ）

四、简答题

1. 请简述整合传播的要素。
2. 整合传播包括哪几个阶段？请简要说明具体步骤。
3. 请举例说明影响大众传播效果的因素。
4. 数字传播的特点是什么？请举例说明。
5. 请简述人员传播的步骤。

五、论述题

在数字经济时代，大数据是企业开展数字营销的基础，但个人隐私数据泄露事件亦是层出不穷，对于消费者而言，个人信息泄露成为一种普遍而又难以避免的风险。请论述如何才能平衡二者之间的关系？

六、案例分析

数字化赋能：加多宝多维度释放营销新动能

2020年12月，在第七届中国品牌口碑年会上，加多宝荣获快速消费品类"中国·好口碑"殊荣。作为凉茶品类的开创者和领导品牌，加多宝公司自1995年成立以来始终坚守初心，致力于凉茶产业的健康发展，用好口碑弘扬传统文化的魅力，推动民族品牌走向世界。随着市场环境的变化，数字化和营销的结合，是当下管理创新的热点，也是加多宝数字化实践的重点。加多宝的"营销数字官"李二强在接受采访时表示，抓住数字经济下的品牌发展机遇，是成就加多宝"中国·好口碑"的支撑。

1. 数字化工具重构传统业务

从目标客户的定位和传播，产品的研发和创新，营销渠道的定位和推广，到通过什么方式和消费者进行互动、产生信任直至进行交易、持续复购，以前都是靠传统手段来支撑，需要耗费大量的资源和成本，且会影响管理的时效性。而现在，随着数字化技术、工具和解决方案的应用，加多宝在规范流程、提高效率、节省成本等方面都得到了全面提升，实现了营销闭环的精细化运营。

2. 消费群体变化，数据驱动运营

数字营销不断兴起的背后，是中国市场及至全球市场消费者群体的巨大变化。超过4亿的90后、00后年轻人群正逐步变成消费需求最旺盛的新兴群体。加多宝则会根据这些"数据分析"梳理出自己客户群体的差异化特征，并不断调整面向Z世代新兴消费人群的传播方式。通过数据驱动，还能快速科学地对各种新业态新模式的结果进行数据分析,并以此判断新营销方式的优与劣,即通过数字化手段,实现营销模式的快速验证。

3. 万物互联,连接客户

连接客户、连接设备、连接智能终端,并将其数字化,是企业实现数据驱动的重要途径。加多宝作为一家快消品企业,非常重视营销端的迭代创新。如何才能连接更多的客户,与已连接客户产生更多的交互、形成更大的黏性,这是加多宝非常关注的问题。利用第三方平台、物联网等相关服务和技术,可以帮助公司做好相关人员或客户的定位,了解客户的各种购买和行为习惯,从而使公司更了解客户,更懂得客户的心声。因此,加多宝借助天猫、京东等第三方的平台,利用联合会员开卡等活动,将平台上的顾客与品牌店铺产生连接,包括收藏、关注、评价、购买等。通过平台找到顾客,与他们建立联系、形成互动并进行精准营销,对沉睡顾客做最后的挽留,还通过对数字的采集、清洗、分析、运营,慢慢建立起与消费者的信任关系。

资料来源:搜狐网。

思考:
1. 结合案例,谈谈你对数字营销的理解?
2. 加多宝数字营销的成功给你带来了哪些启示?

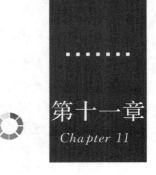

第十一章
Chapter 11

新媒体营销

主要知识结构图

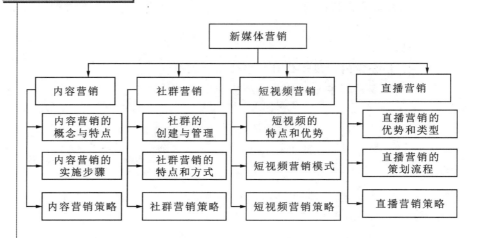

教学目标

- 帮助学生了解内容营销的基本概念、类型和实施步骤,理解社群营销的特点和方式,熟悉短视频营销、直播营销的特点和模式。
- 帮助学生掌握内容营销、社群营销、短视频营销和直播营销的方法,使学生具备利用新媒体开展营销活动的能力。
- 培养学生的法治意识与职业道德,传播优秀商业文化与中国传统文化,引导学生树立文化自信和社会责任感。

> 开篇案例

伊利深耕新媒体战场搭建私域流量池

在2021新年促销中,伊利以"朝气向前"为品牌核心理念,"明星+KOL(key opinion leader,关键意见领袖)"发声,深化主题诠释、产品焕新、运营配合三位一体,以"电视+互联网+户外"的黄金点位"稀缺媒介",加上"微信+支付宝+字节抖音"三大国民流量级"关系媒介",实现链路贯通,多平台营销闭环打造消费新场景,完成品牌声量的全域覆盖以及用户销售的私域转化。

在营销活动中,伊利围绕春节促销大主题做了全方位的链路贯穿,全面、高效触达目标用户,创新互动玩法,用直播、AR、搜索彩蛋、福袋、卡券、线下快闪店等形式,打通从"看"到"购"的后链路。活动中主要使用了三个关键性入口:首先是支付宝互动AR扫描小程序,AR扫吉祥物或伊利Logo触发互动,领券导流至电商平台;其次是微信小程序整合,联动9个小程序共同打造CNY数字化官微矩阵,导流并沉淀用户;最后是字节跳动深度融合,"团圆家乡年"春节红包互动活动、冬奥会倒计时一周年直播等贯穿双方"数字场景",搭建观众从观看广告到形成购买的关键链路。虽然入口不同,但最终汇流于一处:伊利的私域领地。

在整个活动设计过程中,伊利都着眼于激发用户分享,通过社交关系链的背书,让互动更具温度和感染力,驱动社交互动营销裂变,成功将支付宝小程序、微信小程序、抖音直播这三大公域流量的天量用户,转化为伊利品牌的私域流量——首先是品牌活动的全网曝光:包括TVC硬广、终端指引及线上传播矩阵等;而后用户可以拿起手机打开支付宝、微信小程序、抖音完成互动活动;完成活动后,可以直接跳转小程序商城/天猫商城等电商平台完成购买;用户在线下终端、快闪店购买产品,通过产品包装标识或终端指引,也可以进入线上互动页面。由此,借助新媒体营销手段,打通线上线下,助力电商销售,构成整合营销闭环。

资料来源:腾讯网。

第一节 内容营销

一、内容营销的概念与特点

（一）内容营销的概念

关于内容营销的定义最早可以追溯到 2008 年，乔·普立兹和努特·巴瑞特认为，内容营销是企业创作和传播具有教育性或娱乐性的多样化内容以吸引并留住客户的一种手段，其兼具行动性质、必要性质、战略性质、目标性质等多种特性。

内容营销学会（Content Marketing Institute）提出，内容营销是借助于创作并发布具有一定价值意义的，和目标用户具有关联性、持续性的内容，来对他们产生相应吸引，进而改变或强化目标用户的行为，从而实现商业转化的营销方式。

综合来看，内容营销是以高质量的内容吸引消费者来提高转化率的一种营销策略，以图片、音频、动画、视频等为介质向消费者传达企业的产品和品牌等信息，鼓励消费者积极参与互动，帮助消费者树立并增强品牌意识，培养并维护企业与消费者二者之间的持久关系，而非仅仅追求短期利益。内容营销的表现形式非常多样，包括软文、新闻稿、图片、幻灯片、音频、动画、视频或电视广播、游戏、在线教学等。

（二）内容营销的特点

根据内容营销的概念可以发现，内容营销以输出具备价值、与品牌相关内容的方式向消费者传递企业产品和服务的理念，并强化与消费者的联系性，从而使消费者对品牌更加信任，带动产品和服务的销售。相对于传统填鸭式、密集式的营销手段而言，内容营销主张借助内容与消费者成为朋友，在帮助、建议、愉悦和互动的过程中取得消费者的信任，强调消费者的情感共鸣和品牌认知，以及双向深度高频的沟通和互动。"内容"是决定营销效果的直接因素，内容特征主要包括以下几个方面。

1. 内容相关性

内容相关性是指所创建的营销内容与目标用户形成强关联。营销内容是对客户内在需求的挖掘、对潜在客户行为和偏好的剖析，目的是了解他们的普遍诉求和兴趣点、他们正在关注的主题及迫切想解决的问题。所创建的营销内容要让产品和客户更容易连接，客户可以更快更准确地感知其对自己是有价值的。营销主体需要分析客户在信息寻求和利用时的多种动机并基于这些动机选择合适的内容素材，利用其感兴趣的主题来呈现、回答他们的问题，介绍的知识与这些主题具有相关性，通过相关性让客户快速感知，并吸引他们的注意力，激发其参与和分享。

2. 内容价值

有价值的内容不仅要对内容创建和传播者有价值，更重要的是对内容接受者有价值。通过价值吸引客户并赢得他们的长期信任，实现价值双赢。对目标客户而言，营销内容兼具功能价值和情感价值，须是对客户有益且具有诱惑力的内容。这些高质量的内容对目标客户或具有教育意义、转变思维等启发性功效，或能够答疑解惑、培训技巧技能等，或提供具有审美价值、情感价值的娱乐性信息。创建的内容不是让客户被动接受，而要带有社交互动性，激发其分享和合作共建的热情。对营销主体而言，营销内容可以帮助其留住老客户、发展新客户，提高销量，提升品牌知名度与影响力。通过创建并发布有价值的内容来展示专业知识，以案例形式讲述业务成就，达到争夺客户注意力的初级目标，并得到客户喜欢和信任，从而将其视为行业领域内值得信赖的专家和思想领袖。此外，内容的高参与度、移动友好性、高可共享性有助于与客户进行互动，激发他们讨论与分享的乐趣，实现从路人到忠实粉丝的进阶。

3. 内容表达形态多样化

有价值的内容就是营销本身，且这些内容有不同的呈现形式和传播渠道，可以从传统（如博文、会议论文、研究报告等）和移动互联技术革新（如虚拟展会、网络直播等），受用户欢迎程度（如列表、信息图表、研究调查等），创建难易程度（如博客、白皮书等基础型与短视频、移动应用App、微电影等进阶型）等角度划分为不同的呈现类型。

4. 内容表达方法客户化

采用自然、对话的方式讲出内容富有情感、富有人情味、富有趣味性，选取并灵活运用一些网络素材以及风趣、诙谐、幽默的语言风格有助于拉近与客户的距离；传播者具备人格属性，让客户感受到真诚才能实现情感连接。尝试像新闻记者一样思考，从客户感兴趣的内容中挑选出好故事，并以引人入胜的方式讲述出来，兼用记叙、议论、描写、抒情、说明等多种表达方法，容易引起客户的共鸣。

小案例11-1

《在快手点赞可爱中国》——有温度的品牌广告片

2020年1月4日，央视《新闻联播》结束后，播出了一则由快手投放的品牌广告片《在快手点赞可爱中国》，致敬那些真正热爱生活的人。

广告片整体围绕"可爱"二字展开，用7个具有代表性的故事聚焦普通人平凡中的闪耀时刻，总结了当今国人生活态度的转变。故事之外，片子里还有40位快手作者剪辑的彩蛋，透过他们在平凡中寻找精彩生活的经历，鼓励大家在生活中寻找"可爱"。为了配合不同媒体的宣传，同一则广告片，快手推出了央视版和网络版两种不同的文案。央视版广告文案让所有人看到中国人的自信、精彩、有趣。网络版广告文案聚焦普通人生活中的"难",传递普通人"倔强的可爱"。两个不同版本的文案都十分具有震撼力,引发强烈共鸣。

资料来源:搜狐网。

二、内容营销的实施步骤

完整的内容营销流程通常涉及内容准备期、执行期、完成期三个阶段,具体包括以下六个步骤。

(一)明确内容营销目标

制定详细的营销目标以及衡量标准是内容营销的首要任务,内容营销的目的主要包括提升销售线索数量、增加品牌认知度、增加用户参与度等。典型的品牌认知衡量标准包括品牌社交渠道受众数量增长或 e-mail 订阅量的增加等,也可以用网站访问量或 App 下载量的增长来衡量。如果把销售定位为最终目标,则营业额、消费者数目的增长是描绘最终成功的直接度量手段,衡量的具体目标可以是网站转化率、内容带来的潜在客户数量、购买流程的缩短、用户留存率的增加。

(二)客户画像分析

客户画像分析是研究客户需求的过程。企业的客户是多元化的,其需求也呈现出差异化的特征。每一个客户画像角色,都代表了一种需求类型。因此,企业需要将这些需求分类,并找出各种客户所关心的主题,作为内容规划的参考。客户画像越精细,需求点挖掘越清晰,后续的内容才会有的放矢,产生更好的效果。

11-1 百度大数据用户画像(视频)

(三)内容规划

唯有充分地规划好要生产的内容,才不会在以后丰富的展示形式中迷失,把握好规划的整体框架和方向,对后续工作进行指引。企业可以制定一个内容规划表,在规划表中,至少应该包含三个方面:客户画像、客户生命周期、内容展示形式。在每个客户画像的生命周期中,应制定相应的内容和发布渠道。值得注意的是,内容规划是一项阶段性的工作,需要在实施过程中,根据反馈情况不断地优化调整。

(四)内容生产

完成了前面三个步骤之后,下一步就是根据内容规划表,投入到内容的制作过程中。这一过程通常是一个持续不断而且耗时巨大的过程。一般情况下，此阶段以文本内容为主，因为文本内容是最基本的内容，各种内容形式都可以转变成文本。以文本内容为主，会明显地提高内容生产的效率。

（五）内容发布和推广

内容制作完成后，仅仅将其发布到自己可控的渠道（比如官方网站），是远远不够的，还需要和第三方平台合作来吸引用户。例如，完成一篇原创文章后，需要在行业网站、门户网站、知乎、微信、行业垂直博客等渠道进行发布，甚至引导一些投票或者评论，进行吸粉和品牌曝光。这里值得注意的是，内容的输出是有节奏的，不要在大量内容完成后一股脑地发布在各渠道，而是应该采取小步快跑的策略，一点点投放发布，然后观察收集反馈数据，根据效果调整策略，继续生产内容，重复以上发布过程。

（六）效果监测及后续跟进

随着数字化技术的发展，越来越多的指标可以被统计出来，这为内容营销的数据化驱动提供了技术基础。一般硬性数据指标包括流量、品牌词指数、跳出率、评语、转发量等，当然，这些硬性指标只供参考，企业在实际运作过程中需要不断优化调整，也可能需要人工介入。另外，在内容发布后，应该进行持续跟踪和监控，尤其要注意负面舆情的管理。敏感的负面信息出现后，如果不及时处理，很可能导致舆情发酵，引发公司危机。这时，必须启动系统报警机制，及时与评判者沟通，化解危机。

三、内容营销策略

（一）从"内容共创"到"价值共创"

品牌与消费者搭建沟通桥梁，才能在此基础上实现价值共创。除了发布和传播品牌内容外，品牌还要主动与忠实消费者沟通，积极搜寻和回应评论并留下多种渠道以便他们能够找到品牌。定位消费者需求反馈，引导他们进行内容创作，这是内容营销中品牌的独特立场。

品牌如何激发消费者参与到产品、体验甚至品牌的创造过程中，是价值共创的核心。这一核心的前提首先是达成双方之间的互动关系，在互动关系质量的不断提高中，品牌逐渐探索消费者的真实诉求并去努力实现，这才构成内容营销的新渠道。

（二）打造从一而终的品牌故事

品牌故事的塑造是内容营销的核心要素，通过讲述品牌故事传递该品牌文化、愿景和使命等一系列内核精神。通过不同形式的内容和渠道组合，用传递品牌文化的故事引起消费者的眼球效应，通过情绪刺激等方式让消费者在精神层面认同品牌价值观。

小案例11-2

花西子创始人花满天：汲取传统文化之力，做中国特色原创品牌

花西子从品牌创建伊始就选择"打造品牌"的路径，通过讲述一套完整的东方美学故事为内容营销定下基调。从产品、营销、顾客运营都在提醒着消费者对东方彩妆的记忆点，铺开式的网络传播和高个性度的记忆点，不断打造顾客对品牌的认知，并形成长久的记忆。正如花满天在一次采访中所言："卖产品不如卖服务，卖服务不如卖情感。"花西子将产品研发和中华民族传统文化结合起来，并最终整合出既能传播品牌文化又能提高销量的品牌叙事路径。

资料来源：搜狐网。

（三）品牌文化获得精神认同

从心理层面看，消费者在与品牌接触过程中需要得到自我和社交层面的满足，这些需求都是撬动消费者参与品牌互动的核心驱动力。现阶段消费者的消费动机不单是出于生理需要，更重要的是来自内心深处的意义感和消费方式，这一点要靠品牌文化来推动和传递。文化营销是内容营销的关键之一，也是内容营销与传统营销的重要区别之一。同时，为了传递文化价值，品牌必须将营利目的置后，以品牌价值的实现为首要目标。企业必须明确核心竞争力、在行业中的地位和独特性以及可持续发展路径，并以此为基础发布品牌使命、愿景和价值观。

小案例11-3

COLMO：聚焦"1%"，以"本质"感触精英生活

美的集团旗下的高端AI科技家电品牌COLMO，以"生活进化论"精准聚焦目标客户，在"以理性美学引领精英生活进化"的核心文化驱使下，用品牌文化的输出，去寻求一群"1%"的超级个体。COLMO将自己的目标客户定义为："他们把美学作为生活的标尺，摒弃功利主义的装饰。他们不太关注粗浅的娱乐节目，更向往小众的、理性的领域，并希望提升自我人文素养。

这是一种新的精英式的生活方式,生活的品位在于——回归本质。"COLMO品牌理念与目标客户极致生活追求的重合是内容营销最佳的胶合剂,更易建立圈层共同文化氛围,让目标客户对品牌产生深度的精神认同。

资料来源：搜狐网。

第二节　社群营销

一、社群的创建与管理

社群一般是指在某些边界线、地区或领域内发生作用的一切社会关系。互联网环境下的社群,本质上是一群志同道合者或兴趣志向、价值观趋同的人群聚集并通过参与互动找到归属感。创建并维护好社群,让社群持续产生价值是社群营销取得成功的基础。

（一）清晰的社群定位

在建立社群之前,营销人员必须先做好社群定位,包括社群运营目标定位、社群生命周期定位、目标人群定位、社群类型定位、内容输出定位、社群服务定位、赢利模式定位等。社群定位能够充分体现企业的核心价值,一般来说,社群定位要基于社群的类型和企业的性质。按照产品形式,社群可划分为产品型社群、服务型社群和自媒体社群等；按照划分范围,社群可分为品牌社群、消费者社群和产品社群。当然,不管如何对社群进行划分,其目的都是确定社群的基调,保证社群既能满足成员特定的价值需求,又能为社群营销者带来回报,形成良好的自运行经济系统。

小案例11-4

"凯叔讲故事"：互联网第一亲子社群

"凯叔讲故事"的创始人王凯,毕业后长期从事配音工作,还曾任职中央电视台经济频道"财富故事会"主持人,能力出众。从中央电视台辞职后,王凯凭借着多年配音、主持的经验和给自己的小孩讲故事的心得体会,开设了名为"凯叔讲故事"的微信公众号。

"凯叔讲故事"公众号粉丝及社群成员大多数为家有孩子的父母，其共同的目标就是给孩子提供优质的教育、有意义的学习内容等，这一共性加强了粉丝之间的关系，通过"凯叔讲故事"形成母婴类社群。经过多年经营，"凯叔讲故事"已发展成拥有"凯叔讲故事"微信公众号、"凯叔讲故事"App、"凯叔优选"商城等平台的知名互联网亲子社群和儿童品牌。

资料来源：搜狐网。

（二）持续输出价值

当社群不断扩大，如何持续在上百个群与上千个社群成员之间保持价值输出，是社群管理面临的重大难题。社群价值的输出包括以下四个方面。

1. 内容输出

内容输出主要依靠社群或者行业内的核心人物或者大咖，让他们在微信群内分享一些有价值的行业知识或者经验总结，让加入社群的成员能够在群内学习到东西。在社群运营稳定后，可以筛选某个社群成员也以群讲课的方式进行内容分享，由于社群成员是最了解自身、最贴近群众的，由成员分享的内容可能会更加实用，在原有的大咖分享基础上不断丰富和完善之后，可以让内容具有充分的价值。

2. 话题输出

不定期通过一些热门的话题或者选择一个群主题，让社群成员之间相互讨论，将讨论结果整理总结出来，变成社群内部的共享资料，社群成员可以随时查看。这样可以让更多的社群成员感受到社群的价值，尤其可以体现自我价值，长期积累可以形成社群的品牌效应。

3. 资源输出

资源输出可以满足群成员的不同需求，解决社群成员的痛点，也是吸引用户加入社群的关键。在资源分享和相互转化的过程中，成员与社群之间、成员与成员之间互相产生信任和依赖，并且可以通过这种方式不断让社群裂变扩大，保障社群的持久价值。

4. 利益输出

比较典型的利益输出类型的社群如销售代理、互补产品或者合作群，成员之间有利益相关性，形成互相推广营销的利益网，也是社群价值的体现。

小案例11-5

万能的"大熊会"

"大熊会"是由自媒体人"万能的大熊"于2011年底开始筹建的收费社群,起初借助微信的红利,开发"朋友圈营销"方面的培训内容。随着越来越多的人开始重视微商,"万能的大熊"通过产出大量高质量的原创文章,收获了众多粉丝。

"大熊会"目前致力于"自媒体建设+社群电商"的模式策划推广运营,打造拥有一定粉丝量的自媒体用户,实现流量变现,目的是把微商人士聚集在一起分享、交流经验,帮助更多人通过微信、微博等工具打造自己的品牌和产品,实现低成本创业。"大熊会"的成员有的是通过朋友介绍而来,也有的是慕名而来。同时,"万能的大熊"通过同名微信公众号、视频号及微博持续推送高质量的原创文章和视频内容吸引消费者。另外,"万能的大熊"会定期组织群内培训,并为成员建立交流平台。

资料来源:搜狐网。

(三)维护消费者活跃度

对于社群管理而言,能否建立更加紧密的成员关系,直接影响着社群最终的发展,社群活跃度也是衡量社群价值的一个重要指标。现在,大多数成功的社群运营已经从线上延伸到线下,从线上资源信息的输出共享、社群成员之间的互动,到线下组织社群成员聚会和活动,目的都是增强社群的凝聚力,提高消费者活跃度。

小案例11-6

"霸蛮社"的秘密:中国最红米粉店老板的社群运营

"霸蛮社"是由"霸蛮"(原"伏牛堂")组织建立的社群。"霸蛮"是北京一家经营湖南牛肉米粉的餐饮公司,其米粉的特色是"辣",目标群体是从小在家乡长大、现在在北京生活的湖南年轻人。"霸蛮社"认为,只关注微信公众号或微博的消费者算不上其真正的社群成员。其社群成员的标准为:能留下关键数据，包括姓名、年龄、地域、联系方式和职业等信息；愿意与"霸蛮社"连接。

为了使社群成员积极互动，加强社群与社群成员及社群成员之间的联系，提高社群成员的活跃度，"霸蛮社"经常组织免费试吃活动、福利活动、嘉宾分享会、"魔鬼椒湖南拌粉"挑战赛等各种类型的活动。

资料来源：搜狐网。

（四）打造社群口碑

口碑是社群最好的宣传工具，社群口碑与品牌口碑一样，都必须依靠好产品、好内容、好服务的支撑，经过不断的积累和沉淀才能逐渐形成。一个社群要想打造良好的口碑，必须从基础做起，抓好社群服务，为成员提供价值，然后才能逐渐形成口碑，带动成员自发传播，逐渐建立以社群为基点的圈子，社群才能真正得到发展。

小思考

请列举适合进行社群口碑营销的产品，并说明理由。

二、社群营销的特点和方式

社群营销是一种将一群具有共同爱好的人，通过感情及社交平台连接在一起，运用有效的管理手段使社群用户保持较高的活跃度，为达成某个目标而设定任务，通过长时间的社群运营，增强社群用户的集体荣誉感和归属感，以加深品牌在社群用户心中的印象，提升品牌的凝聚力的营销方式。企业将活跃度较高的忠实用户聚集起来，针对忠实用户的表现给予其区别于普通用户的特殊权益，以维护和提高其忠诚度，为企业的品牌推广、产品推广、公关事件等活动提供支持。

（一）社群营销的特点

1. 独特的社群氛围

社会存在文化，圈子富有气息。每个社群有自己独特的氛围，而这种氛围与社群用户画像、社群规章制度、社群活动运营息息相关。

2. 个体影响力被放大

社群是一个高度内聚的区域，由于社群用户规模有限，任何特别的发声和行为都会被社群用户快速关注，个体的影响力也因此被放大。作为社群管理员的营销人员，需要严格地把控每一个社群用户的质量，设置一定的入群门槛。

3. 社群成员互相影响

社群成员在社群内部对某个品牌提出赞扬或批评,可以影响其他社群成员对该品牌的看法。因此,可以利用这一特性培养社群内的关键意见领袖,带动社群内的购买行为,同时,社群管理员也需要避免负面的消息和情绪过多地在社群内传播,以免影响社群氛围。

4. 社群可能出现负面现象

正因社群用户之间可以相互影响,所以也可能出现冲突。因此,社群管理人员需要运用完善的制度并及时干预,禁止负面信息在社群内传播,防止不良事件在社群内发生。

(二)社群营销的方式

1. 灵魂人物营销

灵魂人物就是社群中占据主导地位的成员,是整个社群的核心,一般是人格魅力、专业技能、综合能力出众的成员,如小米的雷军、"罗辑思维"的罗振宇等。灵魂人物可能兼有社群组织者、内容创造者、思考者等多重身份,对社群的定位、发展、成长等有长远的考虑。

以灵魂人物为主体进行的社群营销,就是通过灵魂人物在某一领域的影响力,吸引感兴趣的消费者加入社群,以激活其他社群成员,为社群创造更多价值。这种营销方式对灵魂人物的要求较高,需要其具有独特的人格魅力和影响力。

2. 社群文化营销

社群文化,是一个社群由其Logo、规则、福利、处事方式、口号以及价值观等组成的特有的文化。依靠社群文化进行营销,就是通过社群传达的文化氛围,使消费者对社群产生好奇心理,吸引消费者自发了解社群,加入社群。建立社群文化,营销者可以从以下方面入手。

(1)明确社群标签。社群标签是指社群给消费者留下的印象,能够影响消费者对社群的评价。一般来说,社群标签应当多元化。

(2)树立社群价值观。社群价值观是指社群成员对不同事情的认知、理解、判断或抉择。

(3)加强社群成员的信任。社群成员对社群的信任度会影响社群成员对社群文化的认同度。

(4)提高社群成员归属感。营销者可通过举办各种各样的线上、线下活动,利用奖品等吸引社群成员参与,或制造话题让社群成员进行互动。

3. 价值营销

这里所说的价值是指社群中能够给社群成员提供知识、经验或实惠,帮助社群成员学习、解决相关问题的内容。利用价值进行社群营销,就是向消费者展示能在社群中获得的知识等,吸引消费者加入社群。价值营销对价值的输出频率、质量等有所要求。

三、社群营销策略

（一）构建 IP

社群营销的第一步是构建一个 IP，这个 IP 是帮助企业确定目标用户的重要连接点。在这一步，企业首先需要确定目标用户，根据目标用户确定产品的使用场景，根据使用场景和 IP 圈层建立链接。例如"罗辑思维"作为近年来最火的社群营销产品之一，就是围绕着罗振宇这个 IP 发展起来的。该节目主要在优酷网播出，形式以罗振宇讲知识、分享书籍内容为主。节目播出之后马上就吸引了一批忠实观众，他们喜欢罗振宇输出的内容，并愿意为其输出的内容买单。至此，一个 IP 就构建完成了。

11-2 如何理解社群与 IP 之间的关系？（视频）

（二）搭建社群

在 IP 构建完成后，第二步就是由 IP 联合超级用户共同搭建社群，影响更多潜在目标用户。其商业逻辑是用 IP 来抢占认知高地、解决流量问题。这一步的关键是以 IP 为用户连接点，促使用户自发搭建社群，并在社群中拥有共同的目的和交流意愿。例如，"罗辑思维"的用户是一群年轻的知识分子，他们追求知识、渴望知识，认同"罗辑思维""死磕自己，愉悦大家"的理念，喜爱罗振宇每一期节目"有种、有趣、有料"的话题。因此罗振宇将他们对知识的狂热转变成了对自己这个 IP 的狂热，引导他们自发搭建社群，在社群中对知识和内容进行进一步的探讨与深究。

（三）搭建场景

社群营销场景的搭建旨在用场景来强化体验、挖掘用户的延伸需求。例如，"罗辑思维"通过每日固定的"60 秒语音分享知识"的形式给用户创造了一个"短、平、快"的知识获取模式，每天只用 60 秒来总结一个现象、一个知识，甚至一本书。这样的场景本就符合其"死磕自己"的 IP 理念，并且进一步延伸了用户对于碎片化知识的需求，从而更好地为其后续发展产品矩阵、创建"罗辑思维"App、进行知识的加工和二次售卖做了铺垫，让用户习惯获取精简提炼出的"二手知识"，并愿意为这种高效的知识获取模式付费。

（四）发展商业

社群营销的最后一步就是商业化，即利用社群的高黏性和高分享性进行商业化流量转化。在社群具有了强有力的用户黏性后，用户就愿意为获得更多的相关知识付费。"罗辑思维"的商业化变现之路就是如此进行的，其通过在社群中将知识进行售卖，提高用户获取知识的门槛来实现知识付费；通过对社群的运营使社群中的用户对每日提供的知识产生依赖，并且希望获得更多的知识；也通过不断搭建的"二手知识"的获取场景，使用户渴望更快、更好地获取更多有趣的知识，从而实现知识的售卖，完成商业闭环。

第三节　短视频营销

一、短视频的特点和优势

短视频是指以新媒体为传播渠道,时长控制在5分钟之内的视频内容,是继文字、图片、传统视频之后新兴的又一种内容传播媒体。它融合了文字、语音和视频,可以更加直观、立体地满足用户的表达、沟通需求,满足人们之间展示与分享的诉求。短视频的特点和优势主要体现在以下几个方面。

（一）生产流程简化降低制作门槛

传统视频的生产与传播成本较高,不利于信息的传播。短视频则大大降低了生产传播门槛,即拍即传,随时分享。短视频实现了制作方式上的最简单化,一部手机就可以完成拍摄、制作、上传分享。在目前主流的短视频软件中,添加现成的滤镜、特效等功能就可以使制作过程更加简单,功能简单易懂,软件使用门槛较低。

（二）符合用户碎片化的浏览需求

短视频的时长一般控制在5分钟之内,内容简单明了。现在快节奏的生活使得用户在单个娱乐内容所占的时间越来越短,短视频则更符合碎片化的浏览趋势,能够充分利用用户的零碎时间,让用户更直观便捷地获取信息,主动抓取更有吸引力、更有创意的视频,加快信息的传播速度。

（三）内容更具个性化和创意

相比文字和图片,视频内容能传达更多、更直观的信息,表现形式也更加多元丰富,这符合当前90后、00后个性化、多元化的内容需求。短视频软件自带的滤镜、美颜等特效可以使用户自由地表达个人想法和创意,视频内容更加多样、丰富。

小案例11-7

"办公室小野"创意美食短视频

"办公室小野"是美食短视频领域的知名自媒体,其之所以能够在美食短视频创作中崭露头角,正是依靠其极富创意的短视频内容。如"办公室小野"

的成名作——"饮水机煮火锅"短视频，另外还有"针织方便面""电熨斗烫肥牛""瓷砖烤牛排""电钻棉花糖"等。

"办公室小野"的成功也吸引了其他品牌方，华为、九阳等品牌就是"办公室小野"短视频内容中的常客。这种方式降低了消费者对广告的戒备心，引起了消费者对广告产品的兴趣，进而提高了短视频的广告转化率，实现从流量到销量的转化。

资料来源：新浪网。

（四）社交属性强

短视频不是视频软件的缩小版，而是社交的延续，是一种信息传递的方式。用户可以通过短视频拍摄生活片段，分享至社交平台。短视频软件内部也设有点赞、评论、分享等功能。短视频信息传播力度强、范围广、交互性强，为满足用户的创造欲、分享欲提供了一个便捷的传播通道。

二、短视频营销模式

短视频营销将视频内容场景与产品购物场景以链接的形式联系起来，从而为广告主打造出与产品信息相一致的视频营销空间。在日常的实践中，根据所属平台与接入端口的不同，短视频营销可划分为以下三种模式。

（一）短视频平台＋电子商务

这种类型以短视频 App 为主要平台，电子商务功能以链接的形式存在于短视频当中。这种类型下，短视频 App 的视频属性不变，电商功能则通过视频中或者是页面中的链接来实现。它的具体操作流程是：用户在观看与商品相关的短视频时，界面就会出现同款商品的购物链接，用户点击以后，便会跳转到相应的购物平台购买与视频内容一样的商品。例如，快手的"我的小店"、抖音平台开通的淘宝购物车功能、网红达人入驻的自有店铺以及美拍的"边看边买"功能等都是该类型中的典型代表。

小案例11-8

"秋叶 Excel"打造"爆款"短视频，吸引流量

"秋叶 Excel"是职场领域的垂直账号，主要发布有关 Excel 实用技巧的知识类短视频。作为抖音平台垂直领域的头部账号，一方面，该账号发布的短视频拍摄场景为公司办公室,故事脚本也设计为发生在办公室的故事,容易引发职场人的共鸣。另一方面,该账号将公司相关的图书、网课、训练营等产品放在其账号的"抖音小店"内进行销售,并根据剧情自然融入产品广告。2020年,该账号共带动销售公司出品的Office系列图书超20 000册,其中,《和秋叶一起学Excel》的图书销量超9 000册,其他配套的网课、训练营产品也取得了不错的销售成绩。

资料来源:新浪网。

(二)短视频+品牌营销

这种模式主要是凭借短视频的优势吸引客户的目光,凭借其强大的流量聚集能力帮助企业进行品牌和产品的宣传推广。具体而言,一类是在自身品牌的基础上开拓短视频宣传渠道,另一类是将商品信息的表达方式由文字转为视频,以此将短视频融入传统的购物平台中,丰富商品的展示形式,优化消费者的购物体验。在此类型中,本质仍是在电商平台的购物消费,目的是通过优化商品的表现形式进而提升用户的消费欲望。

(三)独立的短视频营销平台

该类型脱离短视频平台和电商平台,而是重新创立的一个集短视频与购物消费于一体的新型平台。在此平台上,用户围绕商品进行视频内容的创作与传播,充分发挥短视频的营销功能。例如,阿里的鹿刻、花卷商城、刷刷看就是这种独立的短视频营销平台。

三、短视频营销策略

(一)在平台上投放信息流广告

抖音、快手等主流短视频平台均采用了上下滑动屏幕实时更新内容的信息流观看模式,企业或个人用户可以在平台上投放信息流广告,以增加广告视频的播放量,达到良好的宣传效果。例如,汽车品牌宝马的新品BMWX3上市之际,宝马的新媒体营销人员便在抖音平台上投放了新品信息流广告,该短视频广告最终实现超过1.35亿次播放量的强曝光、收获53.5万个点赞的传播效果。

(二)发起活动,吸引用户参与

短视频平台上的用户经常主动参与由品牌方发起的话题或活动,从而带动活动的热度增长和品牌的曝光。例如,手机品牌OPPO的新款手机发布时,为吸引年轻用户,其新媒体营销人员在抖音平台以"♯是时候放大招了♯"为话题发起营销活动,广泛征集用户利用其新款手机拍摄和创作的竖屏视频作品。该话题成功获得 104.3 亿次播放量，2 000 多名"达人"使用新款手机参与活动，产出上千条优质参赛作品，成功引起"刷屏"效应。

（三）与平台上的"网红"合作推广

品牌方在寻找"网红"合作时，需注意品牌定位、产品的目标用户群体与"网红"所属领域及粉丝群是否相契合。如果一个美妆品牌在科技类"网红"的账号上投放广告，极有可能因为品牌与账号的定位不符而导致目标用户群体错位、广告投放效果不佳的结果。

（四）品牌方自行发布短视频作品

此类广告以展现产品为主。品牌方通过和用户进行及时互动以获取信息反馈，并根据对用户的需求分析制作短视频广告。例如，当海澜之家与经典 IP "大闹天宫"合作推出联名款卫衣时，海澜之家策划了短视频内容，并将其发布于抖音平台，收获了众多用户的好评。

第四节　直播营销

一、直播营销的优势和类型

直播营销是在现场随着事件的发生、发展同时制作和播出节目的营销方式，以直播平台为载体，可达到提高品牌形象或增加销量的目的。直播平台的内容以娱乐、生活等领域的内容为主。同时，与文字相比，视频的信息含量与密度相对更低。受早期直播平台氛围与视频直播自身特点的影响，目前视频直播的内容更偏向于娱乐化、生活化。

（一）直播营销的优势

在大数据背景下，与其他营销方式相比，直播具有无可比拟的优势，品牌方可以更加精准地对直播间观众进行内容营销，通过主播这一输出媒介，更好地将产品展现给观众。直播营销通过视频直播的形式开展营销活动，更具真实感和及时性。视频直播的形式能够满足用户直观感受产品特性、参与和其他用户的互动以及与主播进行实时互动的需求。不同于电视直播的信息单向性传播及互动延迟的情况，在新媒体平台的直播活动中，用户可以随时参与直播，以文字或视频连线的形式与主播团队进行实时双向互动。

小案例11-9

"完美日记"的直播营销

2020年4月27日,快手超级品牌日系列活动为"完美日记"品牌开设了直播专场,该场直播以"名人+直播"为营销场景,集内容、粉丝效应、互动体验等多种元素于一身,由拥有超3 600万粉丝的快手品牌发现官"小伊伊"现场验货,引发了直播间1 008万消费者的抢购。据统计,直播当天"完美日记"的总销售额在1 600万元以上,总单量超过了26万单,其中雾色梦境哑光唇釉销量超7万单,金色牛奶肌气垫也卖出4万个左右。这场成功的直播不仅给"完美日记"带来了巨大的销量,还扩大了"完美日记"的品牌影响力。

资料来源:搜狐网。

(二)直播营销的类型

目前,直播营销的模式主要包括以下几类。

1. 直播+电商

"直播+电商"是指直播和电商相结合,是一种以直播的方式销售实体和虚拟产品的经营活动。从直播形式上看,"直播+电商"主要有店铺直播、KOL直播带货和佣金合作三种模式。

2. 直播+企业日常

为了拉近与消费者之间的距离,与消费者建立情感纽带,企业可以分享日常点滴,并传递企业的品牌形象,与消费者建立密切的联系。

3. 直播+活动

"直播+活动"的魅力在于通过有效的互动将人气与品牌以链接的形式联系起来。直播时的互动形式多样,如弹幕互动、产品解答、打赏粉丝、分享企业的独家情报等。

4. 直播+发布会

"直播+发布会"已经成为众多品牌抢夺人气、制造热点的主要营销模式。直播地点不再局限于会场,互动方式也更多样和有趣。如小米为无人机举办的在线直播的新品发布会。

5. 直播+广告植入

直播中的广告植入能够摆脱生硬感，原生内容的形式能收获粉丝好感，在直播场景下能自然而然地进行产品或品牌的推荐。

6. 直播+访谈

采访营销是从第三方的角度来阐述观点和看法，如可采访行业意见领袖、特邀嘉宾、专家、路人等，利用第三方的观点来增加产品信息的可信度。

二、直播营销的策划流程

直播营销需要在明确营销目的、目标人群的基础上进行设计，策划专门的营销活动执行方案，并根据方案来执行。一般来说，直播营销活动的策划包括以下四个步骤。

（一）内容策划

内容策划属于直播活动前的准备工作，包括策划直播活动的创意并撰写营销方案，此外还需做好主播对接的工作。通常，企业会选择与第三方广告平台合作的方式联合策划直播活动。

（二）直播前造势

为了取得良好的营销效果，达成企业营销目标，在直播开始前，企业通常会在社交平台上做大力的推广宣传，营造声势，为直播创造良好的活动氛围，吸引关注，增加人气。

（三）直播执行

根据活动规定的时间，安排好活动的环节和对接的主播，开始现场直播。为了达到预期的直播营销目的和效果，主持人及现场工作人员需要尽可能地按照直播营销方案执行，将直播开场、直播互动、直播收尾等环节顺畅地推进，确保直播的顺利完成。需注意的是，对于直播过程中出现的技术问题，应随时和直播平台进行对接，以保证直播的顺利进行。

11-3 董明珠直播首秀因设备故障而"翻车"（视频）

（四）二次传播

直播结束并不意味着营销的结束。直播活动结束后，应及时对直播活动的效果进行总结，并将直播涉及的图片、文字、视频等进行再次包装、加工，通过互联网进行二次传播，让其抵达未观看现场直播的粉丝，实现直播效果最大化。

三、直播营销策略

（一）推销式策略

推销式营销是指主播运用一定的方法与技巧，通过沟通、说服、诱导与帮助等手段，使用户接受其建议、观点、愿望、形象等信息的活动总称。在推销式直播营销中，有几大关键性的营销步骤。

（1）提出问题。挖掘用户的痛点与需求点，提出场景化的解决文案，促使用户产生购买行为。

（2）放大问题。通过典型的场景和案例，突出用户的痛点与需求点。

（3）引入产品。以解决问题为出发点，通过引入产品，解决上述提出的问题。

（4）提升高度。详细地讲解产品，并在行业、品牌、原料、售后等方面突出产品的附加值。

（5）降低门槛。当用户明确自己的需求，且对主播及其推介的产品产生信任后，主播若想让用户快速做出购买决策，可以尝试提出"限时限量的优惠福利"，以促成用户下单。

小案例11-10

钟南山走进公益直播间助力果农脱贫

2020年4月28日，钟南山院士、广药集团董事长李楚源走进淘宝主播"烈儿宝贝"的直播间，开启"消费扶贫、助力贵州"公益直播，携手为贵州刺梨果农脱贫助力。直播中，钟南山院士现场向网友科普刺梨拥有丰富的维生素C，而维生素C是人体重要的微量元素……引发网友直呼：像极了生物老师。最终，在淘宝头部主播、钟老、广药集团董事长的助力下，这次公益直播在短短一个小时内，吸引观看人数超过250万，主打新品刺柠吉多次售空，单品销售超过100万元。

资料来源：腾讯网。

（二）体验式策略

体验式营销是指主播通过看、听、用以及各种参与手段，充分刺激和调动用户的感官、情感、联想等感性因素和理性因素的营销方式。这种营销策略在运用过程中要注意以下几个问题。

（1）增强主播与用户的互动性。互动即情感交流的过程，主播应多了解用户的需求点与关注点，增强关于用户体验的信息反馈。

（2）换位思考，引导用户进行感性消费。直播过程中，主播应多了解用户需求，可以围绕用户所关心的问题展开讨论。

（3）提供个性化的传播内容和消费场景，满足用户多元化的需求。

小案例11-11

故宫"云直播"为传统文化增添活力

2020年4月初，闭馆70多天的故宫博物院联合多家媒体，举办了600年来的首次直播，与观众共赴一场"云上"之约，感受故宫春意之美、建筑之美、空灵之美。此次直播共分为三场，每场直播持续2小时，各有2名故宫宣教部工作人员担任主播。直播过程中主播对故宫历史如数家珍，时不时向网友提问，还加入抽奖赠书环节，增强了互动性。据统计，故宫的直播仅在抖音平台就吸引了近千万网友观看。

资料来源：人民网。

（三）植入式策略

植入式营销是指将产品及服务中具有代表性的视听品牌符号融入影视或舞台作品中的广告方式，给用户留下深刻的印象，以达到营销目的。它是随着电影、电视、游戏等媒体形式的发展而兴起的，由于用户对广告有天生的抵触心理，把产品融入这些视听内容的做法往往比硬性推销的效果好得多。在直播的环境中，主播可以在介绍直播场景中的人、事、物时，自然插入商家的产品或服务信息，以达到潜移默化的宣传效果。

> 小案例11-12

欧莱雅直播"零时差追戛纳"

以化妆品品牌欧莱雅开展的"零时差追戛纳"直播营销活动为例,欧莱雅全程直播了众多品牌代言人在戛纳现场的台前幕后场景。尤其是走红毯前的化妆阶段,主播自然地介绍品牌代言人使用的各种欧莱雅产品,巧妙引入广告话题,进行欧莱雅的品牌与商品植入,给消费者带来更加触手可及的感受与体验。直播4小时之后,品牌代言人所使用的同款唇膏便在欧莱雅天猫旗舰店售罄。

资料来源:搜狐网。

本章小结

党的二十大报告提出,要加强全媒体传播体系建设,塑造主流舆论新格局,健全网络综合治理体系,推动形成良好网络生态。新媒体营销立足于现代营销活动,以服务消费者为导向,借助新媒介传播,宣传企业形象和文化,强化产品诉求,以达到销售产品、宣传品牌的营销效果。新媒体营销是借助互联网信息技术与时代环境对接而形成的营销模式,能极大地满足消费者的需求,为企业创造收益并提升品牌形象。本章主要介绍了内容营销、社群营销、短视频营销和直播营销四种新媒体营销手段,在讲解每种营销方式的概念、特点及类型的基础上,阐述了相应的营销策略。

习 题

一、单选题

1. 下列对社群和社群营销的说法不正确的是（　　）。
A. 社群的群成员由一群具有相同爱好或对某种事物具有共同认可或行为的人组成
B. 社群成员具有一致的行为规范和持续的互动关系
C. 自媒体或其他媒体不能发展为社群,因为它们的运营模式不同
D. 社群营销主要依靠专业的优质内容输出形成社群圈层

2. 下列对新媒体的说法正确的是（   ）。
   A. 电脑是新媒体接受信息最常用的工具
   B. 新媒体的表现形式只能是图文信息
   C. 在门户网站可以通过发帖、话题专栏等进行新媒体营销
   D. 自媒体和新媒体是不同的，自媒体不能进行新媒体营销

3. 在"内容为王"的营销时代，（   ）才是视频的生存之本。
   A. 视频内容的质量   B. 视频的拍摄技术
   C. 视频的价值和意义   D. 视频拍摄者的名气

4. 目前的直播营销可以被默认为基于互联网的直播，从广义上来理解，可以将直播营销看作是以（   ）为载体进行的营销活动。
   A. 直播内容   B. 粉丝
   C. 直播平台   D. 主播

5. 要建立一个成功的社群，首先要（   ）。
   A. 懂得维护社群成员的关系
   B. 聚集一群有共同兴趣、认知、价值观的用户
   C. 能够成功开展社群讨论活动
   D. 学会选择合适的主题进行社群交流

6. 下列说法正确的是（   ）。
   A. 抖音和小米的营销方式是相同的
   B. 视频营销只能通过贴片广告获利
   C. 直播比视频更直观，能更好地与用户进行互动，因此营销效果要优于视频
   D. 直播营销具有真实性和直观性等特点

7. 下列不属于社群营销的群组的是（   ）。
   A. 追求科技与前卫的"小米"社群
   B. 具有独立和思考标签的"罗辑"社群
   C. 追求办公技能提升的"秋叶PPT"社群
   D. 方便沟通交流的公司社群

8. 社群是由具有共同爱好和目标的人所组成的群体，其最大的特点就是（   ）。
   A. 免费性   B. 营利性
   C. 社交性   D. 运营性

9. 内容营销的首要任务是（   ）。
   A. 明确内容营销目标   B. 内容规划
   C. 内容生产   D. 内容发布

10. （   ）是指主播运用一定的方法与技巧，通过沟通、说服、诱导与帮助等手段，使用户接受其建议、观点、愿望、形象等信息的活动总称。
    A. 植入式策略   B. 推销式策略
    C. 体验式策略   D. 关怀式策略

二、多选题

1. 新媒体营销的特点包括（　　）。
   A. 精准定位目标客户　　　　　　B. 拉近与用户的距离
   C. 降低宣传成本　　　　　　　　D. 提高宣传成本
2. 社群价值的输出包含（　　）。
   A. 内容输出　　　　　　　　　　B. 话题输出
   C. 资源输出　　　　　　　　　　D. 利益输出
3. 以下属于短视频类的新媒体平台的有（　　）。
   A. 抖音　　　　　　　　　　　　B. 快手
   C. 腾讯视频　　　　　　　　　　D. 淘宝
4. 短视频具有（　　）的特点。
   A. 娱乐性　　　　　　　　　　　B. 低准入性
   C. 高准入性　　　　　　　　　　D. 高传播性
5. 直播开始前的准备工作包括（　　）。
   A. 直播选品　　　　　　　　　　B. 售后处理
   C. 推广预热　　　　　　　　　　D. 团队分工

三、判断题

1. 直播结束也就意味着直播营销推广的结束。（　　）
2. 社群营销的最后一步是商业化，即利用社群的高黏性和高分享性进行商业流量转化。（　　）
3. 短视频营销融合了文字、语音和视频，可以更加直观、立体地满足用户的表达、沟通需求，满足人们之间展示与分享的诉求。（　　）
4. 新媒体传播快速，覆盖范围广，几乎不需要成本就能获得良好的营销效果。（　　）
5. 内容营销的表现形式比较单一，通常以文字为主要表现形式。（　　）

四、简答题

1. 简述内容营销的特点及实施步骤。
2. 什么是社群？如何管理好社群？
3. 请举例说明短视频营销的模式。
4. 直播营销策略有哪些？请举例说明。
5. 简述直播营销活动的策划流程。

五、论述题

现如今，在网络直播带货空前发展的同时，直播数据造假、虚假宣传、售后保障欠缺与维权难等行业乱象及其引发的监管与治理问题也日渐凸显，你认为应该如何遏制直播平台的乱象？

11-4　网红主播直播间卖假货当场被抓，41人被依法批捕（视频）

六、案例分析

"小朱配琦"公益直播为湖北带货超亿元

2020年4月6日20时15分,"谢谢你为湖北拼单"公益直播上线。这场直播由央视主持人朱广权和网络主播李佳琦共同主持,被用户亲切地称为"小朱配琦"的公益直播。据央视新闻统计,持续两小时的公益直播吸引了1 091万名用户观看,累计观看次数达1.22亿次,直播间点赞数达1.6亿次,直播间推荐产品几乎件件被"秒光",累计销售额4 014万元。当晚,微博话题"朱广权李佳琦直播"的阅读量便突破3.3亿次,迅速登上微博热搜榜第一名,该话题的搜索量达到424万次,且该话题持续"霸榜"4小时以上。"小朱配琦"公益直播被多家主流媒体报道,迎来新一轮社会舆论大爆发,成功引发更多用户参与讨论。直播结束后,主持人朱广权和主播李佳琦的合作仍然为许多用户津津乐道,而这场直播营销活动取得成功的原因到底是什么呢?

11-5 央视新闻"谢谢你为湖北拼单"首场公益直播销售额超4 000万元(视频)

1. 媒介融合

在现代传播体系下,媒介融合是传统媒体打造新型主流媒体的必由之路。在融媒体时代下,新媒体营销人员需要运用多方力量实现信息的最大化传播,"小朱配琦"公益直播活动也体现了社会多方力量的协同。不同于一般意义上的新闻报道或公益活动,在此次直播活动中,央视媒体不仅利用自身的平台优势进行了倡导和呼吁,而且有效地调配和吸纳了"网红"主播的力量、用户的力量,促进各方广泛参与,以实现对公共领域和社会共识的维护,在媒体、"网红"、用户的共同参与下完成了直播内容的生产。

2. 网络意见领袖的介入

若要在新媒体时代打造新型主流媒体的传播力和影响力,仅靠官方媒体的自说自话已力所不及,官方媒体还需广泛吸纳、联合网络意见领袖的力量,将传播效果落于实处。在此次"小朱配琦"公益直播中,央视媒体主动邀请在抖音平台上有着近4 400万粉丝的网络意见领袖李佳琦加入。自带流量的李佳琦对用户产生吸睛效应,加速了此次直播的宣传与扩散,为此次公益活动的参与赢得人数上的优势。

除此之外,网络意见领袖还会对用户的消费行为产生重要影响。李佳琦优秀的"带货"能力可以放大产品的优势,使用户对商品更加信任,进而强化用户的购买意愿。4 014万元的销售额和"秒空"的湖北农产品亦是对"粉丝经济"的再次印证。

3. 主流媒体+直播电商

此次"小朱配琦"公益直播在"央视新闻"客户端、"央视新闻"微博账号以及淘宝平台同时上线，由于直播的最终目的是"卖货"，需要用户观看后付诸明确的行动——购买，因此利用电商功能更完备的淘宝平台，可以有效吸引更多用户观看。在直播过程中，直播间不时会有"佳琦直播间"和"央视新闻直播间"双方的品牌露出，此时，在电商平台中形成的巨大流量或多或少实现了对媒体平台的导流，从而扩大了媒体平台的传播力。

直播结束后，很快便有自媒体账号发布相关讨论文章，此次直播成为热门话题，并引起大量用户的持续讨论和扩散。央视新闻的官方微博账号随后发起的"湖北特产晒单大赛"更是大大延长了此次直播的传播热度，提高和增强了央视媒体在用户心中的好感度和影响力。

资料来源：央视新闻。

思考：
1. 公益直播的主播应该具备哪些特征？
2. "小朱配琦"直播营销的成功带来了哪些启示？

参考文献 Reference

[1] 曹雨，陈乃殷．基于SWOT-PEST矩阵范式下江苏省革命老区发展战略探赜——以T市J区为例[J]．商展经济，2022（23）：17-19.

[2] 陈守则．市场营销学[M]．北京：机械工业出版社，2022.

[3] 风笑天．现代社会调查方法[M]．武汉：华中科技大学出版社，2021.

[4] 郭国庆．市场营销学[M]．北京：中国人民大学出版社，2022.

[5] 李丹，周小波，余敏．现代市场营销理论与案例分析[M]．长春：吉林科学技术出版社，2022.

[6] 刘春雄．新营销3.0：bC一体数字化转型[M]．北京：人民邮电出版社，2022.

[7] 师云晓．元气森林（北京）食品科技集团有限公司饮品营销策略研究[D/OL]．西安：西北大学，2021［2023-03-15］．https：//kns.cnki.net/kcms2/article/abstract？v＝3uoqIhG8C475KOm_zrgu4lQARvep2SAkueNJRSNVX-zc5TVHKmDNkj6ITewYx5Bvjn3biTkds60bDCqxTNha4pkZ4Q18PRq2&uniplatform＝NZKPT.

[8] 苏朝晖．市场营销：从理论到实践[M]．北京：人民邮电出版社，2021.

[9] 汪静．电子商务时代市场营销策略探讨[J]．营销界，2021（21）：7-8.

[10] 王永贵．市场营销[M]．北京：中国人民大学出版社，2022.

[11] 吴健安，聂元昆．市场营销学[M]．北京：高等教育出版社，2022.

[12] 武录齐，陈婧．市场营销基础与实务：理论、案例与实训[M]．北京：人民邮电出版社，2022.

[13] 谢振勇．市场营销学概论[M]．长春：吉林大学出版社，2022.

[14] 尹晓婷，高洪旗．电子商务背景下的企业营销策略改进思考[J]．财富时代，2020（01）：143.

[15] 张耘铭．电子商务时代市场营销策略探讨[J]．山西农经，2020（16）：143-144.

[16] 张娟．市场营销学[M]．北京：机械工业出版社，2022.

[17] 张潜，刘鹰．电子商务背景下企业营销策略[J]．中国市场，2020（03）：178-179.

[18] 郑锐洪．营销渠道管理[M]．北京：机械工业出版社，2022.

[19] 艾·里斯，杰克·特劳特. 定位：争夺用户心智的战争［M］. 邓德隆，火华强，译. 北京：机械工业出版社，2021.

[20] 菲利普·科特勒，何麻温·卡塔加雅，伊万·塞蒂亚万. 营销革命4.0：从传统到数字［M］. 王赛，译. 北京：机械工业出版社，2018.

[21] 菲利普·科特勒，凯文·莱恩·凯勒，亚历山大·切尔内夫. 营销管理［M］. 陆雄文，蒋青云，赵伟韬，等，译. 北京：中信出版社，2022.

[22] 利昂·希夫曼，乔·维森布利特. 消费者行为学［M］. 江林，张恩忠，等，译. 北京：中国人民大学出版社，2021.

[23] 马尔科姆·麦克唐纳，伊恩·邓巴. 市场细分［M］. 李九翔，曾斐，张鹏，译. 北京：化学工业出版社，2020.

与本书配套的二维码资源使用说明

本书部分课程及与纸质教材配套数字资源以二维码链接的形式呈现。利用手机微信扫码成功后提示微信登录,授权后进入注册页面,填写注册信息。按照提示输入手机号码,点击获取手机验证码,稍等片刻收到4位数的验证码短信,在提示位置输入验证码成功,再设置密码,选择相应专业,点击"立即注册",注册成功。(若手机已经注册,则在"注册"页面底部选择"已有账号?立即注册",进入"账号绑定"页面,直接输入手机号和密码登录。)接着提示输入学习码,需刮开教材封面防伪涂层,输入13位学习码(正版图书拥有的一次性使用学习码),输入正确后提示绑定成功,即可查看二维码数字资源。手机第一次登录查看资源成功以后,再次使用二维码资源时,只需在微信端扫码即可登录进入查看。